Kohlhammer

Psychoanalyse im 21. Jahrhundert
Klinische Erfahrung, Theorie, Forschung, Anwendungen

Herausgegeben von Cord Benecke, Lilli Gast,
Marianne Leuzinger-Bohleber und Wolfgang Mertens

Berater der Herausgeber
Ulrich Moser
Henri Parens
Christa Rohde-Dachser
Anne-Marie Sandler
Daniel Widlöcher

Marianne Leuzinger-Bohleber
Heinz Weiß

Psychoanalyse – Die Lehre vom Unbewussten

Geschichte, Klinik und Praxis

Verlag W. Kohlhammer

Dieses Werk einschließlich aller seiner Teile ist urheberrechtlich geschützt. Jede Verwendung außerhalb der engen Grenzen des Urheberrechts ist ohne Zustimmung des Verlags unzulässig und strafbar. Das gilt insbesondere für Vervielfältigungen, Übersetzungen, Mikroverfilmungen und für die Einspeicherung und Verarbeitung in elektronischen Systemen.

Die Wiedergabe von Warenbezeichnungen, Handelsnamen und sonstigen Kennzeichen in diesem Buch berechtigt nicht zu der Annahme, dass diese von jedermann frei benutzt werden dürfen. Vielmehr kann es sich auch dann um eingetragene Warenzeichen oder sonstige geschützte Kennzeichen handeln, wenn sie nicht eigens als solche gekennzeichnet sind.

1. Auflage 2014

Alle Rechte vorbehalten
© W. Kohlhammer GmbH, Stuttgart
Gesamtherstellung: W. Kohlhammer GmbH, Stuttgart

Print:
ISBN 978-3-17-022322-6

E-Book-Formate:
pdf: ISBN 978-3-17-023814-5
epub: ISBN 978-3-17-025958-4
mobi: ISBN 978-3-17-025959-1

Für den Inhalt abgedruckter oder verlinkter Websites ist ausschließlich der jeweilige Betreiber verantwortlich. Die W. Kohlhammer GmbH hat keinen Einfluss auf die verknüpften Seiten und übernimmt hierfür keinerlei Haftung.

Geleitwort zur Reihe

Die Psychoanalyse hat auch im 21. Jahrhundert nichts von ihrer Bedeutung und Faszination verloren. Sie hat sich im Laufe ihres nun mehr als einhundertjährigen Bestehens zu einer vielfältigen und durchaus auch heterogenen Wissenschaft entwickelt, mit einem reichhaltigen theoretischen Fundus sowie einer breiten Ausrichtung ihrer Anwendungen.

In dieser Buchreihe werden die grundlegenden Konzepte, Methoden und Anwendungen der modernen Psychoanalyse allgemeinverständlich dargestellt. Worin besteht die genuin psychoanalytische Sichtweise auf Forschungsgegenstände wie z. B. unbewusste Prozesse, Wahrnehmen, Denken, Affekt, Trieb/Motiv/Instinkt, Kindheit, Entwicklung, Persönlichkeit, Konflikt, Trauma, Behandlung, Interaktion, Gruppe, Kultur, Gesellschaft u. a. m.? Anders als bei psychologischen Theorien und deren Überprüfung mittels empirischer Methoden ist der Ausgangspunkt der psychoanalytischen Theoriebildung und Konzeptforschung in der Regel zunächst die analytische Situation, in der dichte Erkenntnisse gewonnen werden. In weiteren Schritten können diese methodisch trianguliert werden: durch Konzeptforschung, Grundlagenforschung, experimentelle Überprüfung, Heranziehung von Befunden aus den Nachbarwissenschaften sowie Psychotherapieforschung.

Seit ihren Anfängen hat sich die Psychoanalyse nicht nur als eine psychologische Betrachtungsweise verstanden, sondern auch kulturwissenschaftliche, sozialwissenschaftliche sowie geisteswissenschaftliche Perspektiven hinzugezogen. Bereits Freud machte ja nicht nur Anleihen bei den Metaphern der Naturwissenschaft des 19. Jahrhunderts, sondern entwickelte die Psychoanalyse im engen Austausch mit geistes- und kulturwissenschaftlichen Erkenntnissen. In den letzten Jahren sind vor allem neurowissenschaftliche und kognitionspsychologische Konzepte und Befunde hinzugekommen. Dennoch war und ist die klinische Situation mit ihren spezifischen Methoden der Ursprung psychoanalytischer Erkenntnisse. Der Blick auf die Nachbarwissenschaften kann

Geleitwort zur Reihe

je nach Fragestellung und Untersuchungsgegenstand bereichernd sein, ohne dabei allerdings das psychoanalytische Anliegen, mit spezifischer Methodik Aufschlüsse über unbewusste Prozesse zu gewinnen, aus den Augen zu verlieren.

Auch wenn psychoanalytische Erkenntnisse zunächst einmal in der genuin psychoanalytischen Diskursebene verbleiben, bilden implizite Konstrukte aus einschlägigen Nachbarwissenschaften einen stillschweigenden Hintergrund wie z. B. die derzeitige Unterscheidung von zwei grundlegenden Gedächtnissystemen. Eine Betrachtung über die unterschiedlichen Perspektiven kann den spezifisch psychoanalytischen Zugang jedoch noch einmal verdeutlichen.

Der interdisziplinäre Austausch wird auf verschiedene Weise erfolgen: Zum einen bei der Fragestellung, inwieweit z. B. Klinische Psychologie, Entwicklungspsychologie, Entwicklungs-psychopathologie, Neurobiologie, Medizinische Anthropologie zur teilweisen Klärung von psychoanalytischen Kontroversen beitragen können, zum anderen inwieweit die psychoanalytische Perspektive bei der Beschäftigung mit den obigen Fächern, aber auch z. B. bei politischen, sozial-, kultur-, sprach-, literatur- und kunstwissenschaftlichen Themen eine wesentliche Bereicherung bringen kann.

In der Psychoanalyse fehlen derzeit gut verständliche Einführungen in die verschiedenen Themenbereiche, die den gegenwärtigen Kenntnisstand nicht nur klassisch freudianisch oder auf eine bestimmte Richtung bezogen, sondern nach Möglichkeit auch richtungsübergreifend und Gemeinsamkeiten aufzeigend darstellen. Deshalb wird in dieser Reihe auch auf einen allgemein verständlichen Stil besonderer Wert gelegt.

Wir haben die Hoffnung, dass die einzelnen Bände für den psychotherapeutischen Praktiker in gleichem Maße gewinnbringend sein können wie auch für sozial- und kulturwissenschaftlich interessierte Leser, die sich einen Überblick über Konzepte, Methoden und Anwendungen der modernen Psychoanalyse verschaffen wollen.

Die Herausgeberinnen und Herausgeber
Cord Benecke, Lilli Gast,
Marianne Leuzinger-Bohleber und Wolfgang Mertens

Inhalt

Geleitwort zur Reihe 5

Vorwort 11

1 Einleitung 15
   Marianne Leuzinger-Bohleber

1.1 Ist das Unbewusste immer noch das
     »Alleinstellungsmerkmal« der Psychoanalyse? 15
1.2 Das Unbewusste in Zeiten einer pluralen
     Psychoanalyse 19
1.3 Anmerkungen zum Wissenschaftsverständnis der
     Psychoanalyse als spezifische »Wissenschaft des
     Unbewussten« 27
1.4 Das Unbewusste als Gegenstand interdisziplinärer
     Forschung 34
1.5 Übersicht über die Struktur des Bandes 37
     Literatur zur vertiefenden Lektüre 39

Teil I – Konzepte und Kontroversen zum Unbewussten in der pluralen, internationalen Psychoanalyse

2 **Das Unbewusste im Kaleidoskop des
   Theorienpluralismus der heutigen Psychoanalyse** 43
   Marianne Leuzinger-Bohleber

2.1 Das Unbewusste in der klinischen Praxis –
     Ein Fallbeispiel 44
2.2 Das Unbewusste in Zeiten des theoretischen
     Pluralismus der Psychoanalyse: Eine Übersicht 56
     2.2.1 Das Unbewusste in der »klassischen
            Ichpsychologie« 56

7

Inhalt

	2.2.2	Konzeptionen des Unbewussten in verschiedenen Objektbeziehungstheorien 68
	2.2.3	Psychoanalytische Selbstpsychologie und ihre Konzeptualisierung des Unbewussten 85
	2.2.4	Zwischenbilanz 88
	2.2.5	Säuglings-, Bindungs-, Mentalisierungs- und Genderforschung und ihr Beitrag zu einem intersubjektiven Verständnis des Unbewussten 90
2.3		Zusammenfassung: Das Unbewusste im Kaleidoskop pluraler Theorieansätze in der heutigen Psychoanalyse – Reichtum und Gefahr? 98
		Literatur zur vertiefenden Lektüre 102

3 Zu theoretischen Weiterentwicklungen bzw. Neuintegrationen (puraler) Modelle zum Unbewussten in der heutigen Psychoanalyse am Beispiel der experimentellen Schlaf-Traum-Forschung 103
   Marianne Leuzinger-Bohleber

   Literatur zur vertiefenden Lektüre 109

Teil II – Konzeptualisierungen des Unbewussten in der Weiterentwicklung der Theorien Freuds: Vertiefende Überlegungen

4 Die Rezeption des Unbewussten in den Sozial- und Geisteswissenschaften: phänomenologische, hermeneutische und sprachtheoretische Ansätze 113
   Heinz Weiß

   Literatur zur vertiefenden Lektüre 120

5 Vertiefende Konzeptualisierungen des Unbewussten 121
   Heinz Weiß

5.1 »Das Unbewusste ist wie eine Sprache gebaut« – Jacques Lacans Versuch einer Rückkehr zu Freud 122
5.2 Klinische Herausforderungen als Ausgangspunkt für theoretische Weiterentwicklungen 127
5.3 Melanie Kleins Modell des Psychischen: paranoid-schizoide und depressive Position als Organisationsformen unbewusster Phantasien 132

5.4	Unbewusstes, depressive Position und primitive Stadien der Symbolbildung: das Werk von Hanna Segal	137
5.5	Übergangsphänomene und intermediärer Raum bei D.W. Winnicott	140
5.6	Rezeption und Transformation: Zur Neubestimmung des Unbewussten in W.R. Bions Theorie des Denkens	142
5.7	Weiterentwicklungen von Bions Theorie bei seinen Zeitgenossen und Nachfolgern (R. Money-Kyrle, D. Meltzer, R. Britton, J. Grotstein, I. Matte-Blanco, A. Ferro)	147
5.8	Verbindungen zwischen Objektbeziehungstheorie und Freuds Auffassung des Unbewussten im Werk von A. Green und W. Loch	152
	Literatur zur vertiefenden Lektüre	156
6	**Überlegungen zur psychoanalytischen Behandlungstechnik** Heinz Weiß	**157**
6.1	Klinische Auswirkungen: Das erweiterte Verständnis der Gegenübertragung als Wahrnehmungsorgan für unbewusste Prozesse	158
6.2	Vergangenheitsunbewusstes und Gegenwartsunbewusstes: Die Theorie der Enactments als In-Szene-Setzen der unbewussten Phantasie	163
6.3	Klinisches Beispiel – die Deutung eines Traums	167
6.4	Behandlungstechnische Konsequenzen und neuere Ansätze: Die Theorie der pathologischen Organisationen bei H.A. Rosenfeld und J. Steiner	175
6.5	Klinisches Beispiel – Einblick in die behandlungstechnischen Schwierigkeiten einer Psychoanalyse	179
	Literatur zur vertiefenden Lektüre	195
7	**Zusammenfassung und Schluss**	**196**
Literatur		**201**
Sachregister		**225**

Vorwort

Das »Unbewusste« als Forschungsgegenstand der Psychoanalyse steht im Fokus dieses Bandes in der Reihe »Psychoanalyse im 21. Jahrhundert«. Wir möchten damit Studierenden, Psychotherapeutinnen und Psychotherapeuten, Psychoanalytikerinnen und Psychoanalytikern, aber auch einer interessierten fachfremden Leserschaft, Einblicke in aktuelle Kontroversen um dieses zentrale Konzept der Psychoanalyse vermitteln. Wir konzentrieren uns dabei auf Diskurse, wie sie zurzeit in der vom Theorienpluralismus gekennzeichneten Internationalen Psychoanalytischen Vereinigung geführt werden und müssen auf Übersichten, die auch Entwicklungen in anderen psychoanalytischen Fachgesellschaften (wie z. B. der Jungianischen oder Adlerianischen Psychoanalyse) berücksichtigen (vgl. Buchholz & Gödde, 2006), verzichten.

Im ersten Teil des Bandes verweisen wir ausgehend von einem ausführlichen Fallbeispiel, auf die Chancen des aktuellen Pluralismus, der heutigen Theorienvielfalt der Psychoanalyse: Wie beim Blick durch ein Kaleidoskop nehmen wir in komplexen klinisch-psychoanalytischen Situationen jeweils unterschiedliche Sinnzusammenhänge wahr, je nachdem welche theoretische Linse wir gewählt haben. Der Bezug zu dem Fallbeispiel mag dem Leser die Relevanz solcher theoretischer Annäherungen an das Unbewusste in psychoanalytischen Behandlungen näher bringen. Wenigstens kurz streifen wir die anspruchsvollen methodischen und wissenschaftstheoretischen Fragen, die mit der heutigen klinischen und extraklinischen Forschung und der damit initiierten Theorieentwicklung verbunden sind (▶ Kap. 1).

Nachdem verschiedene Aspekte des Theorienpluralismus illustriert wurden (▶ Kap. 2), wird ein exemplarisches Beispiel aufgeführt, um zu zeigen, wie wichtig sich gleichzeitig eine engagierte und innovative Weiterentwicklung der verschiedenen theoretischen Modelle und der Versuch konzeptueller Integration erweist (▶ Kap. 3), einerseits um den

Erklärungsgehalt der einzelnen Theorien immer wieder mit neuem Leben zu füllen und vor einer Entleerung ihres Sinngehalts zu schützen, andererseits um einer drohenden Fragmentierung der Psychoanalyse als wissenschaftliche Disziplin entgegenzuwirken. Als Beispiel dient eine Integration des trieb- und objektbeziehungstheoretischen Verständnisses des Unbewussten aufgrund von Ergebnissen der experimentellen Schlaf- und Traumforschung.

So gibt Teil I eine »horizontale Übersicht« über den Stand der Diskussionen verschiedener Konzeptualisierungen zum Unbewussten.

Im Teil II des Buches wird diese Übersicht durch eine »vertikale Perspektive« ergänzt, indem einige wissenschaftshistorische Gründe erläutert werden, die zum Theorienpluralismus der Psychoanalyse führten. So ermöglichte bspw. die Weiterentwicklung objektbeziehungstheoretischer Konzepte des Unbewussten die Behandlung neuer Gruppen von Patienten wie z. B. Patienten mit Borderlinestörungen. Zudem vertieft er einige der Ausführungen des ersten Teils durch einige der aktuellen Konzeptualisierungen des Unbewussten, indem er zuerst die psychoanalytische Theorieentwicklung kurz historisch in den Geistes- und Sozialwissenschaften und der Philosophie verortet (▶ **Kap. 4**). Schwerpunkte bei diesen Vertiefungen liegen auf dem spezifischen Verständnis des Unbewussten bei J. Lacan, M. Klein, H. Segal, D.W. Winnicott, W.R. Bion, A. Green, W. Loch und anderen Autoren (▶ **Kap. 5**). Dabei wird auf die Frage nach den klinischen Implikationen dieser neueren Theorierichtungen fokussiert (▶ **Kap. 6**). Mit zwei Fallbeispielen wird veranschaulicht, welche Rolle das Verstehen unbewusster Prozesse in heutigen psychoanalytischen Behandlungen bei Borderlineerkrankungen bzw. bei schwer traumatisierten Patienten einnimmt.

In einer kurzen Zusammenfassung werden einige abschließende Überlegungen formuliert (▶ **Kap. 7**).

Von unterschiedlichen Traditionen der Psychoanalyse und ihrer Praxis herkommend, überarbeiten wir in diesem Band teilweise frühere Arbeiten im Sinne einer Neuintegration im Hinblick auf den zentralen Forschungsgegenstand der Psychoanalyse, das Verständnis des Unbewussten. Hierzu hat unsere klinische Zusammenarbeit im Rahmen verschiedener Forschungsprojekte im Direktorium des Sigmund-Freud-Instituts, Frankfurt a.M., wesentlich beigetragen.

Wir danken Constanze Rickmeyer und Annika Elsässer für die kritische Durchsicht des Manuskripts: Herbert Bareuther half uns beim

Erstellen des umfangreichen Literaturverzeichnisses, auch dafür herzlichen Dank!

Vor allem danken wir auch den Analysandinnen und Analysanden für ihre vertrauensvolle Zusammenarbeit, ohne die viele der hier entwickelten Überlegungen nicht entstanden wären.

Frankfurt am Main, im Januar 2014[1]
Marianne Leuzinger-Bohleber und Heinz Weiß

---

1 Da das Manuskript schon 2013 abgegeben werden musste, konnten die Autoren die Ergebnisse der Joseph Sandler Conference 2014 nicht mehr berücksichtigen, die dem Thema »Das Unbewusste – eine Brücke zwischen Psychoanalyse und Cognitive Science« gewidmet war. Die Hauptvorträge der Tagung sind auf der Website des Sigmund-Freud-Instituts (www.sigmund-freud-institut.de) einzusehen und werden in englischer und deutscher Sprache 2014/15 publiziert.

1 Einleitung

Marianne Leuzinger-Bohleber

Lernziele

- Einen Überblick über die anregende, manchmal aber auch verwirrende Vielfalt des gegenwärtigen psychoanalytischen Theorienpluralismus bekommen
- Anhand eines Beispiels kennenlernen, welche Rolle unbewusste Phantasien und Konflikte bei der Entstehung psychischer Erkrankungen spielen
- Welches Wissenschaftsverständnis hat die gegenwärtige Psychoanalyse entwickelt?
- Welche Rolle spielt hierbei die extraklinische Forschung, insbesondere die psychoanalytische Psychotherapieforschung?
- Worin besteht die Zielsetzung einer interdisziplinären Erforschung des Unbewussten?

1.1 Ist das Unbewusste immer noch das »Alleinstellungsmerkmal« der Psychoanalyse?

Die Psychoanalyse wird immer noch als die »Wissenschaft des Unbewussten« definiert. Doch was bezeichnen wir heute als »das Unbewusste?« Berücksichtigen andere heutige Therapieverfahren nicht ebenfalls nicht bewusste, pathogene Informationsverarbeitungsprozesse? Ist die Erforschung des Unbewussten wirklich ein Alleinstellungsmerkmal der Psychoanalyse?

1 Einleitung

In der zurzeit laufenden großen LAC-Depressionsstudie[2] erhielten Patienten, die sich für die Studie interessierten, folgende »neutrale« Beschreibungen der beiden wichtigsten, vom Wissenschaftlichen Beirat »Psychotherapie« akzeptierten Psychotherapieverfahren:

> *Psychoanalytische Therapie* untersucht den Einfluss, den unbewusste Wünsche und Ängste auf das bewusste Erleben und Handeln im Hier und Jetzt ausüben. Die psychoanalytische Therapie bleibt nicht, wie oft angenommen wird, bei der Aufarbeitung unbewältigter Kindheitserlebnisse stehen, sondern deckt deren unbewusste wie bewusste Wirkung im Zusammenhang mit lebensgeschichtlichen Erfahrungen auch im Hinblick auf die Zukunftsgestaltung auf. Durch die Möglichkeit in der Beziehung zum Analytiker unbewusste Beziehungsgestaltungen zu wiederholen, versucht die psychoanalytische Psychotherapie der Bedeutung wiederkehrender depressiver Verarbeitung von Lebenserfahrungen auf die Spur zu kommen. Die »Nachhaltigkeit« psychoanalytischer Psychotherapie kann in einer »Nachentwicklung« des eigenen Selbstwertgefühls und in der Beziehung zu nahe stehenden Menschen gesehen werden. Eine Veränderung der Symptomatik ergibt sich infolge des analytischen Prozesses, indem die bislang unzugänglichen Krankheitsursachen aufgedeckt, bearbeitet und integriert werden. Die Therapie kann mit einer Frequenz von ein- bis maximal dreimal 50 Minuten in der Woche stattfinden.

> *Kognitive Verhaltenstherapie* zielt auf eine Veränderung des gegenwärtigen Denkens und Verhaltens ab. Die kognitive Verhaltenstherapie ist ein Anwendungsbereich der Verhaltensforschung und Lerntheorien. Im Mittelpunkt der Behandlung steht dabei die Veränderung des Verhaltens, Erlebens und Denkens durch Prozesse wie Neulernen, Umlernen und Verlernen. Therapeut und Betroffener

---

2 Auf diese Studie wird in diesem Band immer wieder Bezug genommen. Die Definitionen der beiden in der Studie verwandten Therapieverfahren wurden von den Projektleitern nach langer, sorgfältige Diskussion festgelegt (vgl. dazu Leuzinger-Bohleber et al., 2010).

> führen zusammen eine genaue Analyse der Probleme durch, die als Lerngeschichte aus der Vergangenheit gesehen werden kann. In der Therapie werden systematisch ungünstige Verhaltensweisen und Denkmuster identifiziert und der Patient wird dazu angeleitet, hilfreiche Strategien zu entwickeln und diese schrittweise selbstständig einzusetzen, um so zu lernen, die nicht optimalen Verhaltensweisen zu verändern. Die Verhaltenstherapie verfügt zur Erreichung von Veränderungen und anvisierten Lösungen neben dem Gespräch über eine Vielzahl von bewährten Verfahren, die zum Teil auch außerhalb der Therapiesitzung oder als Hausaufgabe im Anschluss an die Therapiesitzungen durchgeführt werden. Die Therapie findet meist mit einer Frequenz von einmal 50 Minuten in der Woche statt, kann aber je nach Behandlungsphase auch häufiger (z. B. zweimal pro Woche) oder intensiver (z. B. längere Sitzungen bis zu zwei Stunden) durchgeführt werden.

In der Tat werden daher auch heute noch psychoanalytische Therapien von verhaltenstherapeutischen dadurch abgegrenzt, »als sie den Einfluss (untersuchen), den *unbewusste* Wünsche und Ängste auf das bewusste Erleben und Handeln im Hier und Jetzt ausüben.« (vgl. Definition oben) In diesem Sinne kann die Erforschung des Unbewussten in seinem Einfluss auf psychische Symptombildung mit dem Ziel, dauerhaft dem Patienten zu ermöglichen, unbewusste Konflikte und Phantasien zu erkennen und ihre determinierende Wirkung auf sein Fühlen, Denken und Handeln zu verändern, auch weiterhin als das Alleinstellungsmerkmal der Psychoanalyse gelten. Oder wie Ricardo Steiner (2003) in seiner Einleitung zu seinem Buch »Unconscious phantasy« abschließend feststellt: »Um dies zusammenzufassen: Wie der Leser sieht, war Freuds bahnbrechende Arbeit von 1911 über Jahre hinweg und in verschiedenen psychoanalytischen Schulen und kulturellen Traditionen Ausgangspunkt für viele verschiedene Auffassungen und Entwicklungen. Dennoch kann eines mit großer Sicherheit festgestellt werden: Welche Auffassung auch immer bezüglich von unbewussten Phantasien geäußert werden, gilt eine Aussage, die wir am Ende der Arbeit von Joseph und Anne-Marie Sandlers 1994 finden können […], dass Psychoanalyse ohne dieses Konzept nicht auskommt (›psychoanalysis cannot do without it.‹)« (Steiner, 2003, S. 54; Übersetzung MLB).

1 Einleitung

Bekanntlich hat Freud mit seiner Entdeckung des »dynamischen Unbewussten« zur dritten großen Kränkung der Menschen beigetragen: Nachdem sie sich mit dem kopernikanischen Weltbild von der narzisstischen Omnipotenz verabschieden mussten, die Welt stünde im Zentrum des Weltalls und nach den Entdeckungen von Darwin, sich nicht mehr als die »Krönung der Schöpfung« zu begreifen, sondern sich in die evolutionäre Folge der Lebewesen einordnen zu müssen, schockierte sie nun Freud mit der Einsicht, dass wir alle »nicht Herr im eigenen Hause sind«, sondern weitgehend und unerkannt durch unbewusste libidinöse und aggressive Triebimpulse und Phantasien gesteuert werden. Ins Fremde in uns, ins Unbewusste, werden jene Teile der Persönlichkeit verbannt, die in der jeweiligen Kultur verboten und tabuisiert sind. Im Wien anfangs des 20. Jahrhunderts waren dies vor allem sexuelle Impulse und Phantasien, die, wie Freud dies entdeckte, die ersten Lebensjahre prägten und sich an notwendige, biologische Bedürfnisse, wie das Saugen, die Sphinkterkontrolle und die Einordnung in das familiäre Beziehungsnetz anlehnte. Aus diesen lebensnotwenigen Impulsen entwickelten sich – nach Freud – Triebbedürfnisse, die im Unbewussten als mächtige Motivationssysteme wirken und – trotz kultureller Ächtung – nach Befriedigung drängen. In all seinen Werken warnte er davor, diese unbewussten Kräfte zu verleugnen. Nur die Einsicht in ihre Wirksamkeit könne einen weisen Umgang mit ihnen garantieren: ein Wegschauen und Negieren des Unbewussten führe nicht nur in die seelische Krankheit, sondern vergrößere die Gefahr von ungesteuerten Triebdurchbrüchen und bedrohe das menschliche Zusammenleben und unsere Kultur.

Freud beschrieb unterschiedliche antagonistische Triebkonstellationen. In seiner ersten Triebtheorie unterschied er zwischen Ich- und Selbsterhaltungstrieben, später zwischen Ich- oder Selbsterhaltungstrieben einerseits und Objektlibido andererseits. In der dritten und umstrittensten Triebtheorie beschrieb er einen Lebens- und einen Todestrieb und verstand diese als philosophisches Gegensatzpaar. In dieser definierte er einen Sexual- und einen Aggressionstrieb, die er als Manifestationen von Eros und Thanatos erklärte.

Die Triebtheorie hat sich während der letzten 100 Jahre weiterentwickelt und zu einer Vielfalt von einzelnen psychoanalytischen Schulen geführt, die sich besonders bezüglich ihrer Definition des »dynamischen Unbewussten«, d. h. ihrer Auffassung vom Inhalt und der Funktionsweisen unbewusster Impulse und Motivationen, unterscheiden, worauf wir in diesem Band näher eingehen (vgl. dazu auch Mertens, 2010).

1.2 Das Unbewusste in Zeiten einer pluralen Psychoanalyse

So hat sich die Psychoanalyse als klinische und konzeptuelle Wissenschaft mit weltweit 12 000 Mitgliedern der International Psychoanalytical Association inzwischen derart ausdifferenziert, dass wir von einem Zustand der »Pluralität der Theorien« sprechen und sich die Frage stellt: Gibt es sie wirklich »die Psychoanalyse«? Existieren nicht vielmehr »viele Psychoanalysen« nebeneinander? Sprechen moderne ichpsychologisch orientierte Psychoanalytiker, wie z. B. Fred Pine (2011) aus New York, auch heute noch vom »dynamischen Unbewussten« als das von der Psychoanalyse untersuchte Produkt abgewehrter Impulse und Triebwünsche, definieren andere, z. B. Giuseppe Civitarese (2011) aus Pavia, bezugnehmend auf Bion, von einem Kontinuum von Bewusstem und Unbewusstem. Das Unbewusste breche nicht z. B. durch Versprecher, Symptome und Inszenierungen ins Bewusstsein ein, sondern jeder bewusste Vorgang sei immer auch von unbewussten Prozessen begleitet. Auch Werner Bohleber (2011) aus Frankfurt a. M. geht angesichts von Befunden der Neurowissenschaften und der experimentellen psychologischen Forschung zu unbewussten Formen der Informationsverarbeitung von einem nicht-verdrängten Unbewussten aus und betont die Vielfalt unterschiedlicher Konzeptionen des »Unbewussten« in der heutigen Psychoanalyse. Jorge Luis Maldonaldo (2011) aus Buenos Aires, hält hingegen nach wie vor am Konzept des dynamischen Unbewussten und der psychoanalytischen Konflikttheorie fest, das den Gegenstand der Psychoanalyse von jenen anderer Disziplinen unterscheide, die latente, nicht bewusste Informationsverarbeitungsprozesse erforschen. Miguel Kolteniuk Krauze (2011, S. 2) aus Mexico City, schließlich plädiert, ausgehend von Jacques Lacan, für zwei Dimensionen des Unbewussten als ein System »der Urverdrängung, die durch ihre Beharrungskraft und mangelnde Symbolisierbarkeit charakterisiert ist, und der durch den Primärvorgang und seine Schicksale gekennzeichneten sekundären Verdrängung:

1 Einleitung

daher auch André Greens Ansatz, dem es um die Erhaltung der Triebdimension geht.«

Alle diese Autoren waren Hauptreferenten des IPA-Kongresses 2011 in Mexico City mit dem Thema *Exploring Core Concepts: Sexuality, Dreams and the Unconscious* (vgl. unten). Die kurze Zusammenfassung ihrer unterschiedlichen Auffassungen mag auf Anhieb illustrieren, dass die Pluralität von Theorien einerseits zum Reichtum der heutigen, internationalen Psychoanalyse als einer Disziplin gehört, die sich immer schon mit hoch komplexen klinischen Phänomenen beschäftigt hat und versucht, bewusstes, vorbewusstes und unbewusstes seelische Geschehen zusammen mit ihren Patienten zu entschlüsseln. Die Vielfalt von Theorien ermöglicht, wie beim Blick durch ein Kaleidoskop, immer wieder neue Muster in den komplexen klinischen Phänomenen zu erkennen, immer wieder neue Aspekte psychischer Wirklichkeiten in psychoanalytischen Behandlungen zu thematisieren und in einem sensiblen, kritischen Dialog zusammen mit dem Analysanden auf ihren Wahrheitsgehalt zu überprüfen. Wie anhand von konkreten Beispielen aus der psychoanalytischen Praxis in diesem Band gezeigt werden soll, erleichtert die Pluralität heutiger Konzeptionen des Unbewussten daher das tastende Annähern an idiosynkratische unbewusste Wahrheiten und den meist vielschichtigen Sinn von Symptomen und psychischen Einschränkungen aufgrund unbewusst gewordener Phantasien und Konflikte zu verstehen. Sie bereichert den zirkulären Erkenntnisprozess, die klinisch-psychoanalytische Forschung (vgl. 1.4).

Bezogen auf die Psychoanalyse als wissenschaftliche Disziplin, die ihre Erkenntnisse, wie jede andere Wissenschaft in der nichtpsychoanalytischen Community kritisch zur Diskussion stellen und ihre Identität in Abgrenzung zu anderen Therapieverfahren immer wieder neu definieren und kommunizieren muss, hat die Pluralität heutiger psychoanalytischer Theorien allerdings auch Schattenseiten. Wenn gegen innen und außen nicht mehr klar ist, ob es »one psychoanalysis or many« (Wallerstein) gibt und ob Grundkonzepte wie »das Unbewusste« nach wie vor den *spezifischen* Forschungsgegenstand der Psychoanalyse charakterisieren, besteht die Gefahr einer Fragmentierung, einer Beliebigkeit theoretischen Verstehens sowie eines Auseinanderfallens dieser wissenschaftlichen Disziplin. Daher sind immer wieder intellektuelle und konzeptuelle Anstrengungen notwendig, die pluralen Ansätze zu zentralen Konzepten wie »dem Unbewussten« kritisch miteinander in

Beziehung setzen, um neue theoretische Integrationen zu gewinnen (vgl. dazu u. a. Ellmann, 2010).

Einem solchen Anliegen diente der 47. Internationale Kongress der International Psychoanalytical Association im Juli 2011 in Mexico City. Drei zentrale Konzepte der Psychoanalyse, die Sexualität, der Traum und das Unbewusste, wurden von führenden Theoretikern der unterschiedlichen Regionen und Theorieauffassungen in Plenumveranstaltungen einander gegenüber gestellt und in anschließenden Arbeitsgruppen intensiv diskutiert. In einem Schlusspanel wurde der Erkenntnisstand festgehalten und erste Integrationsansätze eruiert. Um die Metapher nochmals aufzugreifen: ein Blick durch ein Kaleidoskop dank unterschiedlicher theoretischer Konzeptualisierungen des Unbewussten kann sehr wohl einen Eindruck von der Vielfalt und Komplexität klinischer Beobachtungen vermitteln, doch die Frage bleibt, ob zwischen den unterschiedlichen Theorieansätzen unüberbrückbare Widersprüche existieren, die in wissenschaftlichen Kontroversen geklärt werden müssen, um die Theorieentwicklung in der modernen Psychoanalyse voranzubringen. Nur wenn die Linse des Kaleidoskops immer wieder neu geschärft wird, können Gemeinsamkeiten, aber auch Unterschiede in den einzelnen Konzeptualisierungen von Unbewussten erkannt und fruchtbar diskutiert werden, eine Voraussetzung für innovative Weiterentwicklungen in der Psychoanalyse als international verankerte Wissenschaft.

Welche Ansätze zu theoretischen Integrationen zu den verschiedenen Konzepten des Unbewussten eröffneten sich im Rahmen des erwähnten Kongresses? Als erste Übereinstimmung wurde deutlich, dass für alle Theoretiker der unterschiedlichsten Provenienz die klinisch-psychoanalytische Praxis, d. h. die intensiven Beobachtungen mit einzelnen Patienten in Psychoanalysen und psychoanalytischen Therapien nach wie vor Ausgangs- und Orientierungspunkt für ihre theoretischen Überlegungen waren. In diesem Sinne identifizierten sich alle Sprecher nach wie vor mit der »Junktimforschung«, der unvermeidlichen Verbindung von Forschung und Praxis, mit der Freud die spezifische Feldforschung der Psychoanalyse charakterisierte Daher bildete die sog. »klinische Forschung der Psychoanalyse« das Verbindungsglied trotz aller theoretischen Unterschiede.

Bekanntlich charakterisierte Freud 1927 im »Nachwort zur Frage der Laienanalyse« (S. 386) die Psychoanalyse als »Junktimforschung«: »In der Psychoanalyse bestand von Anfang an ein Junktim zwischen Heilen und Forschen, die Erkenntnis brachte den Erfolg, man konnte

1 Einleitung

nicht behandeln, ohne etwas Neues zu erfahren, man gewann keine Aufklärung, ohne ihre wohltätige Wirkung zu erleben. Unser analytisches Verfahren ist das einzige, bei dem dies kostbare Zusammentreffen gewahrt bleibt. Nur wenn wir analytische Seelsorge betreiben, vertiefen wir unsere eben aufdämmernde Einsicht in das menschliche Seelenleben. Diese Aussicht auf wissenschaftlichen Gewinn war der vornehmste, erfreulichste Zug der analytischen Arbeit.« (vgl. 1.4)

Allerdings war gleichzeitig deutlich zu beobachten, dass die These des Medizinhistorikers George Makari (2008) auch heute noch gilt, der in seinen detaillierten, präzisen Analysen beschreibt, dass die Psychoanalyse als wissenschaftliche Disziplin von Anfang an in einem spezifischen Spannungsfeld stand. Makari beschreibt den unausweichlichen Konflikt von Psychoanalytikern zwischen dem Wunsch einerseits, sich seine Identität als Psychoanalytiker immer wieder dadurch zu versichern, dass man sich als zugehörig zu der psychoanalytischen Community fühlt, mit Kolleginnen und Kollegen die komplexen klinischen Beobachtungen und darauf basierende Konzepte und theoretische Überlegungen teilen und diskutieren kann: nur durch diesen internen Dialog, der zu der einzigartigen Kultur von Supervision und Intervision unter Psychoanalytikern geführt hat, ist es möglich, den ständigen, verunsichernden Dialog mit Analysanden in der psychoanalytischen Situation und die unvermeidliche ständige Labilisierung durch die Beobachtung von Unbewusstem kreativ zu gestalten. Andererseits erfordert ein Verständnis von »Psychoanalyse als Wissenschaft« eine »forschende Grundhaltung« mit einer radikal kritischen Einstellung sich selbst und den Mitgliedern der analytischen Gruppe gegenüber – eine denkerische und konzeptuelle Unabhängigkeit und eine Offenheit gegenüber der nichtpsychoanalytischen wissenschaftlichen Fachwelt (vgl. auch Leuzinger-Bohleber, 2007). In diesem Spannungsfeld bewegt sich auch heute noch psychoanalytische Klinik und Forschung (vgl. 1.4).

Ein kurzes Beispiel mag dies veranschaulichen. Z.Zt. führen wir, wie schon erwähnt, am Sigmund-Freud-Institut eine große multizentrische Therapievergleichsstudie zu psychoanalytischen und kognitiv-behavioralen Langzeittherapien bei chronisch Depressiven durch. Diese Patienten haben meist schon mehrere schlecht verlaufende Therapieversuche hinter sich und leiden seit Jahrzehnten an schweren Depressionen, oft verbunden mit akuter oder latenter Suizidalität. Als eines der ersten Ergebnisse der klinisch-psychoanalytischen Forschung stellte sich heraus, dass die allermeisten dieser chronisch Depressiven eine Geschichte kumulativer Traumatisierungen erlebt haben (Leuzinger-Bohleber, 2011). Bekanntlich erweist es sich in psychoanalytischen Behandlungen als unausweichlich, dass der Schrecken und das Unerträgliche der erlittenen Traumatisierung in der analytischen Übertragungsbeziehung reaktiviert, erkannt, verstanden und schließlich gemeinsam durchgearbeitet werden kann. Dieser therapeutisch notwendige Prozess erweist sich als äußerst schwierig, da die Traumageschichte zuerst einmal unbewusst ist und in der Beziehung zum Analytiker wiederbelebt und szenisch dargestellt wird. Dies führt zu den bekannten Gegenübertragungsreaktionen: Der Analytiker fühlt sich von (unbewussten) unerträglichen Affekten und diffusen Wahrnehmungen überflutet – und (unbewusst) der traumatischen Situation ausgesetzt, was definitionsgemäß bedeutet, dass er – wie es dem Trauma entspricht – nicht klar denken, fühlen und wahrnehmen kann, seine Mentalisierungsfähigkeit bricht zusammen. Er fühlt sich ähnlich hilflos und ohnmächtig wie sein traumatisierter, schwer depressiver Patient.

Um diese unerträgliche Reaktivierung des Traumas in der analytischen Situation zu entschlüsseln und einer produktiven analytischen Arbeit zugänglich zu machen, ist der Analytiker unbedingt auf den Dialog mit analytischen Kollegen angewiesen: er braucht die analytische Supervisionsgruppe, die wöchentlichen klinischen Konferenzen. Allein, isoliert in seiner psychoanalytischen Praxis, ist er nicht in der Lage, in den analytischen Sitzungen den Raum für die notwendige Reaktivierung der Affekte der ursprünglichen traumatischen Situation zur Verfügung zu stellen. Um dies zugespitzt zu formulieren: Der Anschluss an eine professionelle Gruppe ist für die Sicherung der Professionalität als Psychoanalytiker absolut notwendig.

Der Rahmen einer extraklinisch-empirischen Studie verhindert hermetisch sich abschließende Gruppenprozesse (vgl. unten) und ermöglicht immer wieder, die idiosynkratischen Beobachtungen mit einzelnen Patienten in einen generelleren Kontext zu stellen und aus einer triangulierenden, alternativen theoretischen oder »wissenschaftlichen« Perspektive zu beleuchten – eine einzigartige Chance für die Stärkung einer forschenden Grundhaltung des einzelnen Klinikers (vgl. unten)

Auf der anderen Seite kann jeder kreative Psychoanalytiker nicht auf eine »forschende Grundhaltung« (Leuzinger-Bohleber, 2007) verzichten, d. h. eine Haltung, die ihn immer auch skeptisch und »ungläubig« gegenüber von Wahrnehmungen, Überzeugungen und Konzeptualisierungen in seiner Supervisionsgruppe sowie in der psychoanalytischen Community ganz allgemein macht. Ansonsten bekommt die Zugehörigkeit zu der psychoanalytischen Gemeinschaft Züge einer religiösen Glaubensgemeinschaft, eine Gefahr, die immer wieder in der Geschichte der Psychoanalyse (und von anderen Psychotherapierichtungen) zu beobachten war. Eine weitere Gefahr entsteht dadurch, dass sich einzelne Subgruppen bzw. Subkulturen der Psychoanalyse vom Diskurs mit anderen Gruppen zu sehr abschließen.

Schon aus diesen Gründen sind Neugier und Offenheit gegenüber anderen Theorierichtungen innerhalb der internationalen Psychoanalyse und gegenüber der nichtpsychoanalytischen Wissenschaftswelt und der interdisziplinäre Dialog mit Vertretern anderer Disziplinen unverzichtbar, wie wir dies z. B. in der LAC-Depressionsstudie praktizieren (vgl. Leuzinger-Bohleber, Bahrke, Negele, 2013).

Schon Freud rang sein Leben lang um ein wissenschaftliches Verständnis der Psychoanalyse in Abgrenzung zu hermetisch abgeschlossenen, quasi religiösen Glaubenssystemen. Wir werden in diesem Band die komplexen wissenschaftstheoretischen und methodischen Probleme immer wieder streifen, die sich auch daraus ergeben, dass der eigentliche Forschungsgegenstand der Psychoanalyse, unbewusste Phantasien und Konflikte, sich der direkten Beobachtung entziehen und nur indirekt evaluiert werden können, was nach wie vor eine große Herausforderung an ein forschendes Grundverständnis von Psychoanalytikern darstellt (vgl. dazu u. a. Ahumada und Doria di Medina, 2009, sowie den Band »Psychoanalytische Forschung« von Leuzinger-Bohleber, Hau und Benecke in dieser Reihe). Wie auch Cronberg in seinem Film »Die dunkle Begierde« in plastischer Weise schildert, unterschied eine radikal skeptisch-beobachtende Grundhaltung Freud am deutlichsten von C.G. Jung und determinierte wesentlich den Bruch zwischen beiden, bedingt durch die Grundorientierung der Freudschen Psychoanalyse als einer »empirischen Wissenschaft«, worauf wenigstens kurz einleitend eingegangen werden soll (vgl. 1.5). Zudem charakterisiert das Verständnis von klinischer Forschung als einem »bottom-up-Erkenntnisprozess« neben unterschiedlichen Erklärungsweisen der Genese und Behandlung psychischer Störungen die Psychoanalyse etwa im Gegensatz zur Verhaltenstherapie (vgl. Leuzinger-Bohleber, 2011).

Doch zunächst ein kurzes klinisches Beispiel aus der LAC-Depressionsstudie, um einen ersten Eindruck davon zu vermitteln, wie – trotz aller Unterschiede – alle heutigen psychoanalytischen Theorien unbewussten Phantasien und Konflikten eine entscheidende Rolle bei der Entstehung psychopathologischer Symptome, wie z. B. einer Depression, zuschreiben.

Ein klinisches Beispiel: Unbewusste Phantasien und Konflikte aus entscheidende Determinanten psychopathologischer Symptome
Eine 24-jährige Patientin wird durch eine Neurologin an die Ambulanz des Freud Instituts bzw. die LAC-Depressionsstudie verwiesen. Sie leidet seit einem völligen psychischen Zusammenbruch vor drei Jahren unter schweren Depressionen. Sie hat das Studium abgebrochen, kehrte zurück zu ihrer Mutter und verbringt die Tage meist zurückgezogen, oft im Bett im verdunkelten Zimmer. Sie ist häufig krank, hat Magen-Darm-Probleme und Rückenschmerzen. Sie ist stark übergewichtig und leidet unter schweren Schlafstörungen, Versagensängsten, Suizidgedanken und dem Gefühl, sie habe den Grund in sich verloren.

Als Achtjährige fand Frau B. ihren Vater nach einem Herzinfarkt tot im Keller. Die Mutter reagierte mit einer psychotischen Erkrankung auf diese Tragödie – so wurde die Leiche des Vaters schlichtweg »im Leichenhaus vergessen« und erst auf Intervention der Behörde begraben. Die Kinder waren nicht beim Begräbnis. Die Mutter weigert sich bis heute, den Tod ihres Mannes anzuerkennen und erzählt, er sei auf Dienstreise.

In schwer vorstellbarer Weise sorgten die Patientin, die im ersten Jahr nach dem Tod des Vaters 40 Kilogramm zunahm, und ihre acht Jahre ältere Schwester für ihre schwer kranke Mutter und besuchten die Schule, »wie wenn nichts passiert wäre.« Niemand entdeckte, wie die häusliche Situation wirklich war, da die Kinder offenbar die Sorge der Mutter teilten, sie würden sonst in ein Kinderheim gesteckt. In der psychoanalytischen Behandlung wurde deutlich, welch enorme Leistung die Bewältigung des Alltags mit der psychotischen Mutter für beide war, aber auch, dass sie jahrelang in einem dissoziativen Zustand lebten, ohne ein Gefühl für das eigene Selbst, für ihr eigenes Leben, für Vergangenheit, Gegenwart und Zukunft. Die Patientin hatte ihren Vater nie betrauern können. Erst in ihrem 20. Lebensjahr besuchte sie erstmals sein Grab und wurde von Schmerz und Verzweiflung überwältigt.

Nach dem Abitur folgte Frau B. dem Vorbild ihrer Schwester und zog in eine Wohngemeinschaft mit einem Studenten, zu dem sie eine äußerst enge, nicht sexuelle Beziehung aufnahm. Als sich dieser plötzlich von ihr abwandte und sie zudem finanziell übervorteilte, führte dies zu dem erwähnten depressiven Zusammenbruch. In der Behandlung stellte sich heraus, dass sie – unbewusst – in der Beziehung zu dem Studenten den verlorenen Vater, eine zärtlich zugewandte, männlich-familiäre Bezugsperson gesucht hatte und daher eine existentielle Nähe zu diesem Kommilitonen herzustellen versuchte, eine Nähe, die diesem offenbar zu viel wurde – ein Grund für seinen plötzlichen Rückzug. Ebenfalls unbewusst erlebte Frau B. diesen Rückzug als einen Verlust einer lebenswichtigen Bezugsperson: der traumatische Verlust des Vaters war unerkannt reaktiviert worden und führte zu dem psychischen Zusammenbruch.

Zudem hatte die spätadoleszente Suche nach der eigenen Identität den Zusammenbruch mitdeterminiert, der unbewusste Wunsch, ein eigenes Leben, unabhängig von der traumatisierten und traumatisierenden Mutter zu leben, eine Liebesbeziehung zu finden, eigene Kinder zu bekommen. Die massiven Verleugnungen der Patientin brachen zusammen: sie versank in eine tiefe Depression.

Frau B. wählte eine psychoanalytische Behandlung, weil sie offenbar eine Ahnung davon hatte, dass ihre jahrelangen Überlebensstrategien, mit Techniken ihren extrem belastenden Alltag zu bewältigen, nun nicht mehr ausreichten. Sie ahnte, dass sie sich in einer tragenden therapeutischen Beziehung den erlittenen Traumatisierungen annähern musste, um deren Auswirkungen auf ihr Gefühl »Ich lebe nicht mein eigenes Leben...« zu verstehen und unbewusste Wahrheiten zu erkennen, wie z. B. dass sich jederzeit weitere Katastrophen ereignen können, denen sie hilflos und ohnmächtig ausgesetzt sein wird und dann, wie ihre Mutter, psychotisch erkrankt. Die traumatische Erfahrung des plötzlichen Verlusts einer zentralen Bezugsperson hatte sich im Unbewussten niedergeschlagen und in dieser Katastrophenerwartung generalisiert. Sie war verbunden mit einer extremen Angst vor Abhängigkeit, eine Angst, die – wiederum unbewusst – ihre bisherige soziale Isolation und ihre Vermeidung naher Liebesbeziehungen wesentlich determiniert hatte. Erst das sukzessive Erkennen dieser »unbewussten Verwechslungen« sowie die Reaktivierung des Traumas in der Übertragung zum Analytiker befreiten Frau B. schließlich aus einem Handeln und Fühlen in der Gegenwart, das – unbewusst – durch unverarbeiten traumatischen Objektverlust, die »Schatten der Vergangenheit«, bestimmt war.

1.3 Anmerkungen zum Wissenschaftsverständnis der Psychoanalyse als spezifische »Wissenschaft des Unbewussten«[3]

Doch wie können wir solche sehr individuellen, einzigartigen biographischen Determinanten mit ihren spezifischen Traumatisierungen und ihrer unbewussten Kontamination des aktuellen Denkens, Fühlens und Handelns »wissenschaftlich« untersuchen? Was für eine Art der Wissenschaft ist die Psychoanalyse eigentlich? Was meinte Freud wirklich, als er sie als eine spezifische »Wissenschaft des Unbewussten« definierte? Als junger Mann interessierte sich Freud sehr für Philosophie und die Geisteswissenschaften, bevor er sich mit einer auffallend heftigen emotionalen Reaktion den Naturwissenschaften zuwandte. Im Labor am Physiologischen Institut von Ernst Brücke lernte er ein streng positivistisches Verständnis von Wissenschaft kennen, das ihn Zeit seines Lebens anzog. Dennoch wandte sich Freud später von der Neurologie seiner Zeit ab, da er die Grenzen ihrer methodischen Möglichkeiten zur Erforschung des Seelischen erkannte. Mit der »Traumdeutung«, dem Geburtsdokument der Psychoanalyse, definierte er diese als »reine Psychologie«. Allerdings verstand sich Freud auch weiterhin als naturwissenschaftlich genau beobachtender Mediziner. Sein Wunsch nach einer präzisen »empirischen« Überprüfung von Hypothesen und Theorien schützte Freud, so Joel Whitebook (2010), vor seiner eigenen Neigung zur wilden Spekulation. Dadurch konnte er als »philosophischer Arzt« eine neue, »spezifische Wissenschaft des Unbewussten«, die Psychoanalyse, begründen.

Freud gelang es dabei, zwei verschiedene Strömungen der europäischen Kulturgeschichte zu integrieren: Einmal war dies die Naturwissenschaft mit ihrem damals wichtigsten Bezugspunkt, dem *Darwinismus*, und ihrer Vorstellung des Menschen als einem Organismus, der

---

3 Der folgende Text (1.3) basiert auf einer Zusammenfassung der Research lecture, die M.Leuzinger-Bohleber an der 100-Jahrfeier der IPA im März 2011 in London gehalten und im Newsletter der IPA veröffentlicht hat. Vgl. auch den Band »Psychoanalytische Forschung« in dieser Reihe.

1 Einleitung

von Bedürfnissen getrieben ist, die er unter spezifischen Umweltbedingungen zu befriedigen sucht. Freud konzeptualisierte daher die »Triebe« auf der Grenze zwischen Soma und Psyche und gestaltete dadurch die Dialektik zwischen Biologie und Psychologie, zwischen Körper und Seele in einer neuen Weise. Die zweite Strömung war die *conditio humana* und deren Gestaltung in Literatur und Kunst. Die hebräische Bibel, die griechischen Tragödien, Shakespeare, Goethe, Dostojewski und andere Schriftsteller dienten ihm als Quellen der Darstellung der inneren Kämpfe des Menschen, die sich aus den frühkindlichen Phantasien und Konflikten und den ersten Objektbeziehungen speisen und ihn ein Leben lang unbewusst determinieren.

Nachträglich gesehen war es eine der großen Leistungen Freuds, dass er an diesem Spannungsfeld psychoanalytischer Forschung festhielt und der Gefahr widerstand, die Psychoanalyse entweder in der Welt der Medizin oder als eine »reine Kultur- und Geisteswissenschaft« zu verorten. Die beiden Gefahren, die Vereinnahmung durch eine akademische Disziplin einerseits und die Marginalisierung als sektiererische »Geheimwissenschaft« andererseits, ziehen sich wie ein roter Faden durch die spannungsreiche hundertjährige Geschichte der Psychoanalyse.

Am Ringen um ein adäquates Wissenschaftsverständnis der Psychoanalyse lassen sich diese Gefahren besonders deutlich beobachten (▶ **Kap. 4**). Es bedurfte der schmerzlichen Entidealisierung der exklusiven Besonderheit der Psychoanalyse als »Wissenschaft zwischen den Wissenschaften« (Lorenzer) nach ihrer Blütezeit in den 1960er- und 1970er-Jahren, um die Psychoanalyse als »normale«, aber *spezifische Wissenschaft des Unbewussten* in der heutigen pluralen Welt der Wissenschaften zu verorten. Die von Dilthey anfangs des 20. Jahrhunderts getroffene Unterscheidung zwischen Naturwissenschaften und Geisteswissenschaften, nomothetischen und hermeneutischen Zugangsweisen, hat sich durch die enorme Ausdifferenzierung wissenschaftlicher Disziplinen als zu einfach erwiesen. Wie Hermann von Helmholtz schon vor 100 Jahren feststellte, ist jeder einzelne Forscher zunehmend dazu gezwungen, sich mit immer *spezifischeren* Methoden immer *engeren* Fragestellungen zu widmen. Heutige Wissenschaftler – auch Psychoanalytiker – sind meist hochspezialisierte Experten mit einem sehr beschränkten Wissen über angrenzende Gebiete. Sie sind daher bei der Untersuchung komplexer Problemstellungen davon abhängig, sich international, intergenerationell und interdisziplinär zu verständigen.

Verbunden mit diesem Ausdifferenzierungsprozess haben sich auch die Kriterien von »Wissenschaft« und »wissenschaftlicher Wahrheit« in den jeweilgen wissenschaftlichen Disziplinen, und zwar sowohl in den Natur- als auch Geisteswissenschaften, gewandelt und spezifiziert: Die Vorstellung einer Einheitswissenschaft, von »science« angelehnt an das Experimentaldesign der klassischen Physik, erwies sich als Mythos: wir leben in einer Zeit der »Pluralität der Wissenschaften«.

Durch diese Entwicklungen hat die Psychoanalyse ihren Anspruch, als aufklärerische Wissenschaft des Unbewussten kulturelle Phänomene von einer Metaebene aus unangefochten interpretieren zu können, eingebüßt und dadurch auch einen Teil ihres Charismas verloren. Leistet sie aber den damit verbundenen Trauerprozess, kann sie gleichzeitig eine zwar bescheidenere, aber neue Anerkennung in der heutigen Welt der Wissenschaften gewinnen. Wie alle anderen Disziplinen hat auch sie eine spezifische Forschungsmethode zur Untersuchung ihres spezifischen Forschungsgegenstandes, von unbewussten Phantasien und Konflikten, mit spezifischen Güte- und Wahrheitskriterien entwickelt, die sie selbstkritisch und transparent im Diskurs heutiger Wissenschaften vertreten muss. Die Qualität ihrer wissenschaftlichen Erkenntnisse, die Spezifität und Unverzichtbarkeit ihrer Forschungsmethode als Zugangsweise zu »wahren« Einsichten in unbewusste Determinanten individuellen und kollektiven Handelns, muss sie öffentlich kommunizieren.

Dabei steht sie, weit mehr als in früheren Zeiten, in einem globalen und beschleunigten Wettbewerb um die politische, finanzielle und mediale Anerkennung sowohl als wirksame Behandlungsmethode als auch als Erkenntnisquelle für unbewusste Aspekte drängender gesellschaftlicher Probleme wie Gewalt, Antisemitismus, Rechtsradikalismus, religiöser Fanatismus, Terrorismus etc. Gelingt es der Psychoanalyse nicht, innovative Forschungsergebnisse in diesen verschiedenen Bereichen zu erzielen und öffentlich präsent zu machen, wird sie einer gesellschaftlichen Marginalisierung anheimfallen.

Ein wichtiger Aspekt dabei ist, dass in der heutigen medialen Wissensgesellschaft auch um die Authentizität wissenschaftlicher Experten konkurriert wird. Daher erweist sich eine Überanpassung der Psychoanalyse an ein ihr fremdes Wissenschaftsverständnis als Bumerang: Sie könnte dadurch u. a. ihre unbequeme, aber einzigartige Stimme als Verfechterin einer Ethik der Selbsterforschung verlieren. Die Psychoanalyse hält daran fest, dass auch heutige Individuen den Sinn ihres ganz persönlichen Lebens nur dadurch gewinnen, dass sie sich um Einsicht in ihre konflikthaft

1 Einleitung

aufgebaute, spezifische innere Welt bemühen. Das tragische Menschenbild der Psychoanalyse, das sich einem modernen Machbarkeitswahn und endlos sich beschleunigenden Verwertungen menschlicher Ressourcen entgegenstellt, kann auch heute noch einen kritischen kulturtheoretischen Blick auf aktuelle gesellschaftliche Realitäten werfen.

In diesem Sinne scheint es wichtig, in authentischer Weise das breite Spektrum klinischer und extraklinischer, psychoanalytischer Forschung offensiv und selbstkritisch zugleich in der heutigen medialen wissenschaftlichen und politischen Öffentlichkeit zu vertreten.

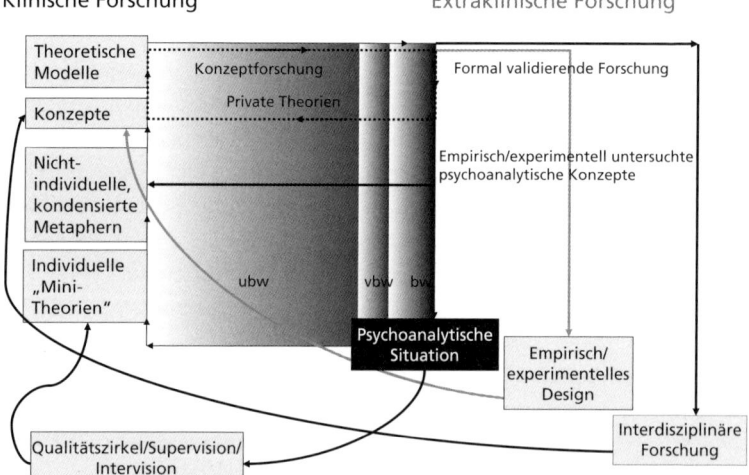

Abb. 1.1: Psychoanalytische Forschung

Die *klinische Forschung* findet in der Intimität der psychoanalytischen Situation statt und kann als zirkulärer bzw. spiralförmiger Erkenntnisprozess beschrieben werden, in dem – zusammen mit dem Analysanden – die *individuelle* Welt unbewusster Phantasien und Konflikte erforscht und klinisch überprüft wird. Für viele heutige Psychoanalytikerinnen und Psychoanalytiker ist die klinische Forschung *nach wie vor das Kernstück psychoanalytischer Forschung überhaupt*. Sie richtet sich auf das Verstehen unbewusster Sinngestalten von persönlicher und biographischer Einmaligkeit.

Dieser psychoanalytischen Forschung verdanken wir den Großteil aller klinischen, theoretischen und kulturkritischen Erkenntnisse, die wir in den letzten 100 Jahren gewonnen haben. Die klinische Beobachtung ist auch heute noch der »Mutterboden« (Freud) für die kulturkritische Untersuchung gesellschaftlich relevanter Themen wie Trauma, Depression, Genderkonflikte und soziale Desintegration etc.

Allerdings ist nicht jeder Kliniker automatisch ein Forscher. Eine methodisch systematische Vorgehensweise, die – dank genauer Beschreibungen und einer Transparenz darauf beruhender Überlegungen – klinische Beobachtungen und daraus abgeleiteten konzeptuelle und kulturtheoretische Überlegungen auch dem Verständnis und der Kritik eines Dritten zugänglich macht, ist eine Voraussetzung, um *diese Form des Erkenntnisgewinns nicht nur zu einer professionellen Kunst, sondern auch zu einer klinischen Wissenschaft zu machen.*

In dieser Hinsicht kann in Zukunft noch vieles verbessert werden: Die Psychoanalyse braucht dringend gute klinische Forschung, nicht nur, um in der Welt der konkurrierenden Psychotherapien zu bestehen, sondern auch um ihre professionelle Behandlungskunst ständig weiter zu entwickeln. (vgl. dazu u.a. Boesky, 2002, 2005, Chiesa, 2005, Colombo & Michels, 2007, Eagle, 1994, Haynal, 1993, Knoblauch, 2005, Lief, 1992, Mayer, 1996, Ahumada & Doria-Medina, 2009, Britton, 2009, Taylor, 2009a, 2009b; Bohleber, 2010, Leuzinger-Bohleber, 2009, 2010, Zaretzki, 2004).

Die extraklinische Forschung untersucht psychoanalytische Fragestellungen außerhalb des psychoanalytischen Settings. Wir unterscheiden zwischen psychoanalytischer Konzeptforschung, empirischer, experimenteller und interdisziplinärer Forschung.

Produktive klinische Forschung hat schon immer *psychoanalytische Konzeptforschung* initiiert. Die kreative Entwicklung und Weiterentwicklung von Konzepten, basierend auf genauen klinischen Beobachtungen, zeichnete von jeher die innovativen Köpfe der Psychoanalyse aus und verleiht bis heute unserer Disziplin eine hohe Attraktivität für Intellektuelle, Schriftsteller, Künstler und Forscher anderer Disziplinen.

Die *psychoanalytische Psychotherapieforschung*, als eine Form der *extraklinischen, empirischen Forschung*, erweist sich aus politischen und medialen Gründen in der heutigen Wissensgesellschaft als unverzichtbar, um die Wirksamkeit psychoanalytischer Behandlungen auch nach den heute im Bereich der Medizin vorherrschenden Kriterien der evidence-based-medicine nachzuweisen und daher ihre Stellung in der

Gesundheitsversorgung und an den Universitäten zu sichern. Robert S. Wallerstein (2001) verfolgte die Psychotherapieforschung bis zu ihren Anfängen 1917 zurück und definiert dabei vier verschiedene Generationen, die den methodischen Anforderungen der vergleichenden Psychotherapieforschung zunehmend besser genügten. So konnte die Wirksamkeit psychoanalytischer Behandlungen bis zu 100 Sitzungen auch nach den Kriterien der evidence-based-medicine inzwischen belegt werden (vgl. u. a. Open Door Review von Fonagy et al., 2002 und seine Übersicht in Fonagy, 2009, Thomä & Kächele, 2006, Leuzinger-Bohleber & Bruns, 2004). Große Anstrengungen richten sich heute darauf, die Wirksamkeit längerer Behandlungen ebenfalls methodisch elaboriert nachzuweisen (vgl. dazu u. a. Leichsenring & Rabung, 2008, Leuzinger-Bohleber, 2010, Huber et al., 2012).

Psychoanalytische Psychotherapieforschung bedeutet immer einen enormen Aufwand und kann daher meist nur an Universitäten mit entsprechenden Netzwerken durchgeführt werden. Dabei sind Abhängigkeiten – auch zwischen den beteiligten Forschergenerationen – kritisch zu reflektieren und zu gestalten, denn fundierte klinisch-psychoanalytische Erfahrung der älteren Forscher ist in diesen Studien ebenso unverzichtbar wie die innovative Kraft von Nachwuchswissenschaftlern.

Noch wenig bekannt sind *experimentelle psychoanalytische Studien*. Selbstverständlich ist es nicht möglich, psychoanalytische Prozesse direkt in einem experimentellen Design zu prüfen. Doch arbeiten seit Jahrzehnten verschiedene Forschergruppen erfolgreich daran, einzelne psychoanalytische Konzepte, wie z. B. zur vorbewussten und unbewussten Informationsverarbeitung im Gedächtnis und Traum, auch experimentell zu überprüfen (vgl. dazu u. a. Mark Solms und die vielen Forschergruppen in der Society for Neuro-Psychoanalysis, Shevrin und seine Arbeitsgruppe (Shevrin, 2000, 2002); Steven Ellman und seine Mitarbeiter in New York (z. B. Ellman & Antrobus, 1991, Ellman & Weinstein, 1991, Ellman, 2010), Wolfgang Leuschner, Stephan, Hau, Tamara Fischmann am Sigmund-Freud-Institut in Frankfurt (Hau, 2008); zum Konzept des embodied memory von Pfeifer und seiner Forschergruppe in Zürich (Leuzinger-Bohleber & Pfeifer, 2002) sowie die vielen Studien zur mimischen Interaktion mit Hilfe des FACs von Rainer Krause in Saarbrücken (z. B. Krause, 1998); zu frühen Studien vgl. auch Greenberg & Pearlman, 1975, Sarnoff, 1971, Kline, 1972)

In den letzten Jahren hat zudem der Dialog mit den Neurowissenschaften für die Psychoanalyse neue Türen aufgestoßen, denn die

Psychoanalyse verfügt über die elaboriertesten Theorien psychischen Funktionierens und ist daher für viele Neurowissenschaftler attraktiv. Viele Forschergruppen nutzen diese historische Chance, so dass zurzeit eine Fülle experimenteller FmRI- und EEG-Studien zu psychoanalytischen Fragestellungen durchgeführt werden (vgl. dazu u. a. Fischmann, Leuzinger-Bohleber, Kächele, 2012).

Für die Akzeptanz der Psychoanalyse in der heutigen Welt der Wissenschaften ist zudem elaborierte *interdisziplinäre Forschung* entscheidend, z. B. der kreative Austausch mit der empirischen Entwicklungsforschung, der Bindungsforschung und der Embodied Cognitive Science oder die Kooperation mit den Literatur- und Kulturwissenschaften, der Sozialpsychologie, der Philosophie (▶ Kap. 4), den Medien- und Kommunikationswissenschaften sowie der Ethnopsychoanalyse. In all diesen Feldern gilt es die Freud'sche Vision einer psychoanalytischen Kulturwissenschaft und der Exploration der conditio humana aufzunehmen und mit den heutigen methodischen und wissenschaftstheoretischen Ansprüchen zu verbinden.

Zusammenfassend lässt sich festhalten: Die Psychoanalyse erhebt auch nach dem gesellschaftlichen Verlust ihres Charismas ihre »leise Stimme der Vernunft« und sieht in der kritischen Selbsterforschung die Voraussetzung, dass auch heutige Individuen den Sinn ihres ganz persönlichen Lebens durch Einsicht in ihre spezifische innere Welt gewinnen können, die ihr individuelles Denken, Fühlen und Handeln sowie die Beziehungen zum Anderen determiniert. Das tragische Menschenbild der Psychoanalyse mit einer skeptischen Sicht auf einen Zeitgeist des »schneller, billiger und effizienter« kann heute zu einem kritischen Nachdenken über ein aktuelles »Unbehagen in der Kultur« beitragen.

In der heutigen politisierten, ökonomisierten und medialisierten Wissensgesellschaft, in der um *Authenzität* und Glaubwürdigkeit wissenschaftlicher Experten auf allen Ebenen konkurriert wird, ist es für die Psychoanalyse in neuer Weise zur Überlebensfrage geworden, ob sie sich als *eigenständige*, unersetzbare, wirksame und produktive klinische Behandlungsmethode und Kulturtheorie behauptet. Nur wenn öffentlich rezipiert wird, dass die Psychoanalyse durch ihre *besondere* Forschungsmethode nach wie vor wirksame kürzere und längere Behandlungsformen für verschiedenste Gruppen von Patienten sowie interessante und innovative Erklärungen von komplexen gesellschaftlicher

1 Einleitung

Phänomene anzubieten hat, wird sie ihre Attraktivität als »*spezifische Wissenschaft des Unbewussten*« immer wieder neu gewinnen.

1.4 Das Unbewusste als Gegenstand interdisziplinärer Forschung

Wie unter 1.3 dargelegt, vertreten wir hier die Auffassung, die von vielen zeitgenössischen Psychoanalytikern geteilt wird, dass die Psychoanalyse eine Wissenschaft sui generis ist und sich jeder eindeutigen Zuordnung zu den »klassischen Wissenschaften« entzieht, da sie einerseits immer Interpretationen menschlichen Verhaltens, also hermeneutische Prozesse fokussiert, andererseits gleichzeitig die körperliche Verankerung psychischer Vorgänge nicht aus dem Auge verliert, was sie in die Nähe von Biologie, Medizin und Neurowissenschaften rückt. Während der Diskurs um den damit verbundenen wissenschaftstheoretischen Status der Psychoanalyse in den 1970er-Jahren oft ideologisch anmutete, scheint er heute durch methodische und erkenntnistheoretische Überlegungen geprägt zu sein (vgl. dazu u. a. Cooper, 1991, Habermas, 1968, Lorenzer, 1985, Ricoeur, 1965, Modell, 1984, Leuzinger-Bohleber, 1995, 1997, Leuzinger-Bohleber, Stuhr, Rüger u. Beutel, 2000, Sandler u. Dreher, 1996, Warsitz, 1997, Leuzinger-Bohleber, 2010, 2011, ▶ Kap. 4). Dabei ist Psychoanalytikern bewusster geworden, dass sie ihr Ringen um ein der Psychoanalyse adäquates Verständnis von *spezifischen* Forschungsmethoden und *spezifischen* Kriterien für »wissenschaftliche Wahrheit«, die ihrem spezifischen Forschungsgegenstand adäquat sind, mit anderen Disziplinen teilen. Wir können hier nur exemplarisch auf das von Michael Hampe (2000) herausgegebene Buch verweisen, in dem die Pluralität heutiger Wissenschaften eingehend diskutiert wird. Vertreter verschiedener Disziplinen zeigen in ihren Beiträgen darin auf, dass sie von einem einheitswissenschaftlichen Verständnis von »wissenschaftlicher Methodik und Wahrheitsüberprüfung« im Sinne des logischen Empirismus weit abgerückt sind und die Spezifität verschiedener Forschungsmethoden und Prüfkriterien in den verschiedensten wissenschaftlichen Disziplinen ins Zentrum der kritischen Reflexionen stellen. So fasst Hampe einleitend zusammen: »Der

Pluralismus der Wissenschaften ist erstens eine der *Theorien*, zweitens eine der *Erfahrungen*, drittens eine der *Erkenntniswerte* und viertens eine der *Methoden*. Erstens ist die Vielfalt der Wissenschaften nicht allein eine Vielfalt wissenschaftlicher Gegenstände, sondern zweitens auch eine von wissenschaftlichen Theorieformen. Diese unterschiedlichen Theorieformen bringen drittens eine Vielfalt wissenschaftlicher Erfahrungen hervor. Die Vielfalt wissenschaftlicher Erfahrungen ist durch Disziplinierung unserer alltäglichen Erfahrung möglich. Dabei machen wir die Qualität der Erfahrung, ihren Wert hinsichtlich Genauigkeit, Vollständigkeit etc. zu einem Zweck an sich. In den verschiedenen Wissenschaften verwirklicht sich die Vielfalt dieser Erkenntniswerte auf unterschiedliche Weise und sie haben unterschiedliche Methoden entwickelt, um zu garantieren, daß die für sie jeweils spezifische Genauigkeit, Vollständigkeit, Kontrastschärfe etc. auch Schritt für Schritt entwickelt werden kann.« (Hampe, 2000, S. 33). Wir werden in diesem Band anhand der »spezifisch« psychoanalytischen Erforschung des Unbewussten immer wieder auf diese wissenschaftstheoretische und -historische Verortung der Psychoanalyse zurückkommen.

Einleitend soll noch kurz erwähnt werden, dass der interdisziplinäre Dialog mit anderen wissenschaftlichen Disziplinen eine ausgezeichnete Möglichkeit und Herausforderung darstellt, sich der Besonderheit der eigenen Forschungsmethoden und -erkenntnisse bewusst zu werden und diese offensiv zu vertreten. Vielleicht ist dies einer der Gründe, warum der interdisziplinäre Austausch, vor allem mit den Sozial- und Geisteswissenschaften, aber auch mit der Literaturwissenschaft, für viele Psychoanalytiker inzwischen zu einem Bedürfnis und einer jahrelangen Praxis geworden ist, wie eine Fülle von Literatur inzwischen belegt. Weit weniger häufig wird der interdisziplinäre Dialog zwischen Psychoanalytikern und Naturwissenschaftlern gepflegt. So haben bisher nur wenige Analytiker zum Beispiel die konkrete Auseinandersetzung mit Neurowissenschaftlern gesucht, obschon sich beide Disziplinen teilweise mit ähnlichen Fragestellungen beschäftigen: Wie beeinflussen – bewusst und unbewusst – frühere Erfahrungen aktuelles Denken, Fühlen und Handeln? Wie kommt es in spezifischen Situationen zu Erinnerungsprozessen? Beinhalten Erinnerungen narrative oder historische Wahrheiten? Wie funktioniert das Gedächtnis? Warum führt Erinnern allein meist nicht zu einer Verhaltensänderung? Warum braucht es dazu das »Durcharbeiten« in der analytischen Beziehung? Kann der Traum immer noch als via regia zum Unbewussten definiert werden?

1 Einleitung

Beim interdisziplinären Nachdenken über diese Fragen geht es allerdings nicht um eine Neuauflage des von Freud in seinem »Entwurf einer Psychologie« (1885) formulierten Versuchs, psychische Prozesse auf neurophysiologische zu *reduzieren*, den Jürgen Habermas (1968) bekanntlich in Zusammenhang mit dem szientistischen Selbstmissverständnis der Psychoanalyse gestellt hat, sondern um einen Versuch, sich im Sinne Carlo Strengers (1991) um *externale Kohärenz psychoanalytischer Konzepte mit jenen der Neurowissenschaften* zu bemühen. Allerdings ist dabei zu bedenken, dass auch die Neurowissenschaften nicht »Wahrheiten an sich«, das heißt Daten und Beobachtungen präsentieren, die für sich selbst sprechen, sondern – wie alle Wissenschaften – Modelle und Konzepte formuliert haben, die diese Beobachtungsdaten möglichst adäquat interpretieren und erklären (vgl. unten). In anderen Worten: Der interdisziplinäre Dialog besteht zwischen der Psychoanalyse und den Neurowissenschaften bei näherem Hinsehen aus einem *kritischen Austausch von Modellen* – einerseits Modelle, die psychoanalytische Daten abzubilden versuchen, andererseits Modelle, die von Beobachtungen in den Neurowissenschaften ausgehen. Oft werden nur die psychoanalytischen, nicht aber die neurowissenschaftlichen Modelle kritisch danach geprüft, ob sie begrifflich und logisch präzise, dem Gegenstand adäquat, innovativ und originell sind und über ein hohes Erklärungspotential für diejenigen Phänomene verfügen, die sie zu beschreiben und zu verstehen versuchen. Unserer Erfahrung nach ist nämlich oft der interdisziplinäre Dialog von einer Psychodynamik geprägt, die an die Psychodynamik im Umgang mit dem Fremden erinnert. Die fremde, unbekannte Disziplin eignet sich wie eine white screen, die eigenen Projektionen auf sich zu ziehen, was bspw. zu der illusionären Erwartung führen kann, dass die Neurowissenschaften uns Psychoanalytiker alle offenen theoretischen Fragen eindeutig oder sogar ein für allemal lösen könnten, eine Gefahr, die Wolfgang Leuschner (1997) als Neuromystizismus gekennzeichnet hat. Andererseits stellt der Umgang mit dem Fremden im Individuellen, Gesellschaftlichen und eben auch im Wissenschaftlichen eine kaum zu unterschätzende Chance dar, da der triangulierende Blick des Fremden auf das Eigene zwar immer irritierend und labilisierend, aber auch herausfordernd und innovativ ist und neue unerwartete Perspektiven im Verstehen des Eigenen eröffnen kann. Wie wir diskutieren werden, kann z. B. der interdisziplinäre Dialog mit den Neurowissenschaften und der sogenannten »Embodied Cognitive Science« psychoanalytische Konzepte zum Unbewussten sowohl in Frage stellen als auch zu ihrer Weiterentwicklung anregen.

1.5 Übersicht über die Struktur des Bandes

Ein Ziel dieses Bandes ist es, interessierten psychoanalytischen und nichtpsychoanalytischen Lesern einen Einblick in historische und aktuelle Diskurse und Kontroversen zum Unbewussten in der internationalen Psychoanalyse zu geben, wobei wir allerdings nicht ausführlich auf die historischen Wurzeln bei der Entdeckung des Konzeptes des Unbewussten eingehen können (vgl. dazu Buchholz & Göddes, 2007).

Im ersten Teil (I) wird vor allem eine Übersicht über die verschiedenen Konzepte des Unbewussten in der heutigen »pluralen« Psychoanalyse vermittelt, damit der Leser vor lauter Theoriebäumen den Wald des psychoanalytischen Diskurses zum Unbewussten im Blick behält. Im Teil II werden einige dieser unterschiedlichen Theorieansätze sowie wissenschaftsphilosophische Überlegungen vertieft und mit ausführlichen Fallbeispielen illustriert.

Auch in Teil I wird von einem relativ ausführlichen Beispiel der Psychoanalyse einer depressiven Frau ausgegangen, um die Komplexität unbewusster Phantasien und Konflikte zu veranschaulichen, die unerkannt zu dem depressiven Zusammenbruch in ihrem 35. Lebensjahr geführt hatten. Der tastende gemeinsame Verstehens- und Erkenntnisprozess wird skizziert sowie die Anforderungen an einen ständigen selbstkritischen, professionellen Reflexionsprozess der Analytikerin, um zwischen eigenen Wahrnehmungen, Projektionen und »Erkenntnisschablonen« und einer Entdeckung der idiosynkratischen unbewussten Welt der Analysandin zu differenzieren. Die plurale Vielfalt heutiger psychoanalytischer Theorien zum Unbewussten erwies sich dabei, wie deutlich gemacht werden soll, als hilfreich (2.1). Gestreift wird die Frage, ob Veränderungen des Unbewussten, wie sie z. B. in den Träumen als »via regia zum Unbewussten« zum Ausdruck kommen, als Indikatoren für Ergebnisse eines produktiven psychoanalytischen Prozesses, d. h. als ein genuin psychoanalytisches Kriterium für den Erfolg einer Psychoanalyse, gesehen werden können.

Darauf folgt eine zusammenfassende Darstellung von Konzeptualisierungen des Unbewussten, wie sie in verschiedenen psychoanalytischen Denkrichtungen entwickelt wurden (2.2), der psychoanalytischen Ichpsychologie (2.2.1), objektbeziehungstheoretischen Ansätzen (2.2.2) und der Selbstpsychologie (2.2.3). Kurz wird auf die Frage eingegangen, wie die empirische Säuglings-, Bindungs-,

1 Einleitung

Mentalisierungs- und Genderforschung zu Modifikationen des Verständnisses unbewusster Prozesse in Sinne einer modernen intersubjektiven Psychoanalyse beigetragen haben (2.2.4). Als Kontrapunkt zu diesen empirisch ausgerichteten Denkrichtungen der heutigen Psychoanalyse wird auf das eher klassische, nach wie vor an Freud orientierte Verständnis des Unbewussten in der französischen Psychoanalyse verwiesen (2.2.5). In einer kurzen Zusammenfassung werden die Chancen, aber auch die Klippen der Pluralität der Theorien in der internationalen Psychoanalyse betont (2.6). In Kapitel 3 wird exemplarisch der Einfluss der interdisziplinären Trauma- und Gedächtnisforschung auf neuere psychoanalytische Konzeptualisierungen des Unbewussten diskutiert.

Im Teil II werden die wichtigsten Konzeptualisierungen des Unbewussten in der Weiterentwicklung der Theorien Freuds vorgestellt. Nach einem Überblick über die Rezeption des Unbewussten in den Sozial- und Geisteswissenschaften (Kapitel 4) wird zunächst J. Lacans sprachtheoretische Neubegründung des Freudschen Unbewussten in ihren Grundzügen skizziert, wie sie vor allem in der französischen Psychoanalyserezeption nachhaltige Wirkungen entfaltete (5.1). Im Anschluss daran wird auf klinische Herausforderungen als Ausgangspunkt für theoretische Weiterentwicklung eingegangen (5.2).

Es folgt eine Darstellung von M. Kleins Modell des Psychischen mit der Beschreibung der »paranoid-schizoiden« und »depressiven Position« als charakteristische Organisationsformen unbewusster Phantasien (5.3) sowie der daran anschließenden Überlegungen zu primitiven Stadien der Symbolbildung im Werk von H. Segal (5.4).

Mit seiner Theorie der »Übergangsphänomene« und des »intermediären Raumes« hat D.W. Winnicott eine eigenständige Konzeptualisierung jenes Bereiches vorgeschlagen, der zwischen der inneren Welt und der äußeren Realität lokalisiert werden kann (5.5). An die Beschreibung seiner Position schließt sich eine Darstellung der psychoanalytischen Theorie des Denkens bei W.R. Bion an (5.6), welche zu einer Weiterentwicklung des Verständnisses von unbewussten und bewussten Prozessen geführt hat. Den daran anschließenden, z.T. aber auch eigenständigen Ausarbeitungen bei R. Money-Kyrle, D. Meltzer, R. Britton, J. Grotstein, I. Matte-Blanco und A. Ferro ist ein eigener Abschnitt gewidmet (5.7). Schließlich wird auf Verbindungen zwischen der Theorie der Objektbeziehungen und Freuds Auffassung des Unbewussten im Werk von A. Green und W. Loch eingegangen (5.8).

Wie bereits erwähnt, gingen zentrale Weiterentwicklungen der Theorie des Unbewussten von der genauen Untersuchung von Übertragungs- und Gegenübertragungsprozessen innerhalb der analytischen Situation aus (Kapitel 6). Dem erweiterten Verständnis der Gegenübertragung des Analytikers als Wahrnehmungsorgan für unbewusste Prozesse (6.1) sowie der subtilen Inszenierung unbewusster Phantasien im Hier und Jetzt der psychoanalytischen Behandlung (6.2) sind jeweils eigene Abschnitte gewidmet. Anhand detaillierter klinischer Fallbeispiele wird auf die Bedeutung dieser Erkenntnisse für das Verständnis unbewusster Kommunikationsvorgänge vor allem bei Borderline-Pathologien und frühen Störungen eingegangen (6.3 und 6.5). Das Konzept der »pathologischen Organisationen« bei H.A. Rosenfeld und J. Steiner stellt den Versuch einer theoretischen Neuinterpretation dieser Befunde dar und könnte sich, wie in den Abschnitten 6.4 und 6.5. dargestellt wird, als fruchtbar für die klinische und theoretische Weiterentwicklung, aber auch für den Austausch der Psychoanalyse mit den Nachbarwissenschaften erweisen.

Eine Zusammenfassung und ein Ausblick schließen den vorliegenden Band ab.

Literatur zur vertiefenden Lektüre

Buchholz, M.B., Gödde, G. (Hrsg.) (2005a): Macht und Dynamik des Unbewussten. Auseinandersetzung in Philosophie, Medizin und Psychoanalyse. Gießen: Psychosozial.
Buchholz, M.B., Gödde, G. (Hrsg.) (2005b): Das Unbewusste in aktuellen Diskursen. Anschlüsse. Gießen: Psychosozial.
Ellman, S. (2010): When theories touch: A historical and theoretical integration of psychoanalytic thought. London: Karnac.
Leuzinger-Bohleber, M., Rüger, B., Stuhr, U., Beutel, M. (2002): »Forschen und Heilen« in der Psychoanalyse. Ergebnisse und Berichte aus Forschung und Praxis. Stuttgart: Kohlhammer.
Leuzinger-Bohleber, M. (2007): Forschende Grundhaltung als abgewehrter »common ground« von psychoanalytischen Praktikern und Forschern? Psyche – Z Psychoanal, 61, 966–994.

Teil I – Konzepte und Kontroversen zum Unbewussten in der pluralen, internationalen Psychoanalyse

2 Das Unbewusste im Kaleidoskop des Theorienpluralismus der heutigen Psychoanalyse

Marianne Leuzinger-Bohleber

Lernziele

- Einen Überblick über die methodischen und wissenschaftstheoretischen Probleme und Fragen bekommen, die mit der gegenwärtigen klinischen und extraklinischen Forschung und Theorieentwicklung verbunden sind
- Anhand eines Beispiels, in dem eine Traumserie im Mittelpunkt steht, einen Eindruck von der Wirkungsweise unbewusster Prozesse bekommen
- Die ichpsychologische Auffassung des Unbewussten kennenlernen
- Mithilfe des epigenetischen Entwicklungsmodells von Erikson spezifische Inhalte unbewusster Phantasien verstehen können
- Einige britische objektbeziehungstheoretische Konzeptionen des Unbewussten kennenlernen
- Einige Grundgedanken von Winnicott kennenlernen
- Einige Konzepte der nordamerikanischen Objektbeziehungstheorie insbesondere von Kernberg kennenlernen
- Gedanken der Selbstpsychologie von Kohut kennenlernen
- Einige Konzepte der empirischen Säuglings-, Bindungs-, Mentalisierungs- und Genderforschung zu einem intersubjektiven Verständnis des Unbewussten kennenlernen
- Abschließend sich eine Klarheit darüber verschaffen, welche unterschiedlichen Perspektiven von den skizzierten Richtungen eingenommen werden und worin die jeweilige Erklärungskraft liegt
- Die Frage beantworten können, ob der dargestellte Erkenntnisstand bereits ausreicht, um die verschiedenen Modelle differenziert miteinander in Beziehung setzen zu können?

2.1 Das Unbewusste in der klinischen Praxis – Ein Fallbeispiel

Mit dem folgenden Fallbeispiel soll ein fragmentarischer Einblick in die konkrete psychoanalytische Arbeit mit einer schwer traumatisierten Patientin gegeben werden, um zu illustrieren, wie auch heute noch das Entdecken idiosynkratischer unbewusster Phantasien und Konflikte und ihr Durcharbeiten in der Übertragungsbeziehung zum Analytiker zu Recht als Voraussetzung zum Wiedergewinnen von inneren und äußeren Spielräumen und daher für eine Befreiung aus den Fesseln psychopathologischer Symptome gelten können. Zudem wird versucht, dem Leser einen Eindruck von der Komplexität des Zusammenwirkens verschiedener unbewusster Determinanten bei der Entstehung und Bearbeitung psychischer Symptome zu vermitteln. Schließlich wird die tastende Annäherung in dem unter 1.3 beschriebenen, zirkulären klinischen Erkenntnisprozess veranschaulicht, der eine ständige professionelle Selbstreflexion des intersubjektiven Geschehens zwischen Analysandin und Analytikerin erfordert, ein Prozess der kritischen Selbstreflexion, in dem, wie in diesem Fallbericht thematisiert wird, ständig zwischen eigenen Wahrnehmungen, Projektionen, »Wahrheiten« der Analytikerin und jenen des Analysanden unterschieden werden muss. Letztlich kann nur zusammen mit dem Analysanden bzw. in der gemeinsamen sorgfältigen, bewussten und unbewussten Reaktion auf eine Deutung, Konfrontation etc. entschieden werden, ob es wirklich unbewusste Phantasien und Konflikte des Patienten sind, die sich dem analytischen Verstehen erschließen und schließlich zu einer Symptomveränderung führen. Die Arbeit mit Träumen kann dabei immer noch eine »via regia zum Unbewussten« darstellen (vgl. dazu auch Fischmann, Leuzinger-Bohleber, Kaechele, 2012; Leuzinger-Bohleber, 2012).

Für dieses Tasten nach Erkenntnis kann der plurale Reichtum zur Erklärung des Unbewussten hilfreich sein, weil er einliniges Denken, eine »closing-up« theoretischer Erklärungen, entgegen wirkt (vgl. dazu u. a. Bollas, 1987, 1995). Schließlich dient das Fallbeispiel dazu, einzelne Konzepte zum Unbewussten in verschiedenen psychoanalytischen Schulen deutlich zu machen (▶ **Kap. 2**).

»Möchten Sie oder ich, dass ich ein Kind bekomme?« – Eine Traumserie als klinische Abstützung psychodynamischer »Wahrheiten«. Klinische Annäherungen an »unbewusste Wahrheiten« – ein fragmentarisches Beispiel[4]

Frau Claudia X., eine hübsche, zierliche Frau aus Südspanien, sucht in ihrem 35. Lebensjahr wegen schwerer Depressionen, begleitet von Schlaflosigkeit, Suizidgedanken und häufiger Migräne, psychotherapeutische Hilfe. In den Abklärungsgesprächen erzählt sie, dass sie seit 15 Jahren in Deutschland lebt. Ihr zehn Jahre älterer Partner, ein reicher Fabrikant, trägt sie auf Händen. Sie lebt seit 13 Jahren mit ihm zusammen und fühlt sich zärtlich freundschaftlich mit ihm verbunden. Allerdings schläft das Paar seit über zehn Jahren nicht mehr miteinander, da der sexuelle Austausch für beide offenbar nicht befriedigend war. Ein Auslöser der aktuellen Krise war, dass Frau X. aus Schuldgefühlen eine Beziehung zu einem Verkäufer in einem Sportgeschäft aufgab. Mit ihm hatte sie erstmals eine befriedigende, leidenschaftliche Sexualität entdeckt. Auf einen weiteren Zusammenhang stoßen wir im zweiten Abklärungsgespräch: Frau X. erzählt beiläufig, dass sie innerlich überzeugt sei, ihren 36. Geburtstag nicht zu überleben. Doch sei ihr dies nun alles gleichgültig: das Leben habe für sie ohnehin keinen Sinn mehr. Als ich sie bitte, spontan zu sagen, was ihr zu »36« einfalle, assoziiert sie zu unser beider Erstaunen, dass sich ihr Vater an seinem 36. Geburtstag – im 5. Lebensjahr der kleinen Claudia – mit Schlaftabletten suizidiert hat. Erst in der Psychoanalyse stellt sich sukzessiv heraus, wie traumatisch dieser Verlust für Claudia gewesen sein muss. Zusammen mit ihrem ein Jahr älteren Bruder wurde sie nach diesem Ereignis ohne Vorankündigung von der Mutter in ein Internat geschickt. Erst eineinhalb Jahre später, als die Mutter gezwungen war, ihre Kinder nach Hause zu holen, weil beide physisch (und psychisch) krank geworden waren, erzählte sie ihnen vom Suizid des Vaters.

Sukzessiv rekonstruieren wir in unseren analytischen Sitzungen, vor allem anhand neu auftauchender Erinnerungen und von eindrücklichen Träumen, wie sehr die Mutter in den anschließenden Jahren ihre Tochter als Selbstobjekt und als Partnerersatz psychisch

---

[4] Das Fallbeispiel wurde erstmals in einer anderen Version in Leuzinger-Bohleber, 2000, veröffentlicht.

missbrauchte und ihr kaum einen adäquaten Individuations- und Separationsprozess ermöglichte. Um nur ein Beispiel zu erwähnen: Als Claudia 14 Jahre alt war, suchte ihre Mutter mit ihr den Gynäkologen auf und ließ ihr eine Spirale »einbauen«, um mögliche Schwangerschaften durch ihre »erste Liebe« zu verhindern. Sie partizipierte jahrelang an der Sexualität ihrer Tochter, die im elterlichen Schlafzimmer – mehr oder weniger unter den Augen der Mutter – mit ihrem Freund schlief, eine retraumatisierende Erfahrung für die adoleszente Tochter. Als ihr Freund sie mit 19 heiraten wollte, reagierte sie erstmals mit schwerer Migräne und einem psychosomatischen Zusammenbruch, so dass ihr empfohlen wurde, sich in den Alpen in einem Sanatorium zu erholen. Sie blieb in der Schweiz, trennte sich von ihrer Jugendliebe und lernte ihren jetzigen Lebenspartner kennen, mit dem sie schließlich nach Deutschland zog.

Aus dem eindrücklichen Selbst- und Identitätsfindungsprozess, den Frau X. im Laufe der vierjährigen Psychoanalyse durchlief, möchte ich in unserem Zusammenhang nur anhand einer Serie von Träumen fragmentarisch illustrieren, wie sensibel in der Übertragungsbeziehung dieser Psychoanalyse mit dem Eigenen, dem sich vom Anderen Unterscheidenden, umzugehen war und welch hohe Anforderungen an meine professionelle Selbstreflexion damit verbunden waren, da diese Differenzierung u. a. die Voraussetzung für das Auftauchen des »wahren Selbst« der Analysandin und seiner sukzessiven Stabilisierung darstellte. Selbstverständlich war diese Übertragungsbeziehung rasch von der intensiven Wiederbelebung der pathologischen Beziehung zur intrusiven Mutter geprägt, ein Grund, warum sich in dieser psychoanalytischen Behandlung die oben erwähnte Frage nach der »Wahrheit der psychoanalytischen Deutung« besonders eindringlich stellte. So ging Frau X. von der unbewussten Überzeugung aus, dass auch ich, analog zu ihrer Mutter, sie zur Befriedigung eigener Wünsche und Bedürfnisse »missbrauchen« würde, z. B. indem ich ihr meine analytischen Auffassungen und Weltanschauungen »überstülpen« werde. Odgen (1992, S. 235) beschreibt diesen Prozess wie folgt:

> »Der Patient wird von festen unbewussten Überzeugungen bestimmt (die er aber nicht artikulieren kann), die ihm seine frühinfantilen und frühen Kindheitserfahrungen gelehrt haben. Sie beinhalten, dass alle Beziehungserfahrungen unweigerlich schmerzlich, enttäuschend, überstimulierend, vernichtend, nicht verlässlich, erdrückend, sexuell überstimulierend sein werden etc. Es gibt keinen Grund für ihn anzunehmen, dass die Beziehun-

gen, die er aufnehmen wird, sich von den vergangenen unterscheiden werden. In diesen unbewussten Überzeugungen hat der Analysand gleichzeitig recht und unrecht. Recht hat er insofern, als dass in der Übertragungsbeziehung unweigerlich seine bisherigen Beziehungserfahrungen wiederbelebt und inszeniert werden. Unrecht hat er darin, dass die analytische Beziehung nicht mit den früheren, internalisierten Objektbeziehungen identisch sein wird, z. B. mit dem Kontext der frühinfantilen und Kindheitsphantasien und der damaligen Objektbeziehungen.« (Übersetzung MLB).

Der therapeutische Umgang mit den Generalisierungen unbewusster »Wahrheiten« zur infantilen Erklärung erlittener Traumatisierungen, z. B. in der pathologischen Mutterbeziehung von Frau X., erwies sich immer wieder als eine schwierige Klippe, doch, wie immer in Psychoanalysen, bot diese spezifische Schwierigkeit gleichzeitig eine ebenso spezifische Erkenntnischance basierend auf gemeinsamen Erfahrungen in der analytischen Situation. In kaum einer anderen Behandlung war ich derart offensichtlich immer wieder mit der Frage konfrontiert, ob und in welcher Weise bestimmte Interpretationen von meiner professionellen Wahrnehmung unbewusster Zusammenhänge oder aber von eigenen Wünschen und »Weltanschauungen«, z. B. eigenen Projektionen auf das klinische Material der Analysandin, geprägt waren. Dies möchte ich anhand einer Traumserie aufzeigen, die u. a. mit einem zentralen unbewussten Thema der Analysandin in Zusammenhang stand, mit ihrem Kinderwunsch. Da meine eigene Mutterschaft einen wichtigen Anteil in meinem weiblichen Lebensentwurf einnimmt, konfrontierte mich die archaische Ablehnung der eigenen Generativität von Frau X. besonders intensiv und anhaltend mit eigenen Prioritäten der »wünschenswerten und befriedigenden Entfaltungen« als Frau.

Wie schon kurz erwähnt, war es die tiefe Sinnkrise, die Frau X. zu einer Psychoanalyse motivierte. Erst im Laufe der Behandlung erwies sich, dass dabei die Entscheidung für oder gegen eine Mutterschaft eine große Rolle spielte.

Wir stoßen auf dieses Thema erstmals nach sechs Monaten Analyse aufgrund von Assoziationen zum folgenden Traum:

> »Ich stand auf einer Bühne und sollte, in einer Art Modenschau, einem großen Publikum schöne Kleider vorführen. Ich war hinter der Bühne und konnte mich nicht entscheiden, welches Kleid ich anziehen sollte. Es waren Tausende in einem großen Schrank, der offen vor mir stand. Eine Frau bot mir schließlich ein hellblaues Kleid an, das ganz lose runterhing. Man konnte meine Figur gar nicht sehen, ich war ganz verzweifelt, wollte es nicht anziehen.«

Die Assoziationen zum Traum führen zu einem Schrank in ihrem Kinderzimmer. Ihre Mutter zog ihr und ihrem Bruder immer die gleichen Kleider an, so dass sie wie Zwillinge aussahen. Sie fand dies niedlich und praktisch. Daher musste (oder durfte?) Claudia als kleines Mädchen nie ein Kleid anziehen, sondern immer Hosen. Zudem waren ihre Haare kurz geschnitten, so dass viele dachten, sie sei ein Junge.

»Und die Frau im Traum schwatzt Ihnen erneut ein Kleid auf, das Sie nicht mögen, allerdings diesmal ein weit flatterndes, hellblaues Kleid, könnte dies ein Schwangerschaftskleid sein?«, frage ich, einem plötzlichen, intuitiven Einfall folgend, sogleich erschrocken, weil ich mich nicht besser kontrolliert habe. (Erst nach der Analysestunde realisiere ich, dass mir kurz mein eigenes hellblaues Schwangerschaftskleid einfiel, ein Einfall, den ich aber gleich wegdrängte, statt ihn mir voll bewusst zu machen.) Frau X. scheint meine Frage zu überhören, erzählt aber in der folgenden Sitzung einen Traum, der sie derart erschreckt hat, dass sie in Panik aufgewacht ist:

> »In einer Klinik sind viele Leute. Eine junge Frau geht zu einem Kinderbett, packt ihr Baby, das darin schläft, und wirft es schreiend zum Fenster hinaus. Dann geht sie auf ihre Mutter zu, die mit anderen Leuten spricht und nicht reagiert. Sie packt sie an der Gurgel und würgt sie…«

Frau X. wirft mir vor, dass mein Einfall zum Schwangerschaftskleid wohl den Traum provoziert habe und beklagt sich bitter, dass sie mich als übergriffig erlebt habe. Innerlich stimme ich Frau X. zu. Ich hatte, wie erwähnt, meine spontane Äußerung zu wenig reflektiert. Allerdings beschäftigten mich dennoch die heftige affektive Reaktion von Frau X. und der spezifische, manifeste Trauminhalt, mit dem sie auf die Sitzung reagierte. Ich bin verwirrt, dass Frau X. darin einige Komponenten einer unbewussten Phantasie gestaltet, die mich gerade im Zusammenhang mit einer klinischen Arbeit über psychogen sterile Frauen sehr beschäftigt: die Medea-Phantasie (vgl. Leuzinger-Bohleber, 1996). Diese unbewusste Phantasie drehte sich um eine »innere Wahrheit«, dass weibliche Sexualität und Leidenschaft in eine archaische Abhängigkeit vom Liebespartner führe und daher mit der Gefahr verbunden sei, nach schwersten Kränkungen und der traumatischen Erfahrung, betrogen und verlassen zu werden, die Kontrolle über die eigenen Affekte zu verlieren und sich, den Liebespartner und vor allem die Produkte der Beziehung zu ihm, die eigenen Kinder, zu zerstören. Als auffällige lebensgeschichtliche Gemeinsamkeit stellte sich bei den zehn von mir behandelten psychogen sterilen Frauen heraus, dass deren Mütter im ersten Lebensjahr der Analysandinnen unter schweren, medikamentös behandelten Depressionen gelitten hatten, höchstwahrscheinlich eine traumatische Erfahrung für ihre Säuglinge. Die nicht reagierende Mutter, der die Protagonistin im Traum von Frau X. »an die Gurgel ging«, erinnert mich an ein Charakteristikum depressiver Mütter: sie sind nicht fähig, mit ihren Säuglingen in einen empathisch reagiblen emotionalen Kontakt zu treten, auf deren Bedürfnisse und Wahrnehmungen spiegelnd und resonant zu reagieren und werden daher von ihren Töchtern als »tote Mutter« wahrgenommen. Zudem enthält die »rasend-verrückte« junge Mutter, die ihr Kind – außer sich vor Wut und Verzweiflung – zum Fenster hinauswirft, offensichtliche Parallelen zur Medea-Figur.

Hat daher mein Einfall zum ersten der beiden eben erwähnten Träume meiner Analysandin eher mit meiner derzeitigen Beschäftigung als mit unbewussten Phantasien von Frau X. zu tun? Stülpe ich ihr eine eigene Wahrnehmung, ein eigenes Thema über?

Das Schwangerschafts- und Kinderthema verschwindet daraufhin wieder aus unserer analytischen Arbeit. Allerdings scheint es für mich in vielen Traummotiven versteckt weiter enthalten zu sein. Frau X. träumt häufig von alten, leeren Häusern, die verriegelt und verschlossen sind, dunkel und unheimlich. Meist wohnen keine Personen darin. Zuweilen kommt Frau X. als Träumerin einsam und allein darin vor, verloren oder aber omnipotent, damit beschäftigt, das Haus gegen Einbrecher oder den äußeren Verfall zu verteidigen. Ohnehin ist in diesen Wochen das Motiv des verzweifelten, aber trotzig omnipotenten Überlebenskampfes oft Thema von Träumen oder Einfällen in der analytischen Sitzung. So entschließt sich Frau X. trotzig, nicht auf die Sexualität verzichten zu wollen und nimmt die Beziehung mit ihrem Liebhaber wieder auf. In einer analytischen Sitzung entfaltet sie die folgende Phantasie: »Ich fühle mich wie eine Galapagos-Echse auf einem Ast eines alten Baumes, der mich mit einem anderen verbindet. Sobald mich jemand aufsuchen will, kicke ich ihn runter – ich will meinen Weg allein gehen, ich brauche niemanden dazu!«

Wir beziehen diese Aussage auch auf die analytische Situation, in der uns oft aufgefallen ist, das Frau X. »alles allein machen muss«. Wir vermuten schließlich, dass in der Gegenwart der Übertragungsbeziehung eine zweite 'alte »Wahrheit« wieder sichtbar wird, die sich bei der Analysandin u. a. während der Internatszeit als unbewusste Überzeugung herausgebildet hatte: Damals stand ihr keine erwachsene Bezugsperson zur Verfügung, um sie in ihrer Einsamkeit und Verzweiflung zu trösten, sie musste »alles allein machen« und insofern aus der Not eine Tugend machen, als sie sich in eine verfrühte Autonomieentwicklung im Sinne eines »trotzigen Überlebensversuchs« flüchtete. Sie fühlte sich daraufhin von niemandem mehr abhängig. Allerdings scheinen die Affekte im Traum (Trotz, Verzweiflung, aber auch Aggression und Wut gegenüber nahen Bezugspersonen) das ursprüngliche Trauma noch zu »verraten«.

Ein Jahr nach dem eben erwähnten Traum träumte Frau X., wie sie dies selbst feststellte, eine Art Fortsetzung:

> »Ich bin in einem alten Haus eingeschlossen. Ich gehe eine steile Wendeltreppe aus Eisen empor, die mitten im Raum zum oberen Stockwerk führt. Dort sehe ich einen großen Sarg und weiß, dass dieser auf mich wartet. Dann entdecke ich eine alte Frau. Diese will mich zwingen, mich in ein großes Bett zu legen. Ich springe davon, die Wendeltreppe hinunter – die Frau hinter mir her – ich erwache in Panik...«

Die Assoziationen führen zu Erinnerungen an die mütterliche Wohnung, in deren Ehebett sie, wie schon kurz erwähnt, mit ihrem ersten Freund schlief. Die Form der eisernen Wendeltreppe erinnert Frau X. an ihre Spirale, die, so ihre Frauenärztin, schon längst entfernt werden sollte.

Mir fällt zu dem Traum ein weiteres Spezifikum der Medea-Phantasie ein: Alle von mir behandelten Frauen waren im Unbewussten überzeugt, dass ihr Körper immer noch der Mutter gehörte. Die Loslösung von dem depressiven Primärobjekt war zudem mit der Befürchtung verknüpft, dadurch entweder das Selbst oder das Objekt umbringen zu müssen (vgl. den Sarg im Traum, Verfolgtwerden von der »alten Frau«). Allerdings ist mir bei diesen, meinen Gegenübertragungsphantasien wiederum bewusst, dass ich möglicherweise – aufgrund meiner Präokkupation mit der Medea-Phantasie – eigene Vorstellungen auf den Traum von Frau X. projiziere. Daher halte ich mich in meiner Deutungsarbeit besonders eng an die Assoziationen der Analysandin und spreche nur die mögliche Aktualisierung traumatischer adoleszenter Ermahnungen mit der verfolgenden und an der Sexualität der Tochter partizipierenden Mutter (vgl. Bett, Spirale) und der dadurch entstandenen »Todesgefahr« für das adoleszente Selbst (Sarg) an.

Frau X. kommt in den nächsten Monaten immer wieder auf diesen Traum zurück. Sie entschließt sich, die Spirale entfernen zu lassen. Während vieler Sitzungen sind die damit verbundenen Ängste Thema unserer analytischen Arbeit. Sie träumt u. a. von einer Frau auf dem Operationstisch, die aufsteht, durch den Raum geht, ohne zu realisieren, dass sie aus dem Genitale blutet und eine Spur von Blut hinterlässt.

Auch im Zusammenhang mit diesem Traumdetail muss ich an ein Spezifikum der Medea-Phantasie denken, die »Wahrheit«, dass das weibliche Genitale zerstörerische Kräfte enthält (z. B. während der Schwangerschaft über Tod und Leben entscheiden kann), aber auch selbst zerstört werden kann, z. B. vom Kind während der Geburt. Wiederum betrachte ich diese Phantasien als meine eigenen und spreche nichts davon direkt in meinen Deutungen an, sondern folge vorsichtig den Einfällen der Analysandin.

In den folgenden Monaten berührt mich, dass sich die Beziehung von Frau X. zu ihrem Liebhaber verändert. Sie hatte ihn bisher oft verachten müssen, um die innere Abgrenzung von ihm zu sichern. Nun kann sie ihn mehr und mehr als ein von ihr unabhängiges Objekt akzeptieren und lieben. Wie kaum zuvor in ihrem Leben kann sie die Sexualität mit ihm genießen und vorsichtig die Wahrnehmung zulassen, dass Sexualität »etwas Gemeinsames« ist, das von der Fähigkeit lebt, die gegenseitige Abhängigkeit zu ertragen und »das Fremde« als »notwendige Ergänzung zum Eigenen« zu erfahren. Sie kommt nochmals auf den »Galapagos-Echsentraum« zurück und stellt nun selbst ihren trotzigen Autonomieversuch als Überlebensstrategie hin, die sie nach dem traumatischen Verlust ihres Vaters entwickeln musste, die aber generalisiert wurde und sich heute als nicht mehr funktional für ihre Objektbeziehungen erweist. Parallel dazu nimmt sie vermehrt die inzestuösen Motive ihrer Partnerwahl und ihrer tiefen Sehnsucht nach dem »toten Vater« wahr, ein Grund, warum sie die Sexualität zu ihrem Lebenspartner nicht genießen kann (sie empfindet ihn unbewusst als inzestuösen Liebespartner). Erwähnenswert ist zudem, dass in dieser Zeit die schweren Depressionen, die Suizidimpulse und auch die Migräne verschwunden sind.

Einige Monate darauf – im dritten Jahr der Behandlung – taucht erstmals das Thema Kinderwunsch von Frau X. direkt auf. Immer noch ist das Thema mit vielen Ambivalenzen verbunden, u. a. ausgelöst durch die vermehrte Wahrnehmung, dass sie bald 40 Jahre alt wird und im Begriff ist, es der Biologie zu überlassen, ob sie ein Kind bekommt oder nicht. Sie ist oft erfüllt von einer rasenden Wut und Kränkung, dass sie nicht »ewig jung« und »ewig fruchtbar« bleibt – das Dornröschen, das 100 Jahre schlafen kann und schließlich, schön, jung und reich, vom Märchenprinzen geweckt wird. In eindrücklicher Weise taucht das Thema auf, welchen Verzicht es bedeutet, auf die infantile Mädchenposition zu verzichten, sowie auf die unbewusste Phantasie, immer noch als »einzige Lieblingstochter« mit dem toten Vater verschmolzen zu sein, von ihm beschenkt mit »ewiger Jugend« und Unsterblichkeit. Je mehr sie in ihrer Liebesbeziehung, aber auch in den analytischen Sitzungen, akzeptieren kann, dass sie den Freund bzw. mich zu einer produktiven analytischen Zusammenarbeit braucht, und »nicht alles allein zustande bringt«, desto deutlicher werden ihre infantilen Omnipotenzphantasien nochmals im manifesten Trauminhalt gestaltet. Dazu nur ein Beispiel:

> »Ich sehe zwei Häuser am Strand des Meeres in Spanien – das Meer ist schwarz und unheimlich. Ich bin, zusammen mit meinem Bruder, in einem der Häuser und sehe, dass das andere Haus, das mit schwarzen Schleiern geschmückt ist, in Flammen aufgeht. Da entdecke ich, dass das schwarze Meer immer näher kommt und bald unser Haus verschlingen wird. Ich rufe meinem Bruder zu, wir müssten uns in Sicherheit bringen. Er steigt ins Auto ein, fährt aber in die falsche Richtung – Richtung Meer und nicht weg von ihm... Ich bekomme panische Angst und kann im allerletzten Moment das Steuer herumreißen und uns in Sicherheit bringen.«

Die Einfälle führen einmal zu dem »Trauerhaus«, das sie im Traum durch Flammen zerstört. Frau X. stellt eine Beziehung zu dem eben erwähnten Thema her, dass sie endlich das väterliche Trauerhaus symbolisch zerstören möchte – durch die »Flammen der Leidenschaft« einer erwachsenen, genitalen Liebe. Danach assoziiert sie die existentielle Angst vor dem »verschlingenden Meer« (vgl. französisch: la mer), dem sie nur durch eine autonome Leistung entkommen kann: Wiedermal kann sie sich nicht auf jemand anderen, etwa auf ihren Bruder, verlassen.

In dieser Sitzung unterläuft mir, einmal mehr, ein »empathischer Fehler«. Ohne mir dies genügend bewusst zu machen, fühlte ich mich während der letzten Sitzungen immer wieder schmerzlich an eine andere Psychoanalyse erinnert. Frau B. hatte ihre Behandlung erst in ihrem 40. Lebensjahr begonnen. Unbewusst hatte sie sich die Realisierung ihres Kindeswunsches nicht gestatten dürfen. Als wir in unserer Arbeit die unbewussten Determinanten dieses »Verbots« schließlich erkannten, war es Frau B. aus biologischen

Gründen nicht mehr möglich, schwanger zu werden, für sie Auslöser eines schmerzlichen und lange andauernden Trauerprozesses. Aufgrund dieser vorbewussten Assoziationen entstand in mir ein starker Druck, der meine Empathie für Frau X. einschränkte. Daher betonte ich, ohne genügende Selbstkritik, in meinem Deutungsangebot zu dem erwähnten Traum die omnipotente Bewältigung der Lebensgefahr zu sehr. »Sie müssen das Steuer selbst herumreißen. Wiederum können sie sich nicht von dem Mann-Bruder helfen lassen, um sich von der verschlingenden Mutter (Meer) in Sicherheit zu bringen.«

Frau X. reagiert irritiert auf diese Deutung, u. a. indem sie sich einige Monate lang an keine Träume mehr erinnern kann. Schließlich erzählt sie mir ihre Phantasie, dass ich ihr nun doch meinen eigenen Lebensentwurf als berufstätige Frau und Mutter zweier Kinder »aufs Auge drücken wolle«. Sie spüre deutlich, dass das Kinderthema für sie selbst weit weggerückt sei. Wenn sie Kindern zufällig begegne, empfinde sie nur Mitleid mit den Müttern. »Es muss einfach schrecklich sein: entweder verderben die Kinder den Müttern das ›schöne Leben‹ – oder die Mütter missbrauchen ihre Kinder.«

In den nächsten Sitzungen können wir die Parallele zwischen diesen Phantasien und ihren frühkindlichen Phantasien herstellen, sowohl am Suizid ihres Vaters als auch am »verdorbenen Leben der Mutter« schuld zu sein. Erstmals erfährt Frau X., dass ihre Mutter sich wegen eines Liebhabers von ihrem Vater getrennt hatte, u. a. ein Auslöser für dessen schwere depressive Erkrankung. Es wird nun für uns sukzessiv plausibel, dass Frau X. in ihren aktuellen Liebesbeziehungen unbewusst z. T. die tragische Dreieckskonstellation ihrer Eltern wiederholt. Nachdem diese Zusammenhänge in vielen Sitzungen hin und her bewegt werden können und das Kinderthema von der Oberfläche des analytischen Diskurses verbannt wurde, erzählt Frau X. folgenden Traum:

> »Ich sehe einen kleinen Hund, der soeben geboren wurde. Seine Mutter kümmert sich offenbar nicht um ihn. Er sieht auch ziemlich hässlich aus. Doch schleckt er sich selbst und wackelt schließlich davon zu einer Gruppe von Leuten. Er stellt sich vor sie hin auf seinen kurzen Beinen, wie wenn er sagen würde: ›Na gut, ich bin etwas hässlich und habe kurze Beine. Dennoch habe ich ein Recht zu leben‹.«

In den Assoziationen von Frau X. taucht eine neue Erinnerung auf: Nachdem die Geschwister nach dem Suizid ihres Vaters in die mütterliche Wohnung zurückgekehrt waren, schnappten sie auf der

Straße einen streunenden, kranken Hund auf, nahmen ihn mit sich nach Hause und »retteten« ihn. »Sie schenkten dem Hund ein neues Leben und versuchten sich dadurch über den Verlust ihres Vaters hinwegzutrösten – eine große Leistung für ein kleines Kind, doch gleichzeitig wohl auch eine Überforderung.... Und ja, der Hund im Traum muss sich auch quasi allein gebären. Die Mutter scheint ihn im Stich zu lassen... Kein Wunder, dass Sie – tief in ihrer Seele – nicht viel Vertrauen zu Müttern und Vätern haben. Von beiden wurden sie in einer sehr frühen Zeit verlassen.« Frau X. stellt daraufhin eine Verbindung her zu ihrer Überzeugung, sie wäre selbst eine schlechte Mutter und würde ihr Kind vernachlässigen. In der nächsten Sitzung erzählt sie folgenden Traum:

> »Nun hat es mich aber erwischt – ich habe geträumt, ich hätte ein Kind geboren. Allerdings war ich sehr unglücklich darüber, wollte das Kind nicht haben und es auch gar nicht sehen. Mein Freund war nicht der Vater des Kindes. Dennoch machte er gleich den Vorschlag, mit ihm zu meiner Mutter nach Spanien zu fahren. Ich wurde sehr wütend deswegen und schrie, ich wolle dies aber nicht.... [und nach einer Pause] Sehen Sie, Frau Bohleber, deutlicher geht es doch nicht: Ich will eben kein Kind haben!«

In meinen Gegenübertragungsphantasien spüre ich – einmal mehr – einen großen Konflikt. Soll ich die Selbstdeutung des manifesten Trauminhalts von Frau X. so stehen lassen oder sie, wie immer, bitten, weiter zu assoziieren, um den latenten Trauminhalt gemeinsam zu erforschen? Oder kann ich aufgrund eigener Wünsche die Aussage von Frau X., sie möge Kinder nicht, persönlich nicht akzeptieren? Was ist wohl die »Wahrheit«? Frau X. scheint meinen inneren Konflikt zu spüren und verweigert in dieser Sitzung weitere Assoziationen. Der innere Konflikt beschäftigt mich noch intensiv nach der Analysenstunde. Ich suche ein Gespräch in einer Supervisionsgruppe, der mehrere Kolleginnen ohne eigene Kinder angehören, die in unterschiedlicher Weise ein, aus meiner Sicht, erfülltes und interessantes Leben führen. Zudem lese ich in der Zeitung eine neuere Statistik, die belegt, dass immer weniger heutige Paare sich für eigene Kinder entscheiden. Daher gelingt es mir schließlich, mich von meinem inneren Druck zu befreien und mit neuer Neugierde in die nächste Sitzung zu gehen.

Frau X. kommt selbst nochmals auf den Traum zurück. Es sei ihr aufgefallen, dass ich wenig dazu gesagt habe. Ich schildere ihr meinen Konflikt in relativ neutraler, nicht zu persönlichen Weise, meine Befürchtung, ihr – wie ihre Mutter – eigene Vorstellungen »überzustülpen« einerseits, andererseits »meinen Job« insofern nicht auszufüllen, dass ich sie in der letzten Sitzung nicht dazu ermuntern konnte – via Assoziationen – nach dem latenten Trauminhalt zu suchen. Nun fallen Frau X. mehrere Details ein, die die Eindeutigkeit ihrer Ablehnung des Kinderwunsches relativieren: im Traum weinte sie, wie nach einem schweren Verlust. War es der Verlust der engen Verbindung zur Mutter, der Verzicht auf ihre »Tochterposition«, einer Position, die sie nicht an ein reales, eigenes Kind abtreten wollte? War sie auch aus diesen Gründen so ärgerlich auf ihren Lebenspartner, der den Wunsch ausdrückte, mit dem Baby zu ihrer Mutter zu fahren?

Es ist eindrücklich für mich, dass Frau X. mit einem weiteren Traum auf diese Sitzung reagiert:

> »Ich habe schon wieder geträumt, dass ich ein Kind geboren habe, doch diesmal war es ein hübsches, niedliches Kind, das mir gut gefiel. Allerdings nahm ich das Kind und warf es in einen Papierkorb. Ich stand dann zögernd davor, ob ich es wohl wieder herausholen sollte...«

Die Einfälle zeigen, dass der Kinderwunsch nicht ausschließlich mit negativen Gefühlen verbunden ist, sondern eher in Zusammenhang mit ambivalenten Impulsen steht. So fällt mir zu dem Traummotiv »Kind in den Papierkorb werfen« eine Äußerung meines damals dreijährigen Sohnes ein. Er sagte eines Morgens zu mir, als er mir beim Wickeln seiner kleinen Schwester zuschaute: »Mama, ich denke, wir haben dieses Baby nun lange genug gehabt, kannst du es nicht wieder in die Klinik bringen?« Die Analyse dieser Gegenübertragungsphantasie ermöglicht mir, Frau X. nach eventuellen Eifersuchtsreaktionen ihres Bruders zu fragen.

Frau X. erzählt nun, dass der um 14 Monate ältere Bruder mit heftiger Eifersucht auf ihre Geburt reagierte und sie, wie die Mutter kürzlich erzählte, im 4. Lebensmonat fast erstickte, weil er versuchte, ihr einen Keks in den Mund zu stopfen...

Für mich ist dieser Traum und unsere daran anschließende Traumarbeit eine spürbare Entlastung: Ich fühle mich nun sicherer, dass ich Frau X. nicht meinen eigenen Lebensentwurf »überstülpen« will, sondern auf ihre massiven unbewussten Konflikte im Zusammenhang mit ihrem Kinderwunsch reagiert habe. Der innere Spielraum für diese Lebensentscheidung von Frau X. war eingeschränkt, da sie unbewusst intensiv durch die pathologischen Bindungen an die infantilen Bezugspersonen determiniert war. Die Sukzession der Träume und die dadurch ermöglichten Erkenntnisse ließen mich sukzessiv die unbewussten Determinanten des Kinderwunsches von Frau X. erahnen und ihr – in einem wiedergewonnenen analytischen Raum – meine Überlegungen als Hypothesen zur Verfügung stellen. In den folgenden Monaten können wir z. B. sorgfältig die einzelnen Komponenten der Medea-Phantasie in unserer Arbeit beleuchten, in einem entspannten Hin- und Herbewegen der Ambivalenzen, die bei uns allen mit einem Kinderwunsch verbunden sind. Ich fühle mich nicht mehr verantwortlich für die »reale« Entscheidung, die Frau X. nun fällen wird – für oder gegen eine eigene Mutterschaft. Stattdessen kann ich mich wieder meiner professionellen Aufgabe widmen, Frau X. vermehrt zu einem inneren Spielraum zu verhelfen, der ihr eine Identitätsfindung im Sinne eines »wahren Selbst« ermöglicht und dadurch eine innere Basis für eine adäquate Entscheidung der Kinderfrage schafft (vgl. Bohleber, 1992). Mir scheint, dass sich durch den analytischen Prozess eine stabile Grenzziehung zwischen mir als professionellem Objekt und dem idiosynkratischen Subjekt der Analysandin entwickeln konnte, eine Voraussetzung für das Entwickeln einer »reifen«, erwachsenen Autonomie von Frau X., trotz aller immer noch bestehender Konflikte.

2.2 Das Unbewusste in Zeiten des theoretischen Pluralismus der Psychoanalyse: Eine Übersicht

2.2.1 Das Unbewusste in der »klassischen Ichpsychologie«[5]

Wie einleitend erwähnt, vertraten Fred Pine (2011) und Jorge Luis Maldonaldo (2011) am IPA-Kongress in Mexico vehement das sogenannte

---

5   Im Folgenden beziehe ich mich u. a. auf Leuzinger-Bohleber, 2008, S. 52 ff.

»Strukturmodell« der Psychoanalyse und betonten, dass dieses weiterhin unverzichtbar sei, um innerpsychische und psychosoziale Konflikte zu beleuchten und zu »erklären« (vgl. dazu auch Hartkamp, 2000). Das Strukturmodell bzw. die »Ichpsychologie« eigne sich besonders, eine Brücke zwischen psychoanalytischen Konzepten und der »Allgemeinen Psychologie« zu schlagen, denn sie fokussiere insbesondere Entwicklungs- und Anpassungsprozesse sowie psychische Regulationsmechanismen, Wahrnehmung, Motivation und strukturelle Defekte der Persönlichkeit.

> »Das dynamische Unbewusste entsteht aufgrund psychischer Konflikte: Es ist das Produkt einer primären Unterteilung zwischen psychischen Instanzen, die nach Freud durch die Verdrängung entsprechender Phantasien bedingt durch den ödipalen Konflikt entstanden sind. Es kann durch die radikale Unterscheidung zwischen den verschiedenen psychischen Instanzen charakterisiert werden. Der intrapsychische Konflikt findet Ausdruck in der unbewussten Phantasie, in die Triebwünsche eingehen.« (Maldonado, 2011, S. 282, Übersetzung MLB)

Freud (1923) beschrieb in seiner Arbeit »Hemmung, Symptom und Angst« drei psychische Strukturen, d. h. überdauernde psychische Organisationen, die aber dennoch bis zu einem gewissen Grade veränderungsfähig sind. Die erste Struktur, das *Es*, ist vollständig unbewusst und enthält – analog dem System »Unbewusst« in dem von Freud früher konzeptualisierten topischen Modell – sexuelle und aggressive Triebwünsche und -impulse. Die zweite Struktur, das *Über-Ich*, basiert auf Internalisierungen der elterlichen Autoritäten und enthält deren Ideal- und Wertesysteme. Allerdings ist zu betonen, dass diese Internalisierungen nicht nur einem Niederschlag der realen Interaktionen mit den Eltern entsprechen, sondern durch die Wahrnehmungen und altersspezifischen Phantasien des Kindes der elterlichen Normen, Regeln und Ideale geprägt sind.

> So fielen in der Psychoanalyse mit Frau X. die ausgesprochen rigiden und strengen Über-Ich- und Ichidealstrukturen auf. Ein Auslöser für ihren depressiven Zusammenbruch im 35. Lebensjahr war, dass sie sich in vernichtender Weise wegen ihrer sexuellen Außenbeziehung verurteilte und sich wie eine Ehebrecherin im Mittelalter vorkam. Unbewusst stellte sie die Beziehung zwischen ihrem Verhalten und jenem ihrer Mutter her, deren außereheliche Beziehungen, so ihre Erzählung, den Vater in den Suizid getrieben hatten.

Vermutlich hatte sich vor allem die Mutter mit der in ihrem studentischen Milieu damals verbreiteten antiautoritären Erziehung identifiziert und ihrer Tochter im Alltag kaum milde Grenzen gesetzt bzw. in empathischer Weise dem Kind verständlich gemacht. Daher vermittelte sie ihrer Tochter vermutlich nur in ungenügender Weise die Möglichkeit, zwischen solchen »Regeln und Gesetzen« in der Außenwelt und den kindlichen Phantasien zu unterscheiden. Dies führte dazu, dass die kindlich magischen Phantasien – z. B. die ödipalen Rivalitäts- und Tötungswünsche (vgl. unten), wie sie etwa in den Märchen wie »Hänsel und Gretel« lustvoll dargestellt sind, wenn die Hexe als ödipale Mutterfigur in den Ofen gestoßen wird – auf Regeln, Forderungen etc. der Außenwelt projiziert und diese anschließend dementsprechend als »archaisch absolutistisch« erlebt wurden. Anschließend identifizierte sich das Kind mit diesen als »archaisch-absolutistisch« empfundenen Geboten und Verboten in der Außenwelt, was die Entwicklung einer ebenso archaisch-rigiden Überich- und Ichidealstruktur begünstigte. Wie die Assoziationen zum Traum dem Angriff auf die Mutter bzw. jener mit der »alten Frau« und dem »Sarg« zeigten, hatten sich die ödipalen Todeswünsche im Unbewussten von Frau X. erhalten und waren in ihr unbewusstes Selbstbild einer potentiellen Mörderin eingegangen, einer der Gründe für die Entwicklung ihrer depressiven Symptomatik. Analoges lässt sich bezüglich ihrer Phantasien zur Geschwisterrivalität vermuten, die zu einem Teil der skizzierten unbewusste »Medea-Phantasie« geworden waren.

Im *Über-Ich* finden daher Gesetze und Ideale der Kultur ihren Niederschlag, die dem Kind durch die Eltern vermittelt werden. Dabei wird zwischen zwei Subinstanzen unterschieden, dem *Über-Ich im engen Sinne*, das Regeln und Gesetze enthält und dem *Ichideal*, das aus dem Selbst- und Fremdideal besteht (vgl. Sandler, 1960). Ein Verstoß gegen das Über-Ich i.e.S. führt zu Schuldgefühlen. Wird ein Ich-Ideal verletzt, werden Schamgefühle aktiviert (vgl. u.a. Wurmser, 1990). Über-Ichinhalte sowie durch das Über-Ich ausgelöste psychische Reaktionen verlaufen meist vorwiegend unbewusst.

Mit dem *Ich* werden im Strukturmodell jene Teile der Persönlichkeit bezeichnet, die als Selbst betrachtet werden und *bewusste* Wahrnehmungen und Selbstreflexionen einschließen, wobei auch große Teils des Ichs ebenfalls unbewusst sind. Nach Freud kommt dem Ich die wichtige Aufgabe zu, zwischen den beiden Instanzen Es und Ich sowie der

Außenrealität zu vermitteln. Es stellt also eine Verbindung zwischen den Ansprüchen und Normen der Außenwelt und jenen der psychischen Realität her. Um diesen Aufgaben entsprechen zu können, verfügt das Ich über die Fähigkeit der (bewussten) Wahrnehmung und Problemlösung sowie über eine Reihe von Abwehrmechanismen zur Regulation innerer Konflikte und Spannungen. Das gesunde Ich zeichnet sich durch eine kohärente Struktur, Flexibilität und Entwicklungsfähigkeit aus.

Für ein Verständnis des Unbewussten ist entscheidend, wie Freud und spätere Vertreter der Ichpsychologie die frühe Entwicklung dieser drei Instanzen konzeptualisierten. Freud postulierte, dass das Ich aus der Frustration von Triebwünschen hervorgeht: Triebwünsche richten sich immer auf ein Objekt. Falls das Kind dieses Objekt als Ziel seiner Triebwünsche aufgibt, etwa die Mutter als teilweise unabhängig von ihrer Befriedigung oraler Triebwünsche anerkennt, identifiziert es sich mit der Mutter. Diese Identifizierungen bilden die Grundlage eines sich ausbildenden Ichs. Der Verzicht auf die Triebbefriedigung ist nach Freud nur möglich, weil die an die Mutter gebundene Energie auf ein inneres Bild von ihr übertragen wird, eine Repräsentanz, mit der sich das Kind anschließend identifiziert. Der Aufbau dieser Repräsentanzen wird daher gleichgesetzt mit der Entwicklung des Ichs. Das Ich geht folglich aus den Frustrationen seiner Triebwünsche hervor und erhält, durch die Identifizierungen mit dem entsagenden Objekt, Züge dieser ursprünglich begehrten Person.

Zentral für Freud war der ödipale Konflikt, der in der heutigen Psychoanalyse im Zusammenhang mit einer ubiquitären Entwicklungsphase gesehen wird, in der sich das Kind aufgrund seiner affektiven und kognitiven Entwicklung mit einer Dreieckssituation beschäftigt (vgl. dazu u. a. Malinowski, 1929, Parin, Morgenthaler & Parin-Mattéy, 1963, Parsons, 1964, Britton, Feldman & Steiner, 1997 Rupprecht-Schampera, 1996)[6]. Das Kind verzichtet auf seine sexuellen Wünsche nach

---

6 In ihren ethnopsychoanalytischen Studien bei den Dogons und Agnis in Afrika untersuchten Parin, Morgenthaler und Parin-Mattéy (1971) u. a. die Frage, ob der Ödipuskomplex das Produkt der Freud'schen Beobachtungen in den kleinbürgerlichen Familien in Wien war oder einen ubiquitären Charakter habe. Sie stellten z. B. bei den Dogons fest, dass Kinder, die zwischen dem dritten und fünften Lebensjahr vorwiegend in relativ großen Gruppen von

dem gegengeschlechtlichen Elternteil, indem es sich mit dem gleichgeschlechtlichen identifiziert. Aus diesen ödipalen Identifizierungen geht – so Freud – das Über-Ich hervor. Analog zu den Identifizierungen im Ich, trägt auch das Überich die Spuren der aufgegebenen Objektbesetzung. So betont u. a. Sandler (1960) die identitätserhaltende Funktion des Über-Ichs, da es – an Stelle der ursprünglichen Liebesobjekte – nicht nur strafende und beurteilende Funktionen übernimmt, sondern auch zu einer Quelle der (Selbst)-Liebe und des Wohlbefindens wird.

> Der Suizid des Vaters von Frau X. traf sie im 5. Lebensjahr, mitten in der ödipalen Phase. Der traumatische, plötzliche Verlust des ödipalen Liebesobjekts konnte psychisch nicht verarbeitet werden, vor allem auch, weil keine erwachsenen Bezugspersonen dem Mädchen halfen, mit diesem Trauma umzugehen (Verschweigen des Todes des Vaters durch die Mutter, Abschieben der Kinder ins Internat). In der Psychoanalyse stellte sich heraus, dass diese traumatischen Erfahrungen die ödipale Bindung von Frau X. an ihren Vater im Unbewussten erhalten hatten – ein Grund für ihre Partnerwahl (sehr viel älterer Ehegatte, von dem sie zärtlich »auf Händen getragen und umsorgt wurde«, aber kaum eine erwachsene Sexualität mit ihm leben konnte, da diese durch die unbewusste »Verwechslung« zwischen Vater und Ehemann dem Inzesttabu anheimfiel).

Freud führte zwar die Entwicklung des psychischen Apparates in all seinen Modellen auf einen biologischen Ursprung zurück, doch räumte er in seinen späteren Ansätzen äußeren Ereignissen, auch unter dem Einfluss der gesellschaftlichen Katastrophen des 20. Jahrhunderts, einen größeren Stellenwert ein (vgl. traumatischer Objektverlust bei Frau X.). Sein Fokus lag auf der Kompromissbildung des Ichs zwischen Es, Über-Ich und Außenwelt: Schuldgefühle, Angst und Verlustschmerz waren Indikatoren für psychopathologische Entwicklungen. So konzeptualisierte

---

Frauen leben, zwei Lieblingspersonen aussuchen. In der so entstehenden Dreieckskonstellation spielen sie die ödipalen Konflikte (des Ausgeschlossenseins aus einer Dyade, von Triumph und Eifersucht etc.) durch. Die Autoren definieren den ödipalen Konflikt daher als eine entwicklungsspezifische (vermutlich auch durch die kognitive Entwicklung mitbedingte) Auseinandersetzung mit einer triadischen Beziehungskonstellation.

er z. B. Angst in seiner Arbeit »Das Ich und das Es« (1923) nicht mehr wie im topischen, früheren Modell als aufgestaute sexuelle Energie, sondern als Signal für eine äußere oder innere Gefahr, wie z. B. die Gefahr einer Verurteilung durch das Über-Ich, der Überflutung durch Schamgefühle aufgrund eines drohenden Verstoßes gegen das Ichideal etc.

Eng mit der Entwicklung des Strukturmodells verbunden war die Beschreibung von Abwehrmechanismen, d. h. unbewussten Strategien zum Schutz des Individuums vor schmerzhaften Affekten wie Schuld- und Schamgefühlen oder Angst. Solche Affekte entstehen durch innere Konflikte zwischen Es versus Über-Ich (z. B. bei Frau X. Verbot direkter aggressiver Triebbefriedigungen dem Ehemann gegenüber aufgrund des unbewussten Inzesttabus), Ich versus Über-Ich (z. B. innere Verurteilung der sexuellen Außenbeziehung) oder durch Ich versus Realität (z. B. Angst vor Abhängigkeit als Mutter eines Kindes). Freud beschrieb verschiedene Abwehrmechanismen wie Projektion, Verleugnung, Verkehrung ins Gegenteil, Verschiebung, Isolierung, Reaktionsbildung, Verdrängung, Rationalisierung, Intellektualisierung und Sublimierung. Anna Freud (1939) und später die Forschergruppe um Moser und von Zeppelin (1969) entwickelten die psychoanalytische Abwehrlehre weiter und zeigten, dass sinnvollerweise zwischen »reifen« und »primitiven« Abwehrmechanismen zu unterscheiden ist. So gehören z. B. Intellektualisierung und Sublimierung zu den reifsten und adäquatesten Abwehrmechanismen, die sich dank der Entwicklung der kognitiven Fähigkeiten (wie des logischen, abstrakten Denkens) erstmals in der Adoleszenz ausbilden und eine wichtige psychische Funktion einnehmen. Dagegen sind Projektion und Verleugnung relativ primitive seelische Vorgänge, die bei Phänomenen wie dem Fremdenhass und Antisemitismus das psychische Geschehen dominieren und oft mit Gewalt gekoppelt sind. So kann das Strukturmodell sich auch heute noch hilfreich erweisen, psychische Konflikte, z. B. bei Adoleszenten, zu verstehen, wie ich in anderen Arbeiten anhand der folgenden Graphik illustrierte (vgl. Leuzinger-Bohleber, 2008, S. 61).

Metaphorisch ausgedrückt, gerät das jugendliche Ich durch den adoleszenten Entwicklungsschub in eine seelische Situation, in der es gleichzeitig von zwei Seiten unter Druck gesetzt wird: Einmal verstärken sich durch den Wachstumsschub die körperlichen Spannungen, Impulse und Sehnsüchte (»Es«), gleichzeitig werden die Werte und Ideale im Über-Ich und Ichideal einer Revision unterzogen und erfahren eine

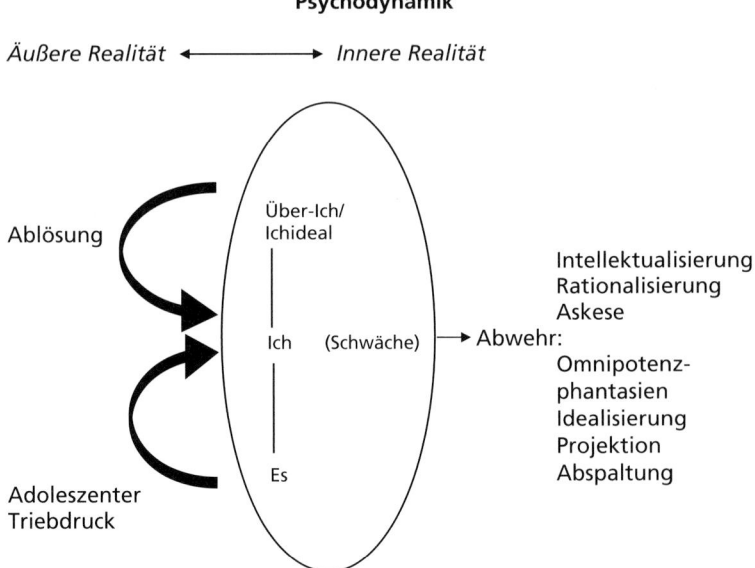

Abb. 2.1: Strukturmodell der Psychoanalyse: Anwendung auf adoleszente Psychodynamik

qualitative und quantitative Veränderung. Sie können daher dem Ich nicht mehr – wie während der Latenz – eine zuverlässige und kontinuierliche innere und äußere Orientierung bieten und konfrontieren daher den Adoleszenten mit einem Wertevakuum und einer Phase der »Bewertungsschwäche« eigenen und fremden Handelns. Dieser »Zweifronten-Krieg«, den das adoleszente Ich zu führen hat, ist aus psychoanalytischer Sicht einer der Gründe, warum Gewalt gegen sich selbst oder Andere in der Adoleszenz so verbreitet ist. Das adoleszente Ich befindet sich in einem Zustand des Übergangs und der Schwäche und ist daher sowohl anfällig für die Verführung durch Ideologien eines »Führers« oder einer Peergroup (Identifizierung mit einer fremden Über-Ich- oder Ichidealinstanz) oder einer »erlaubten«, kollektiven Befriedigung aggressiver Triebimpulse (vgl. dazu Bohleber, 1992, 1996a,b, Leuzinger-Bohleber & Mahler, 1993, Garlichs & Leuzinger-Bohleber, 1999). In neueren psychoanalytischen Arbeiten zur Adoleszenz wird vermehrt reflektiert, dass Adoleszente mit guten frühen Objektbeziehungen bzw. optimal entwickelten Ichfunktionen (oder in der Terminologie der empirischen Bindungsforschung mit einem sicheren Bindungstyp) den adoleszenten Entwicklungsaufgaben weit besser gewachsen sind als früh Traumatisierte. Für sie bedeutet die adoleszente Entwicklungsphase eher einen Prozess der Transformation, in dem sie die tragenden Beziehungen zu ihren familiären Bezugspersonen für die Identitätsfindung produktiv nutzen können (vgl. dazu u. a. Bohleber, 2011).

Frau X. nutzte den adoleszenten Triebschub für eine Flucht in eine sexuelle Beziehung. Allerdings schien die intrusive Mutter die innere Ablösung durch ihren Übergriff auf den adoleszenten Körper der Tochter zu erschweren, eine retraumatisierende Erfahrung für Frau X. Der in unserer westlichen Kultur geforderte adoleszente Identitäts- und Individuationsprozess, verbunden mit der inneren und äußeren Ablösung von den primären Bezugspersonen, brachte die mangelhaft stattgefundene innere Abgrenzung und Selbstentwicklung von Frau X. zum Vorschein: Mit 19 Jahren kam es schließlich zu einem psychosomatischen Zusammenbruch, der eine reale Trennung von der Mutter (Klinikaufenthalt) in der Schweiz einforderte. Wie sich in der psychoanalytischen Behandlung herausstellte, standen die psychosomatischen Symptome, das seelische Leiden, u. a. in Zusammenhang mit schweren, unbewussten Schuldgefühlen wegen der Loslösung von der Mutter, bedingt durch übermäßig stimulierte aggressive Impulse in der jahrelangen Erfahrung eines psychischen Missbrauchs durch die Mutter.

Die von Freud postulierten Phasen der infantilen Sexualitätsentwicklung (orale, anale, phallisch-genitale, ödipale Phase, gefolgt von der Latenz und der Adoleszenz) und der darauf aufbauenden Entwicklung von Ich und Über-Ich bildeten jahrzehntelang das Kernstück der Psychoanalyse. Das Unbewusste wurde als Ort verstanden, in den – wie in einem brodelnden Kessel – frühkindliche sexuelle und aggressive Wünsche und Impulse verbannt worden waren. Deren Kontrolle absorbierte, so die damalige Auffassung, einen Großteil der seelischen Energien. In den 1950er-Jahren waren es vor allem die Forschergruppen um Heinz Hartmann (1950, 1955) und David Rapaport (1951, 1958), die das Strukturmodell weiter ausbauten und die sog. psychoanalytische Ichpsychologie begründeten. Dabei wurden teilweise heftige Kontroversen ausgetragen. Um nur ein Beispiel zu erwähnen: Arlow und Brenner (1964), zwei führender Ichpsychologen, hielten Rapaport entgegen, Ich und Es seien nie so klar voneinander getrennt, wie Rapaport dies postulierte. Psychische Phänomene seien meistens Produkte komplexer psychischer Kompromissbildungen. Die Fähigkeit, tragfähige psychische Kompromisse zu bilden, kennzeichnete geradezu die psychische Gesundheit. Nur in extremen Konfliktsituationen würden die drei psychischen Instanzen als sich bekämpfende mentale Kräfte sichtbar. Weitere wichtige Beiträge zur Weiterentwicklung der Ichpsychologie legten Erik Erikson, René Spitz, Edith Jacobson, Hans Loewald und schließlich Anna Freud, Margret Mahler, Gertrud und R. Blanck und Annemarie und Joseph Sandler vor.

Ebenfalls zu den ichpsychologischen Autoren kann René Spitz gezählt werden, der mit seinen Hospitalismusstudien als einer der Pioniere der empirischen Säuglingsbeobachtung gelten kann. Er zeigte mit seinen Studien in amerikanischen Waisenhäusern und Gefängnissen auf, dass Säuglinge auf frühe Trennungen von ihren Müttern mit schweren psychopathologischen Störungen (anaklitische Depression bis hin zu Marasmus) reagieren und, dauert die Trennung (ohne empathisch zärtliche Ersatzperson) über sechs Monate an, zu bleibenden Schädigungen des Ichs und der sich entwickelnden Persönlichkeit (Hospitalismus) oder gar zum Tod führen. Allerdings wurde damals noch kaum diskutiert, wie sich frühe Trennungstraumata im Unbewussten niederschlagen.

Die Studien von René Spitz hatten einen großen Einfluss für den Umgang mit Trennungen im Säuglingsalter und bei Kleinkindern in den westlichen Gesellschaften. Oft ist kaum noch bekannt, dass das Rooming-In, die Möglichkeit, mindestens eine Bezugsperson zusammen mit einem kranken Kleinkind ins Krankenhaus aufzunehmen, auf die Untersuchungen von Spitz zurückgeht. Eine vergleichbare Wirkung ging von den Dokumentarfilmen von James Robertson aus. Unterstützt von John Bowlby hatte er vier Jahre lang die Reaktionen von 18–48 Monate alten Kindern auf Krankenhausaufenthalte oder Heimeinweisungen gefilmt. So zeigen z. B. die täglichen Aufnahmen von John in eindrücklichster Weise, wie dieser gesunde, sicher gebundene zweijährige Junge im Laufe der zehntägigen Trennung von seinen Eltern in eine schwere Depression versinkt. Er war wegen der Geburt eines Geschwisters, wie in den 1970er-Jahren in den USA durchaus üblich, in ein Kinderheim eingewiesen worden. Die ständig wechselnden Bezugspersonen konnten ihm keine stabile Ersatzbeziehung anbieten. So entwickelte er mit der Zeit schwere Ess- und Schlafstörungen und verweigerte seinen Eltern schließlich den Kontakt, als sie ihn nach zehn

Tagen wieder abholen wollten. Das Beispiel zeigt, wie auch ein Kind mit besten psychischen Voraussetzungen mit nachhaltigem Verlust seines Urvertrauens bzw. seines sicheren Bindungsverhaltens (vgl. Grossmann & Grossmann, 1995) reagiert, falls es in einer Trennungssituation keine verlässliche und empathische Ersatzbezugsperson in seiner Nähe hat (vgl. dazu auch Heinickes & Westheimers, 1966 sowie die Studien von Anna Freud & Dorothee Burlingham, 1974 etc.).

> Frau X. hatte, wie viele der chronisch depressiven Patienten in der LAC-Depressionsstudie, ein schweres frühes Trennungstrauma erlitten (Internat nach dem Suizid ihres Vaters mit gravierender psychosomatischer Erkrankung). Ihre extreme Angst vor Abhängigkeit wurde in der psychoanalytischen Behandlung u. a. in Zusammenhang mit der traumatischen Erfahrung von plötzlichem Verlust der primären Bezugspersonen in Verbindung gebracht. Sie reagierte z. B. sehr heftig auf Unterbrechungen der Psychoanalyse und verlor während der Ferien vollständig die innere Verbindung mit der Analytikerin, einer der Gründe für eine Verstärkung ihrer depressiven Symptomatik. Erst als verstehbar wurde, dass es sich bei diesen Reaktionen um »embodied memories« im Zusammenhang mit dem Trennungstrauma handelte, milderte sich die depressive Symptomatik während Zeiten der Unterbrechung von der Psychoanalyse.

Für ein Verstehen von spezifischen Inhalten unbewusster Phantasien, die auf entwicklungsspezifischen Triebimpulsen und Phantasien beruhen, erweist sich das epigenetische Entwicklungsmodell von Erik Erikson immer noch als hilfreich. Erikson war einer der ersten Psychoanalytiker, die mit großer Stringenz den Einfluss der Kultur auf die menschliche Entwicklung betont haben. Mit seinen vergleichenden Studien zu amerikanischen Indianerstämmen (Erikson, 1971) kann er daher zu Recht als einer der Pioniere der Ethnopsychoanalyse gelten (vgl. a. die Arbeiten von Parin, Nadig, Erdheim, Reichmayer).

Erikson postulierte, dass sich die menschliche Entwicklung im Spannungsfeld zwischen biologisch angelegten Vorgängen einerseits und kulturellen Anforderungen andererseits entfaltet. Jeder Stufe der Entwicklung – vom Säuglingsalter bis ins hohe Alter – entsprechen charakteristische Entwicklungsaufgaben, die durch den Erwerb neuer Kompetenzen gemeistert werden können. Er charakterisierte diese Entwicklungsaufgaben mit dem folgenden Schema (Erikson, 1957, S. 247):

Teil I – Zum Unbewussten in der pluralen, internationalen Psychoanalyse

	1	2	3	4	5	6	7	8
VII Reife								Ich-Integrität gegen Verzweiflung
VI Erwachsenenalter							Zeugende Fähigkeit gegen Stagnation	
V Pubertät und Adoleszenz						Intimität gegen Isolierung		
IV Latenz					Identität gegen Rollenkonfusion			
III Lokomotorisch-genital				Leistung gegen Minderwertigkeitsgefühl				
II Muskulär-anal			Initiative gegen Schuldgefühl					
I Oral		Autonomie gegen Scham und Zweifel						
	Urvertrauen gegen Misstrauen							

Abb. 2.2: Psychogenetisches Entwicklungsmodell nach Erikson

Erikson wurde oft vereinfacht und missverstanden. Er ging nie von einer statischen Abfolge bestimmter Entwicklungsstufen aus, sondern definierte charakteristische »Hauptaufgaben«, die – bedingt durch biologische Reifungsprozesse – optimal in einem bestimmten Alter bewältigt werden sollten (z. B. der Erwerb der Kontrolle des analen Schließmuskels im zweiten Lebensjahr, da in diesem Alter die biologischen Voraussetzungen dafür bestehen. Wird der Zeitpunkt verpasst, dem Kind bei dieser Kontrolle seiner Ausscheidungsfunktionen zu helfen, wird es bekanntlich später sehr viel schwieriger, diese noch zu erreichen (vgl. primäre Enkopresis und Enuresis). Allerdings bleiben die psychischen Modalitäten lebenslang latent erhalten: Wie eben erwähnt, führte die durch ödipale Phantasien determinierte Wahl des Liebesobjekts aufgrund des traumatischen Objektverlusts bei Frau X. zu einer Fixierung auf der anal-sadistischen Entwicklungsstufe.

> In der psychoanalytischen Behandlung von Frau X. ließen sich viele ihrer unbewussten Phantasien mit Eriksons Konzepten vertiefend verstehen. So spielten z. B. in ihrer Ehe neben den oben erwähnten ödipalen Phantasien orale und anale Versorgungswünsche eine zentrale Rolle. Frau X. verbrachte Stunden mit exzessivem Kochen und konnte lange während der Psychoanalyse die Erkenntnis nicht ertragen, dass sie vor allem wegen des Luxus, der ihr durch ihren Mann geboten wurde, eine Scheidung nicht in Erwägung ziehen konnte, obschon sie dadurch auf eine reife Befriedigung ihrer sexuellen Entfaltung als Frau verzichten musste und die Gefahr einer Entwicklung einer sadomasochistischen Beziehungsstruktur bestand (aus psychoanalytischer Sicht: intensive Befriedigung analer Triebbedürfnisse).

Auch heute noch gilt das Erkennen und Durcharbeiten unbewusster Phantasien in der analytischen Beziehung für ichpsychologisch orientierte Analytiker zum Ziel einer Psychoanalyse. Die Interpretation unbewusster Konflikte und Phantasien in der Übertragung bildet für diese Psychoanalytiker nach wie vor der »Königsweg zur therapeutischen Veränderung«.

> Ansatzweise wurde die Mutterübertragung von Frau X. in der Fallzusammenfassung skizziert und die damit verbundene Schwierigkeit, diese Übertragung sich vorerst einmal entfalten zu lassen, um sie sukzessiv besser zu verstehen (intrusives, unempathisches

Verhalten der Analytikerin ihrer Patientin gegenüber), aber gleichzeitig das Ausagieren zu erkennen und dadurch einzugrenzen und schließlich im Zusammenhang mit der Mutterübertragung zu interpretieren. In der Tat erwies sich das sukzessive Verstehen und Deuten der Mutterübertragung als zentral für die Veränderungen der Analysandin.

Das Freud'sche Strukturmodell und die darauf basierenden ichpsychologischen Ansätze sind in den letzten Jahren außer Mode gekommen, ja zuweilen sogar in Verruf geraten, sie seien veraltet und basierten auf empirisch unhaltbaren Annahmen. Besonders die Triebtheorie galt in den 1990er-Jahren als weitgehend überholt. Es ist interessant, dass es vor allem neurobiologische Arbeiten sind, wie etwa die Studien von Jaak Panksepp (1998, 1999) zum Seeking System oder Ergebnisse zum Traum, die Karen Kaplan-Solms und Mark Solms (2000) mit Hilfe ihrer neuroanatomischen Methode gewonnen haben, die z. Zt. zu einem Überdenken dieser kritischen Position gegenüber der Freud'schen Triebtheorie führen (vgl. dazu auch Shevrin, 1997).

2.2.2 Konzeptionen des Unbewussten in verschiedenen Objektbeziehungstheorien

Fonagy und Target (2006) beziehen sich auf eine Definition von Greenberg und Mitchell (1983), die mit »Objektbeziehungstheorien« sämtliche Theorien bezeichnen, die »die Beziehung zwischen realen, äußeren Personen und den inneren Imagines und Residuen der Beziehungen zu ihnen sowie die Signifikanz dieser Beziehungsniederschläge für das psychische Funktionieren erforschen.« (S. 12, zitiert nach Fonagy & Target, 2006, S. 153). Dennoch bleibt eine scharfe Abgrenzung zu den eben skizzierten strukturtheoretischen Ansätzen schwierig. So sind in den Entwicklungstheorien von Edith Jacobson, Margret Mahler und Annemarie und Joseph Sandler durchaus auch objektbeziehungstheoretische Gesichtspunkte enthalten.

Da sich die jeweiligen Konzeptualisierungen des Unbewussten z. T. unterscheiden, wird im Folgenden kurz auf Charakteristika dieser Vorstellungen in der Objektbeziehungstheorie in der Kleinianischen Psychoanalyse, in der sog. »Independent School« der Britischen Psychoanalyse und in der amerikanischen Objektbeziehungstheorie eingegangen.

Nach Fonagy und Target (2006) teilen alle Objektbeziehungstheorien die folgenden Grundannahmen:

(1) Schwere Pathologien entstehen prä-ödipal (in den ersten drei Lebensjahren);
(2) die Muster der Objektbeziehungen werden im Laufe der Entwicklung immer komplexer;
(3) die Stufen dieser Entwicklung repräsentieren eine Reifungssequenz, die kulturübergreifend ist, aber durch pathologische individuelle Erfahrungen beeinträchtigt werden kann;
(4) die Muster früher Objektbeziehungen wiederholen sich und werden in gewisser Weise im Laufe des Lebens fixiert;
(5) Störungen dieser Beziehungen lassen im Laufe der Entwicklung charakteristische Pathologien entstehen (siehe Westen, 1989)
(6) die Reaktionen des Patienten auf den Therapeuten geben Gelegenheit, gesunde wie auch pathologische Aspekte früher Beziehungsmuster zu untersuchen. (S. 155)

Der wesentlichste Unterschied zu den strukturtheoretischen Ansätzen scheint u. a. darin zu liegen, dass Objektbeziehungstheoretiker den Einfluss sämtlicher früher Bezugspersonen auf die Entwicklung des Kindes und deren spezifischer Niederschlag im Unbewussten untersuchen und nicht, wie bei Freuds ursprünglicher Konzeptualisierung, vor allem die Frustrationen, die vom Objekt dem Triebwunsch des Kindes entgegengebracht werden, strukturbildend sind.

Die kleinianische Objektbeziehungstheorie[7]

Auf die kleinianische Objektbeziehungstheorien und deren Weiterentwicklung bei H. Segal, W.R. Bion und anderen Autoren wird in Kapitel 5 ausführlich eingegangen. Sie wird daher an dieser Stelle nur kurz in ihren Umrissen skizziert. Das kleinianische Modell geht von zwei Grundpositionen des menschlichen Seelenlebens aus: der paranoid-schizoiden und der depressiven Position. In der panaroid-schizoiden

---

7 Heinz Weiß wird in Teil II dieses Bandes (▶ Kap. 6) ausführlich auf Kleinianische Konzepte eingehen, sodass ich mich hier kurz fassen kann.

Position herrschen sog. Partialobjekte vor, d. h. die Beziehung zu der einen Person »Mutter« wird in zwei Partialobjekte gespalten, einem verfolgenden und einem idealisierenden. Analog dazu besteht auch das Selbst aus einem verfolgenden und idealisierenden Teil. In der depressiven Position wird anerkannt, dass das Objekt sowohl über »gute« als auch über »böse« Anteile verfügt. Das Ich ist nun besser integriert. Bezogen auf das Über-Ich wird in der paranoid-schizoiden Position ein idealisiertes Ichideal, das narzisstisch omnipotent erlebt wird, von einem verfolgenden Über-Ich abgespalten, das für paranoide Zustände verantwortlich ist. In der depressiven Position wird das Über-Ich analog zu einem verletzten, beschädigten Liebesobjekt erlebt, das menschliche Züge trägt (siehe u. a. Klein, 1975, Grosskurth, 1993).

Wichtig ist, dass zwar in der Entwicklung die paranoid-schizoide Position der depressiven vorangeht, aber beide Positionen ein Leben lang als zwei Grundmodalitäten des psychischen Erlebens erhalten bleiben, die – je nach seelischem Zustand – die aktuellen Wahrnehmungen und Empfindungen bestimmen. Melanie Klein hatte bei der Konzeptualisierung dieser beiden Grundpositionen den Säugling vor Augen, der alles Gute, Reine, Befriedigende einem Idealobjekt, alles Böse, Schmerzliche und Unlustvolle einem bösen Objekt zuschreibt. Seine eigenen negativen Affekte wie Wut, Hass und Ekel werden auf das böse Objekt projiziert. Auf diese Weise kann er sich von diesen für ihn noch unerträglichen Gefühlen befreien. Umgekehrt richtet er alle guten Gefühle, Liebe, Zuneigung und Wünsche auf ein idealisiertes gutes Objekt, das der Säugling besitzen und in sich aufnehmen (Introjektion) oder mit dem er sich eins fühlen möchte (Identifizierung). Dieser frühe, archaische seelische Zustand ist äußerst labil: die paradiesische Erfahrung des reinen Glücks kann blitzschnell in die höllische Verzweiflung umschlagen. Die Verfolgungsangst ist charakteristisch für die paranoid-schizoide Position.

Das Erreichen der depressiven Position ist für Melanie Klein ein wichtiger Entwicklungsschritt, da er sowohl das Objekt als auch das Selbst mit seinen »guten« und »bösen« Seiten wahrnimmt und akzeptiert. Die Erfahrung ambivalenter Gefühle löst Angst und Schuldgefühle aus, die Angst, mit eigenen aggressiven Impulsen das Objekt zu schädigen und deswegen von ihm verlassen zu werden (depressive Angst). Verschiedene kleinianische Autoren (▶ Kap. 5) betonen, dass das Kind in der depressiven Position die Eigenständigkeit des Objekts und seine Getrenntheit von ihm wahrnimmt und daher auch empfänglich für die

Erfahrung mit dem Dritten, dem Vater, ist. Melanie Klein postulierte, dass ödipale Phantasien schon sehr viel früher zu beobachten sind, als Freud dies annahm.

Zentral für das Kleinianische Denken ist der Mechanismus der projektiven Identifizierung. Das Ich externalisiert eigene unerträgliche Teile auf das Objekt, um sie daraufhin durch oft außergewöhnlich manipulatives Verhalten beim Objekt zu kontrollieren – und sich damit wieder zu identifizieren. Dadurch entstehen intensive, »verstrickte« Objektbeziehungen. Der Mechanismus der projektiven Identifizierung hat daher eine stark interpersonale Bedeutung.

Bion (1959, 1962) betrachtete diesen Mechanismus als Überlebensstrategie des Säuglings, der noch nicht in der Lage sei, seine intensiven Erfahrungen zu ertragen. Er projiziert sie daher auf sein Primärobjekt, das ihm als »Container« für diese unerträglichen Gefühle (und Gedanken) dient. Zur mütterlichen Funktion gehört folglich, solche heftigen Affekte und Gefühle des Säuglings in sich aufzunehmen, sie zu halten und zu »containen« und sie in einer »seelisch verdauten«, reiferen Form dem Säugling zurückzuspiegeln. In Bions Terminologie: Die Mutter ist fähig, sog. Beta-Elemente in sich aufzunehmen und sie in Alpha-Elemente zu verwandeln und dem Kind zur Verfügung zu stellen. Damit konzeptualisiert Bion eine psychoanalytische Denktheorie. Der Prozess des Lernens setzt ein containendes Objekt voraus.

Mit ihren Konzeptualisierungen erfassen Kleinianische Autorinnen und Autoren den Zusammenhang zwischen frühen Objektbeziehungen und der Entwicklung des Denkens. Bezogen auf das wichtige Konzept der unbewussten Phantasien (▶ **Kap. 6**) ist die frühe containende Funktion der Primärobjekte entscheidend. Die viel diskutierte Zunahme der Depressionen und schwerer postnataler Depressionen in unseren westlichen Gesellschaften ist auf diesem Hintergrund beunruhigend, denn eine depressive Mutter wird nur ungenügend gut die heftigen, negativen Affekte ihres Säuglings containen können. Den Eltern kommt in der kleinianischen Objektbeziehungstheorie daher die wichtige Funktion zu, einen mildernden Einfluss auf die archaische Phantasiewelt des Kindes auszuüben.

Ein weiterer Verdienst der kleinianischen Objektbeziehungstheorie ist die Untersuchung des frühen, primitiven Neids, den Melanie Klein als eine besonders destruktive Form der angeborenen Aggression betrachtete, da er sich gegen das gute Objekt richtet und es in der Phantasie zerstört, was u. a. zu einer verfrühten Aktivierung der depressiven Verlustangst führt.

> Aus dem ersten Lebensjahr mit Frau X. ist bekannt, dass beide Eltern noch sehr jung waren und ihre Kinder in einer studentischen Wohngemeinschaft zur Welt brachten, in der – dem damaligen Zeitgeist entsprechend – wenig Sensibilität vorhanden zu sein schien, wie wichtig empathische, zuverlässige Objektbeziehungserfahrungen in den ersten Lebenswochen für einen Säugling sind. Es tauchten viele Vermutungen auf, dass die Mutter eine Postpartumdepression manisch abwehrte und in sexuelle Eskapaden flüchtete, was vermutlich eine emotionale Frühverwahrlosung ihrer Tochter zur Folge hatte. Aus Erzählungen einer ehemaligen WG-Mitbewohnerin erfuhr Frau X., dass es vor allem der Vater war, der sich in den ersten Lebenswochen um sie gekümmert hatte. Daher scheint plausibel, dass die archaische unbewusste Phantasiewelt, die sich u. a. in den Träumen von Frau X. manifestierte, auch in Zusammenhang mit der ungenügenden Erfahrung eines containenden, haltenden Primärobjekts zu sehen ist.

Civitarese (2011) bezieht sich in seinem aktuellen Verständnis des Unbewussten auf die Weiterentwicklung der Kleinianischen Objektbeziehungstheorie durch Bion verortet Bewusstes und Unbewusstes auf einem Kontinuum. Nach seiner Auffassung erzeugen Patient und Analytiker ein »emotionales Feld«, das durch wechselseitig projektive und introjektive Prozesse gebildet wird, die zunächst unbewusst sind und sich kontinuierlich in »Piktogrammen«, symbolischem Zeichen und narrativen Elementen organisieren. Die therapeutische Aufgabe bestehe somit »in diesem gemeinsamen Bemühen, die sich ereignende Erfahrung zu ›träumen‹, die Narrativfunktion des geistigen Apparats zu entwickeln – oder seine Kreativität zu erhöhen. Damit meine ich die Fähigkeit, Erfahrung zu assimilieren und zu verarbeiten und *sich auf diese Weise als Subjekt zu konstruieren.*« (Deutsche Version des Beitrags im International Journal of Psychoanalysis, 2011, S. 1f.).

> Die kurze Zusammenfassung von Sequenzen aus der Psychoanalyse mit Frau X. versuchte das Zusammenspiel zwischen dem Unbewussten der Analytikerin und der Analysandin zu illustrieren. Wir wählten dazu Traumserien aus, um die bewusste und unbewusste

»Konstituierung des Subjekt« anzudeuten, die sich bei dieser Patientin in dieser Phase der Analyse u. a. um ihre Identität als weibliches Selbst, als sexuell leidenschaftliche Frau und potentielle Mutter drehte. In der Tat war eines der Ziele der Behandlung, bei der Patientin die »Fähigkeit zu träumen«, die rêverie, als eine Möglichkeit zu entwickeln, einen eigenen seelischen Raum zu entfalten, der es ihr erlaubt, in der Kommunikation mit dem eigenen Unbewussten (u. a. ausgedrückt durch Tag- und Nachtträume) ihr »wahres Selbst« zu entdecken und sich aus den pathologischen Identifizierungen mit ihren Primärobjekten zu befreien.

Unabhängige britische Schule (Independent British School)

Wie Rayner (1991) in seiner Zusammenfassung der Geschichte der »Unabhängigen Gruppe« schreibt, verband alle diese Autoren das Interesse an der Frühentwicklung des Säuglings, wobei besonders der Einfluss einer fördernden bzw. beeinträchtigenden Umwelt auf die Entwicklung des Kindes untersucht wurde. Die Bezeichnung dieser dritten Gruppe innerhalb der British Society weist darauf hin, dass sich diese Analytiker – im Gegensatz zu anderen psychoanalytischen Schulen – um keine einzelne führende Theoretikerpersönlichkeit (wie etwa die Kleinianer um Melanie Klein oder die Freudianische Gruppe um Anna Freud) gruppiert haben. Zu dieser Gruppe zählen wir Analytiker wie Fairbairn (1954), Guntrip (1961), Balint (1968), Winnicott (1958), Khan (1968), Klauber (1966) oder in neuerer Zeit Bollas (1989) und Tuckett (2006) (▶ Kap. 9).

Viele der Autoren der »unabhänigen Gruppe« legten ihren Schwerpunkt auf die Entwicklung des Selbst. Sie beschreiben dynamische Interaktionen zwischen unterschiedlichen Aspekten des Ichs oder Teilen des Selbst mit komplementären inneren und äußeren Objekten. Besonders fruchtbar für unseren Kontext ist die Entwicklung eines »wahren« verglichen mit einem »falschen Selbst« von Winnicott, sowie seine Konzepte des intermediären Bereichs und der antisozialen Tendenz. Winnicott arbeitete, zuerst als Kinderarzt, dann als Psychoanalytiker, viele Jahre an der Kinderklinik von Paddington Green. Während des Zweiten Weltkrieges wurde er zum beratenden Psychiater des Oxfordshire-Heimes für evakuierte Kinder. Diese Tätigkeit förderte sein Verständnis für das Verhalten dissozialer Kinder. Später arbeitete er in verschiedenen Institutionen und in seiner Privatpraxis mit schwergestörten

Kindern sowie asozialen und gewalttätigen Jugendlichen. Er postulierte, dass gewalttätiges Handeln sowohl bezogen auf den Selbstaspekt als auch auf dessen Mitteilung an die »soziale Umwelt« des Jugendlichen verstanden werden muss. Der »entgleiste Dialog« (R. Spitz) spiele in der Genese der Gewalt meist eine wichtige Rolle. Daher schließt er, dass eine Bearbeitung, eine Veränderung, vielleicht gar eine »Bewältigung« von Gewaltphänomenen nur auf sozialem Wege möglich sei. Winnicott plädierte immer für eine klare Eingrenzung der Gewalt, ohne aber dabei den Jugendlichen sozial auszugrenzen. So bezeichnete er die Aggressionen von Jugendlichen aus Ausdruck der »anti-sozialen« Tendenz und verstand sie als unbewussten Hilfeschrei an die soziale Umgebung, mit dem Jugendlichen in Dialog zu treten. Depressive Jugendliche haben den Zugang zu dieser vitalen Kraft verloren: Sie resignieren und ziehen sich in sich selbst zurück, nach Winnicott eine noch gravierendere Störung als offene Gewaltäußerungen, in denen der Jugendliche unbewusst immerhin an einer Kommunikation mit seiner Umwelt festhält und nicht völlig aufgibt.

Nach Winnicott ist Aggression ist ein angeborener »Lebenstrieb« und damit ein »Beweis für das Leben«. Aggression ist ursprünglich Bewegung (Motilität) und Aktivität (vgl. auch Mitscherlich, 1968). Er leitet Aggression vom griechischen Ausdruck ad-gredi, auf jemanden/etwas zugehen, ab. So sieht Winnicott als primäre Funktion von Aggression, dass sie der Unterscheidung Selbst und Nichtselbst dient. Schon der Fötus macht dank seiner Motilität die Erfahrung einer ersten Grenze: Er stößt gegen die Bauchdecke der Mutter – eine körperliche Vorerfahrung der Unterscheidung von Selbst und Nichtselbst. Schlägt ein Kind mit seiner Faust gegen die Wand, wird es als erstes die Grenze zwischen seinem schmerzenden Körper und der Umwelt wahrnehmen.

Eine zweite Grundproblematik des Menschen war für Winnicott zentral: die totale Abhängigkeit des menschlichen Säuglings von seinen Primärobjekten. Winnicott beschäftigte die Frage: »Wie kann aus einem absolut abhängigen und der äußeren Realität völlig ausgelieferten Säugling nach und nach ein erwachsener Mensch werden, der die Realität nicht nur oder nicht überwiegend als eine Beleidigung und Bedrohung für sein Lebensgefühl empfinden muß?« (Winnicott, 1970) Für die Bewältigung dieser basalen Erfahrung von Abhängigkeit, Hilflosigkeit und Ohnmacht ist entscheidend, ob die Mutter, dank ihrer »primären Mütterlichkeit«, dem Säugling »die Illusion« zu vermitteln vermag, er sei es, der die Aktivitäten der Mutter bestimmen könne. Um ihm für eine solche Illusion zur Verfügung zu stehen, muss es der Mutter gelingen, sich auf die Versorgung des Säuglings zu konzentrieren und andere, eigene Aktivitäten zurückzustellen, beides gepaart mit einer erhöhten Sensibilität für ihren eigenen Körper und ihr Baby. Die omnipotente Illusion des Säuglings, er sei die Quelle der mütterlichen Aktivitäten, ist, nach Winnicott, eine wichtige Voraussetzung für einen progressiven Umgang mit der eigenen Abhängigkeit und realen Ohnmacht.

Ebenfalls zentral für den Umgang mit Abhängigkeit, Unvermögen und Verzweiflung sowie für die Entwicklung des eigenen Selbst sind für Winnicott (1953) Übergangsphänomene bzw. Übergangsobjekte. Ein Kuscheltuch hilft dem Säugling sich selbst zu beruhigen, weil das Kind dabei phantasiert, es werde gestillt oder gefüttert. Das Kuscheltuch dient also der Aktivierung des inneren, befriedigenden – aber nun real abwesenden – Objekts, der Mutter. Entscheidend dabei ist, dass das Kuscheltuch (oder der Teddybär) sowohl den Säugling (das Selbst) als auch die Mutter (das Nicht-Selbst) repräsentiert: Winnicott sprach von »Übergangsobjekten«, weil sie entwicklungspsychologisch einen psychischen Übergang von einer subjektiven Erfahrung des »Nicht-Getrenntseins« von der Mutter hin zu der omnipotenten, illusionären Erschaffung des inneren Objekts darstellen und schließlich helfen zu akzeptieren, dass die reale Mutter der Außenwelt angehört und nicht immer vom Selbst kontrolliert werden kann. Da das Übergangsobjekt, z.B. der Teddy, die Kluft zwischen Selbst und Nichtselbst, Ich und Nicht-Ich zu überbrücken hilft, wenn der Säugling Trennungen ausgesetzt ist, sind Teddy und Kind häufig unzertrennlich. Entscheidend ist, dass das Objekt der omnipotenten Kontrolle des Kindes unterliegt – der Teddy muss bekanntlich alles mit sich machen lassen: er wird geschlagen, geküsst, weggeworfen und wieder zu sich gezogen, verletzt und »geheilt« usw. Bei all diesen Aktivitäten geht es um die Entwicklung stabiler Grenzen zwischen innen und außen, Selbst und Objekt, aber auch zwischen belebten und unbelebten Objekten (auf die sich z. B. eigene aggressive Impulse wie das Beißen mit den ersten Zähnen eher ausprobieren lassen als mit der Brust der Mutter). Übergangsobjekte sind, nach Winnicott, in einem Zwischenraum zwischen dem Selbst und dem Objekt angesiedelt. Er spricht daher vom »intermediären Raum«, der sowohl für die Trennung von Objekt, die Selbstentwicklung aber auch für Kreativität und Phantasieentwicklung entscheidend ist.

»Der intermediäre Bereich [...] ist jener Bereich, der dem Kind zwischen primärer Kreativität und auf Realitätsprüfung beruhender, objektiver Wahrnehmung zugestanden wird. Die Übergangsphänomene repräsentieren die frühen Stadien des Gebrauchs der Illusion, ohne den ein menschliches Wesen keinen Sinn in der Beziehung zu einem Objekt finden kann, das von anderen als Objekt wahrgenommen wird, das außerhalb des Kindes steht. [...] In der frühen Kindheit ist dieser intermediäre Bereich für den Beginn einer Beziehung zwischen Kind und Welt erforderlich, möglich wird er durch eine hinlänglich gute mütterliche Betreuung in der frühen kritischen Phase« (Winnicott, 1971, S. 21–24).

Übergangsobjekte sind daher eine zentrale Hilfe, um dem Kind die Erfahrung zu vermitteln, dass es zwar abhängig vom Gegenüber (Objekt) und der äußeren Realität ist, aber dennoch (in der Phantasie und der Realität) ein aktives Selbst ist, das diese Realität mitgestalten kann. Zudem ermöglicht es ihm den Umgang mit nicht integrierbaren, grenzenlosen, archaischen Vernichtungsphantasien. Sie richten sich, wie erwähnt, z. B. auf den Teddy, der bekanntlich oft malträtiert und dabei sogar verstümmelt wird. Winnicott beschrieb eindrücklich, wie wichtig es für das Kind ist, dass ihm seine Eltern helfen, das beschädigte Objekt (den Teddy) wieder instand zu stellen (etwa das abgerissene Ohr wieder anzunähen). Die Möglichkeit zur Wiedergutmachung dient u. a. der Entwicklung der Fähigkeit zu Erbarmen, d. h. sich in das Objekt eigener aggressive Impulse einzufühlen, eine Fähigkeit, die sich, nach Winnicott erst Ende des zweiten Lebensjahres entwickelt und für die soziale Entwicklung des Kindes höchst relevant ist.

> Die Angst vor Abhängigkeit von ihrem Liebesobjekt determinierte, wie im Fallbericht erwähnt, unbewusst die Liebesbeziehung von Frau X. (vgl. u. a. Assoziation zu der »trotzigen Galapagos-Echse auf dem Baum«. Viele unbewussten Phantasien waren durch die traumatischen Erfahrungen in den ersten Lebensjahren übermäßig stimuliert worden und waren daher in »unbewussten Wahrheiten« eingegangen. Ihr depressiver Zusammenbruch konnte durchaus u. a. als Versuch einer Suche nach einem »wahren Selbst«, einem Ausbrechen aus dem Gefängnis einer »falschen Persönlichkeit« verstanden werden (vgl. unten).

Die Konzepte von Winnicott haben breite Resonanz gefunden. Von vielen Autoren wurde darauf hingewiesen, wie entscheidend der intermediäre Raum etwa in der Adoleszenz wird. Auch in dieser Entwicklungsphase dient er als Voraussetzung für die eigene Identitätsfindung, aber auch um sicher zwischen Realität und Phantasie zu unterscheiden, aggressive Impulse in der Phantasie durchzuspielen, statt sie in Gewalthandlungen umzusetzen etc. (vgl. Symbolisierung, Kultivierung von Aggression) (vgl. dazu u. a. Auchter & Bohleber, 1992, 1996a, b; Leuzinger-Bohleber, 1996, Fonagy, 2007, Leuzinger-Bohleber, 2008).

Ein weiterer, zentraler Beitrag von Winnicott betrifft die Unterscheidung zwischen der Entwicklung eines »wahren« und eines »falschen Selbst«. Ihm zufolge basiert das wahre Selbst in der körperlichen Erfahrung, der sensomotorischen Lebendigkeit des Neugeborenen (Winnicott, 1960a). In dieser Zeit existiert noch kein Selbst. Doch ist schon früh, vermutlich sogar angeboren, eine Wahrnehmung der eigenen (körperlichen) Kontinuität ausgebildet. Doch braucht es die Empathie der Mutter, dem Kind seine körperliche Kontinuitätserfahrung, seines »Seins«, zu ermöglichen. Beebe (2006) hat in eindrucksvollen Videoaufzeichnungen von frühen Interaktionen zwischen Mutter und Kind gezeigt, wie verheerend es sich für die frühen authentischen Körpererfahrungen auswirkt, wenn (depressive oder emotional vernachlässigende) Mütter dem Kind zu wenig Spielraum ermöglichen, seine eigenen Aktivitäten zu entfalten, eigene Rhythmen der Distanzregulierung, z. B. via Blickkontakt, auszudrücken etc. Inzwischen haben eine Vielzahl weiterer empirischer Studien diese Beobachtungen bestätigt (vgl. dazu Emde & Leuzinger-Bohleber, 2013, Weinstein & Ellmann, 2012). Dadurch wird die Wahrnehmung eines kontinuierlichen Seins beeinträchtigt und das Fundament einer Entwicklung eines »wahren Selbst« beschädigt (vgl. dazu auch Stufen der Selbstentwicklung nach Daniel Stern, 1985, S. 1005). Aus diesem Grunde kommt einer »hinreichend guten Mütterlichkeit« ein zentraler Stellenwert zu. Sie stellt sicher, dass das Ich des Säuglings seine Eigenständigkeit, seine Kreativität erfahren kann, um autonomer zu werden und später auf die Unterstützung der Mutter verzichten zu können, denn mit der Bildung eines getrennten, persönlichen Selbst ist unweigerlich die Loslösung von der Mutter verbunden.

In diesem Sinne sprach Winnicott von einer »haltenden Umwelt«, die den Rahmen bilden muss, innerhalb dessen sich die Integration von Aggression und Liebe vollzieht. Sie schützt ihn während des vulnerablen Übergangs von einem unintegrierten zu einem integrierten psychischen Zustand vor Überflutungen durch Angst, Panik und Schmerz. Nur in einer solchen »haltenden Umwelt« mit empathischen Bezugspersonen kann sich ein stabiles Kernselbstgefühl herausbilden. Das

»wahre Selbst« kann sich nur in Gegenwart eines unaufdringlichen Anderen entwickeln, der die Kontinuität des Selbsterlebens nicht unterbricht. Erlebt nun jedoch ein Säugling durch schwere Störungen der Empathie seines Primärobjekts oder andere Traumatisierungen ein Zusammenbrechen dieser »haltenden Umgebung«, kann er, so Winnicott, eine Abwehrform entwickeln, die als »Versorger-Selbst« (caretaker self) bezeichnet werden kann. Der Säugling wird gezwungen, sich mit dem unempathischen bzw. versagenden Primärobjekt zu identifizieren und ein »falsches« anstelle eines »wahren« Selbst zu entwickeln. Der Säugling, der anhaltende Übergriffe vonseiten seiner Umwelt erfährt, erlebt einen Zustand des Selbst, das überwältigt wird. Das Selbst beginnt ängstlich weitere Übergriffe zu antizipieren und fühlt sich nur dann real, wenn es seinen Widerstand gegen die Übergriffe mobilisiert oder aber kapituliert und seine eigenen Äußerungen und Gesten verbirgt. Nun wird das Selbst seine versagende Umwelt imitieren, sich mit dem Mangel abfinden und seine kreativen Äußerungen unterdrücken. Im Extremfall wird es sogar vergessen, dass seine eigenen Gesten und Äußerungen je existiert haben. Das Kind wird gehorsam und unterwürfig auf die Gesten und Äußerungen seiner Bezugspersonen eingehen und sie wie seine eigenen erleben. Dies ist die Grundlage einer Struktur eines falschen Selbst, das durch fehlende Spontaneität und Originalität gekennzeichnet ist.

Winnicott schildert eindrücklich, dass sich das »falsche Selbst« oft als das reale ausgibt und auf andere Menschen auch als real wahrgenommen wird. Doch genauere Beobachtungen zeigen, wie leer die Innenwelt dieser Kinder ist. Es fehlt ihnen an eigener Phantasie und Kreativität. Sie fühlen sich nur durch eine Verschmelzung mit einem Anderen oder fremden Idealen als eine »eigene Person«.

Diese Kinder erleben keine adäquaten Konflikte mit ihren Bezugspersonen (z. B. wie Frau X. während der Adoleszenz durch das Funktionalisiertwerden als Selbstobjekt durch ihre Mutter), die im oben erwähnten Sinne die existentielle Erfahrung vermitteln, dass das Objekt den (phantasierten oder realen) Attacken durch das Subjekt überlebt. Dadurch werden die archaischen Phantasien nicht an der Realität abgearbeitet: sie bleiben unverändert im Unbewussten erhalten. Die manifest gegenteilige Haltung der autoritären Unterwerfung unter ein Elternteil verhindert bekanntlich ebenfalls die Entwicklung einer Selbststeuerung: die Unterwerfung unter den Aggressior fördert, wie eben skizziert, die Entwicklung eines falschen Selbst (vgl. u.a Weicke, 2007).

Konzeptualisierungen des Unbewussten in der nordamerikanischen Objektbeziehungstheorie

Der wohl bekannteste Autor der sog. nordamerikanischen Objektbeziehungstheorie ist Otto Kernberg. Er legte eine bemerkenswerte Integration der Kleinianischen Objektbeziehungstheorie und modernen ichpsychologischen Ansätzen vor. Er arbeitete vor allem mit Patienten mit schweren Persönlichkeitsstörungen, bspw. narzisstischen Persönlichkeitsstörungen und Borderline-Persönlichkeitsstörungen und führte, zusammen mit John Clarkin und seiner Forschergruppe, jahrelang empirische Studien etwa zur Behandlung von Borderline-Störungen durch. Daher sind viele von Kernbergs Theorien gut empirisch abgestützt, beeindrucken aber gleichzeitig durch kühne, anregende theoretische Spekulationen und einer konsistenten gedanklichen Systematik.

Wie Kleinianische Autoren betonte er die archaische Wucht von Aggression, Neid, Spaltung und projektiver Identifizierung, die durch frühe Objektbeziehungen abgemildert oder aber traumatisch verstärkt werden können und auch die frühen Vorläufer des Ich und Über-Ich prägen. Für Kernberg bilden die Affekte die primären Motivationssysteme. Er versteht Triebe als hypothetische Konstrukte, die sich in mentalen Repräsentationen und Affekten manifestieren. Der aktuelle Affektzustand, der das psychische Erleben dominiert, schafft die Verbindung zwischen dem Selbst und dem Objekt. So hat in seiner Theorie das Objekt nicht nur die Funktion der Triebbefriedigung: die frühen Erfahrungen mit den Objekten werden internalisiert und bestimmen die wichtigen psychischen Strukturen (Es, Ich und Über-Ich). Die internalisierten Beziehungen zwischen den Selbst- und Objektrepräsentanzen werden in bestimmten affektiven Zuständen wieder aktiviert und bestimmten das seelische Erleben.

Kernberg postuliert folgende Charakteristika der frühen psychischen Entwicklung (vgl. dazu auch Fonagy & Target, 2006, S. 254 ff):

(1) Der Säugling verfügt über zwei genetisch angelegte Affektdispositionen, die sich – wie schon Freud postulierte – zwei Polen zuordnen lassen, dem Lust und dem Unlustprinzip. Die kognitive Entwicklung ermöglicht eine zunehmende Differenzierung dieser beiden primitiven, polaren Affektzustände.

(2) Affekte sind grundsätzlich in eine Beziehung zwischen Selbst- und Objektimagines eingebettet, was heißt, dass Affekte durch aktuelle Interaktionen mit der Umwelt ausgelöst und daher immer in Beziehung gesetzt werden zu der Wahrnehmung des äußeren Objektes und dem aktuellen Selbsterleben. Die gesamte Erfahrung schlägt sich in Vorformen von Repräsentanzen nieder und bildet sog. Objektbeziehungseinheiten.

(3) Diese Objektbeziehungseinheiten bestehen immer aus einer Selbst-Objekt-Affekt-Triade und werden im affektiven Gedächtnis gespeichert. Sie entwickeln sich, so Kernberg, schließlich zu »Trieben«. Mit dieser Konzeptualisierung nimmt Kernberg die originellen Arbeiten von Hans Loewald auf, der schon in den 1970er-Jahren eine neue, beziehungstheoretische Definition von »Trieben« vorgelegt hat. »Einer Formulierung Freuds folgend – an der er selbst und andere psychoanalytische Theoretiker nicht konsequent festgehalten haben – definiere ich Trieb hier als psychische Repräsentanten biologischer Reize oder Prozesse und nicht als diese biologischen Reize selbst. [...] Als psychische Phänomene oder Repräsentanten verstanden, entstehen Triebe in den frühen organisierenden Interaktionen von Mutter und Kind. Sie stellen die primitivste Stufe menschlicher Geistestätigkeit und Motivation dar.« (Loewald, 1980, S. 194). Lustvolle Affekte werden in die Trieborganisation »Libido« integriert, unlustvolle in die der »Aggression« (bzw. »Destrudo«). Den Affekten kommt zunehmend eine Signalfunktion für diese Trieborganisation zu.

(4) Im Gegensatz etwa zu Fairbairn sind nach Kernberg Triebe nicht primär objektsuchend, denn sie können sich auf verschiedene Objekte richten. Daher bewahren »Triebe« in diesem Modell ihren Status als primäre Motivationsquellen des Verhaltens und werden nicht durch Objektbeziehungsstrukturen ersetzt.

(5) Entwicklung geschieht durch die Internalisierung von Objektbeziehungseinheiten sowie das Ausbilden von Abwehrmechanismen, die sich gegen diese Internalisierungen richten. Daher determinieren die Objektbeziehungseinheiten die Ichstruktur. Diese bestimmt weitgehend die Trieborganisation.

(6) Im Unbewussten werden, nach Kernberg, vor allem frühe Objektbeziehungseinheiten gespeichert, vor deren archaischer Qualität sich das Kind mit mehr oder weniger reifen Abwehrmechanismen zu schützen versucht.

Für das Verständnis dieser Entwicklungsprozesse ist die Differenzierung zwischen drei Internalisierungsprozessen wichtig, die Kernberg (1976, 1981) beschreibt, die Introjektion, die Identifizierung und die Ich-Identität.

Die Introjektion ist der primitivste, früheste Mechanismus der Internalisierung. Vollständige Interaktionen mit der Umwelt werden in die Psyche aufgenommen (nach der klassisch triebtheoretischen Sicht, einem oralen Modus folgend). Erinnerungsspuren werden an die sich ausbildenden Selbst- und Objektrepräsentationen angelagert und mit dem betreffenden Affekt verbunden. Kernberg bezieht sich bei diesem Verständnis auf die oben erwähnten Arbeiten von René Spitz und Edith Jacobson, die davon ausgehen, dass in diesem frühen Entwicklungsstadium Selbst- und Objektrepräsentanzen noch nicht vollständig getrennt sind, eine Auffassung, die aufgrund der Ergebnisse der empirischen Säuglingsforschung differenziert werden muss (vgl. Kernberg, 2001).

Eine bestimmte Entwicklung der kognitiven Fähigkeiten setzt der zweite Internalisierungsmechanismus voraus, die Identifizierung. Das Kind erkennt nun bestimmte Rollen im Verhalten seiner Bezugspersonen, eine Voraussetzung, damit sich das Kind – z. B. in Imitation mit dem mütterlichen Verhalten – mit diesem identifizieren kann. Die Identifizierungen sind nach Kernberg stark von den affektiven Zuständen abhängig, in denen sie stattfinden. Sie entscheiden über die Flexibilität, die Wahrhaftigkeit und die Komplexität der Selbstrepräsentation (vgl. die Entwicklung des »wahren« bzw. »falschen« Selbst nach Winnicott in diesem Zusammenhang).

Schließlich nimmt Kernberg den Begriff der Ich-Identität von Erik Erikson auf, um die umfassende Strukturierung von Identifizierungen und Introjektionen unter dem steuernden Prinzip der synthetischen Funktionen des Ichs zu beschreiben (Kernberg, 1976/1981, S. 28).

Diese Mechanismen charakterisieren u. a. die fünf Entwicklungsschritte, die Kernberg vor allem basierend auf seiner breiten Erfahrung mit früh gestörten Patienten beschreibt.

In den ersten Lebenswochen kann der Säugling – so Kernberg – noch nicht zwischen den Selbst- und Objektrepräsentationen unterscheiden. Erst in der zweiten Entwicklungsphase (ca. 6.–8. Lebensmonat) werden die lustvollen von den unlustvollen Erfahrungen systematisch getrennt und zu einer »guten« bzw. »bösen« Selbst- bzw. Objektrepräsentanz zusammengefügt. In der dritten Entwicklungsphase (6. bis ca. 18./36. Monat) lernt das Kind immer sicherer zwischen dem Selbst und dem Objekt, zwischen innen und außen zu unterscheiden, obschon die Selbst- und Objektrepräsentanzen in extrem stressvollen Erfahrungen immer noch miteinander verschmelzen können. Doch erst im dritten Lebensjahr kann das Kind den entscheidenden Schritt vollziehen, indem es die polarisierten guten und bösen Repräsentanzen zu Repräsentanzen »ganzer Objekte« (und nicht mehr von Partialobjekten) integriert. Hier besteht ein Zusammenhang zwischen der oben skizzierten Kleinianischen Auffassung der depressiven verglichen mit der paranoid-schizoiden Position. Kernberg betont, dass nun der Abwehrmechanismus der Verdrängung an die Stelle des primitiven Vorgangs der Spaltung gesetzt werden kann. Dies schützt das Individuum vor schweren Charakterpathologien, in deren seelischer Wirklichkeit primitive Spaltungsprozesse, Projektionen und projektive Identifizierungen vorherrschen.

Die vierte Entwicklungsphase betrifft nach Kernberg die ödipale Phase, in der libidinös und aggressiv besetzte Selbstrepräsentanzen in ein kohärentes Selbstsystem integriert werden. Hier bezieht sich Kernberg offensichtlich auf das Strukturmodell. In der ödipalen Phase konsolidiert sich die Ichidentität. Die Selbst- und Objektimagines werden zum Selbstideal und Objektideal, d.h. zu einer kohärenten Ichidealstruktur, alle Teilstruktur des Über-Ichs, integriert. Die Integration der Erfahrungen mit »idealen« Selbstzuständen und »idealen« Erfahrungen mit den Objekten sowie der Vorläufer des Über-Ichs, meist verfolgende und grausame Repräsentanzen, zu einem kohärenten Über-Ich, ist eine der Hauptaufgaben der ödipalen Phase. Für die psychische Gesundheit ist entscheidend, ob die präödipalen (archaischen) Über-Ichstrukturen und -inhalte durch die realen Gebote und Verbote der ödipalen Bezugspersonen gemildert werden können und zu einer autonomen inneren Regulationsinstanz des Kindes werden können. Allerdings wird dabei oft nicht in Rechnung gestellt, dass die Inhalte der Ideal- und Regelinstanz des Über-Ichs noch fast ausschließlich mit jenen der Eltern identisch sind und erst in der Adoleszenz einer autonomen, idiosynkratischen Bewertung unterzogen werden.

Für das spezifische Verständnis des Unbewussten möchte ich lediglich festhalten, dass Autoren, die Kernbergs Konzepten nahestehen, Internalisierungen wichtiger Beziehungen in der frühesten Kindheit fokussierten, wie wir sie bezogen auf plausible Erklärungen für die Entstehung von psychosozialen Integrationsstörungen oder konkret von

ADHS-Symptomen ausgeführt haben (vgl. u. a. Leuzinger-Bohleber & Target, 2009). Doch auch bei vielen der chronisch depressiven Patienten entdecken wir, wie bei Frau X., eine analoge Angst vor Trieb- und Affektdurchbrüchen. Internalisierungsprozesse betrachten diese Autoren als zentral für das Ausbilden psychischer Strukturen, aber auch von Triebbedürfnissen und Persönlichkeitsmerkmalen. Neuere – klinische und empirische Studien – haben Kernbergs Thesen untermauert, dass es wichtig ist, zwischen zwei Affektzuständen des Säuglings zu unterscheiden: Zustände mit relativ niedriger Affektaktivierung und Zustände mit heftigen, intensiven affektiven Zuständen, sog. »Spitzenaffekten«. Im ersten »milden« affektiven Zustand können »normale« Internalisierungen unserer Erfahrungen im Kontakt mit anderen Personen stattfinden, die zur Entwicklung normaler Ich-Funktionen führen. Die Erfahrungen sind mit angenehmen, realitätsadäquaten Körperempfindungen verbunden, die als sensomotorisch-affektive Koordinationen ihren Niederschlag im Gedächtnis finden (vgl. dazu u. a. Leuzinger-Bohleber & Pfeifer, 2002). Diese sensomotorisch-affektiven Koordinationen dienen in späteren Situationen, mit analogen Informationen, die wir durch die verschiedenen Sinneskanäle (auditiv, visuell, haptisch etc.) aufnehmen, dazu, dass wir »Gedächtnis« produzieren, d. h. uns aufgrund früherer Erfahrungen in der Realität orientieren, Erwartungen an »normales« Verhalten unserer Interaktionspartner entwickeln und diese »adäquat« interpretieren können. Sie werden im Laufe der Entwicklung mit Bildern und Sprache verbunden. Anders ist es mit der Erfahrung von sog. »Spitzenaffekten«, d. h. intensiven positiven und negativen Affekten, die die Reizverarbeitungskapazität des Säuglings überfordern. In solchen extremen affektiven Zuständen, einerseits der Freude, der Euphorie, des Glücks im Zusammensein mit einem Anderen oder andererseits von Angst, Schrecken, Wut oder Schmerz entstehen psychisch problematische, aber äußerst wirksame »embodied« Erinnerungen: Bilder von idealisierten Beziehungen (Partialobjekten nach Kernberg), die sich nach den glücklichen Momenten des Kindes an der Brust ausrichten und sich als Wünsche nach Verschmelzung mit dem Liebesobjekt, des Einsseins und der absoluten Zugehörigkeit psychisch niederschlagen. Die extrem negativen Affekte bewirken – in analoger Weise – extreme Selbstbilder eines hassenden, intensiven Aggressionen ausgesetzten Wesens, das Angriffen von außen hilflos ausgesetzt ist. Je intensiver die Frustrationen und die Schmerzerfahrungen sind, etwa in traumatischen Erfahrungen, desto intensiver sind auch die ausgelösten aggressiven Impulse, die das kindliche Ich psychisch nicht ertragen oder dem eigenen Selbst zuschreiben kann. Daher projiziert es diese aggressiven Impulse sogleich auf den Anderen und erlebt sich daher zusätzlich als von außen bedroht und verfolgt. Das Resultat ist, dass sich eine Erinnerung an negative und – für das Selbst und das Objekt – gefährliche Beziehungserfahrungen als »psychische Wahrheiten« niederschlagen. In Momenten der Spitzenaffektentladung oder in traumatischen Situationen entsteht daher eine psychische Tendenz, Erlebnisse in absolut gute oder absolut schlechte zu kategorisieren: Beziehungen werden in einen idealisierten und in einen verfolgenden Teil aufgespalten. Bei traumatischen Erfahrungen kommt dazu, dass die extremen körperlichen Erfahrungen nicht mit Visualisierungen oder Sprache verbunden werden können (vgl. unten und u. a. Fischer & Riedesser, 1999).

Unter normalen, nicht traumatischen, oder wie Winnicott sie nennt, »genügend guten« Bedingungen entwickelt sich eine zunehmende Toleranz gegenüber solchen extremen Situationen, so dass die archaisch-primitive Erfahrung einer Spaltung zwischen »gut« und »böse« schließlich psychisch integriert werden kann. Melanie Klein charakterisierte den frühen psychischen Zustand einer Spaltung, die nur dank projektiven Mechanismen zu bewältigen ist (vgl. oben Charakterisierung der »paranoid-schizoiden« mit der »depressiven Position«). Die psychoanalytische Objektbeziehungstheorie hat in besonders eindringlicher Form betont, dass das äußere Objekt – durch Empathie in den Zustand des hilflosen Säuglings – dazu beitragen muss, dass die Spitzenaffekte immer wieder »zuverlässig« und voraussehbar gelindert werden können und daher ein Urvertrauen in ein gutes Objekt vermittelt. Parallel dazu erlebt sich das »auftauchende Selbst« als psychisch in der Lage, zu einem solchen Verschwinden von extremen Frustrationen von Wut und Hass selbst beizutragen. Es definiert sich daher als ein basal aktives, potentes und nicht nur als ein passiv ausgeliefertes. Bei Kindern mit psychosozialen Integrationsstörungen (oder auch mit AD(H)S) versagten die primären Objekte im Halten und Containen dieser Spitzenaffekte und konnten daher dem Kind nur in ungenügender Weise zur Entwicklung eines kohärenten Selbst mit der Fähigkeit zu eigenen Regulation von Affekten, Trieben und Phantasien verhelfen. Das Kind hat sich mit dem in diesem Sinne ungenügenden Objekt identifiziert: es kann selbst – in Identifikation mit diesen Objekten – nur in ungenügender Weise eine Halte- und Containmentfunktion übernehmen.

2.2.3 Psychoanalytische Selbstpsychologie und ihre Konzeptualisierung des Unbewussten

Heinz Kohut legte in den späten 1960er- und frühen 1970er-Jahren wichtige Arbeiten zur Entwicklung des Selbst vor (Kohut, 1971, 1977). Er befasste sich vor allem mit den sog. narzisstischen Persönlichkeitsstörungen, die er diagnostisch zwischen den neurotischen und den psychotischen Erkrankungen einordnete. Aus seinen Arbeiten ging die sog. Selbstpsychologie hervor, die allerdings kein einheitliches Theoriegebäude darstellt, aber die Entwicklung des Selbst und seiner Störungen ins Zentrum ihrer klinischen Forschungen stellt. Es ist umstritten, ob die Selbstpsychologie eine Form der Objektbeziehungstheorie ist (vgl. dazu u. a. Bacal & Newman, 1990) oder als eigene Ein-Person-Psychologie zu betrachten ist, die sich mit intrapsychischen Prozessen befasst und einen von der Objektbeziehungstheorie sich unterscheidenden Fokus untersucht (vgl. dazu u. a. Goldberg, 1978, Wolff, 1988, Mollon, 2001). Im Gegensatz etwa zu Otto Kernberg postulierte Kohut eine eigene, von der Triebentwicklung weitgehend unabhängige Entwicklungslinie des Narzissmus.

Interessant bezüglich unseres Themas ist u. a. die Kohut'sche Auffassung der Selbstobjekte, die bestimmte Konstellationen im Unbewussten charakterisieren. Ein Selbstobjekt erfüllt für das Selbst eine bestimmte Funktion und ermöglicht dadurch die subjektive Erfahrung der Einheit mit dem Objekt. In den ersten Lebensmonaten kommt der Mutter die wichtige Funktion zu, sich – dank ihrer empathischen Einfühlung in das Kind und adäquater Spiegelungsprozesse der kindlichen Bedürfnisse – als Selbstobjekt zur Verfügung stellen, damit sich der Exhibitionismus und die Grandiosität des Kindes entfalten können. Diese Verschmelzungserfahrung, in der die Grenzen zwischen Selbst und Objekt verschwimmen, ist Voraussetzung für die Idealisierung der Mutter und das Ausbilden der idealisierten Elternimago. Gut dosierte Frustrationen erlauben dem Kind sukzessiv den Verzicht auf diese omnipotenten Phantasien und eine Verinnerlichung der Spiegelerfahrungen und des Selbstobjekts als Ganzes. Dies führt einerseits zur Entstehung eines Kernselbst. Andererseits wird das Selbstobjekt idealisiert und anschließend internalisiert, nach Kohut die Voraussetzung für die Entwicklung von Idealen. So sind die Phantasien eines Größenselbst und einer idealisierten Mutterimago normale und notwendige Entwicklungsstadien, die sich nur dank einer genügend guten Erfahrung eines spiegelnden Selbstobjekts einerseits und der Bereitschaft der Mutter andererseits, sich idealisieren zu lassen, entfalten können.

Gut dosierte Frustrationen führen zu seelischen Transformationsprozessen. Sie bleiben als wirksame, archaische Motivationsquellen im Unbewussten erhalten, vor allem, wenn die psychische Integration aufgrund traumatischer Objektbeziehungserfahrungen nur ungenügend gut stattfinden konnte. In einigermaßen gelingenden psychischen Entwicklungen wandelt sich zwischen dem zweiten und vierten Lebensjahr die eigene Grandiosität. Sukzessiv bildet sich ein »gesunder« Ehrgeiz heraus und mündet schließlich im besten Falle in eine gute narzisstische Besetzung des Selbst, nach Kohut eine wichtige Voraussetzung für seelische Gesundheit. Analoge Umwandlungen führen zwischen dem vierten und sechsten Lebensjahr von der grandiosen Elternimago zu stabilen Ichidealstrukturen. In anderen Worten: In einer adäquaten Entwicklung verwandeln sich das infantile Größenselbst und die idealisierte Elternimago in realistische Ambitionen und milde, für das Ich erreichbare Ideale.

Kohuts Konzepte eignen sich, bestimmte Gewaltphänomene, wie z. B. die narzisstische Wut, zu erklären. An der Figur des Michael Kohlhaas von Kleist illustrierte er, wie existentiell narzisstische Kränkungen sich bei bestimmten Persönlichkeiten auswirkten. Michael Kohlhaas ist besessen von seinen Rachephantasien: Die schwere narzisstische Kränkung wird durch Gewalt und extreme Destruktion abgewehrt, auch wenn das Selbst dabei untergeht. So sensibilisieren Kohuts Überlegungen für die Bedeutung narzisstischer Zufuhr bei der frühen Gewaltprävention. Eltern und Erziehern kommt die wichtige Funktion zu, sich als Selbstobjekte für die Kinder zur Verfügung zu stellen, um ihnen die oben skizzierten Entwicklungsschritte weg von der extremen narzisstischen Vulnerabilität und Abwehr durch die Phantasien der eigenen Grandiosität und der idealen Elternimagos hin zu einer adäquaten Integration narzisstischer Bedürfnisse in das Selbst und Idealselbst. Die Entwicklung einer tragenden narzisstischen Selbstwertregulation ist nach Auffassung dieser Theorie der wichtigste Beitrag zur Prävention von Gewalt, psychosozialer Desintegration und anderer psychischer und psychosomatischer Störungen.

Eine pathologische Entwicklung mündet hingegen nach Kohut in eine »Narzisstische Persönlichkeitsstörung«. Patienten mit dieser Pathologie sind unfähig, ihre Objekte als von ihnen getrennte, unabhängige Personen zu erleben: sie behandeln sie einzig und allein als »Verlängerungen des eigenen Selbst« und benutzen sie zur eigenen Bedürfnisbefriedigung. In diesem Sinne sind sie, wie Narziss, verliebt in das eigene Selbst und nicht fähig, einen Anderen zu lieben.

Nach Kohut ist die narzisstische Persönlichkeitsstörung eine Art Entwicklungsarretierung. Die Eltern waren nicht in genügend guter Weise in der Lage, das Kind in seinen Bedürfnissen und Phantasien zu spiegeln und sich als Selbstobjekt benutzen zu lassen. Dies beeinträchtigte den primären Narzissmus der Kinder. Die Enttäuschung an den Eltern wird durch ein quasi megalomanes Selbstbild, das Größenselbst abgewehrt, ein Versuch des Kindes, sein narzisstisches Gleichgewicht wieder herzustellen. Dieses grandios-exhibitionistische Größenselbst kann nun aber nicht wie oben skizziert durch dosierte Frustrationen sukzessiv aufgegeben und in die eigene narzisstische Selbstwertregulation eingebaut werden: Statt der Entwicklung eines altersgemäßen Ehrgeizes und der Integration der idealisierten Elternimago in das Ichideal bleiben beide archaischen Konstellationen im Unbewussten erhalten und determinieren das psychische Erleben des Betroffenen. So wirken narzisstische Persönlichkeiten arrogant und uneinfühlsam in die Bedürfnisse anderer, aber gleichzeitig enorm kränkbar und verletzbar.

Kohut & Wolf (1980, S. 677 ff) unterscheiden fünf Typen narzisstischer Persönlichkeitsstörungen:

a) Persönlichkeiten, die süchtig nach Spiegelungen sind und zwanghaft versuchen, von Anderen bewundert zu werden, um die eigenen Insuffizienzgefühle zu kompensieren.
b) Persönlichkeiten, die nach Idealen hungern und ständig Personen brauchen, die sie bewundern und idealisieren können.
c) Alter-Ego-Persönlichkeiten, die darauf angewiesen sind, dass eine Bezugsperson ihr Wertesystem teilt und bestätigt.
d) Persönlichkeiten, die Verschmelzungen mit Anderen brauchen, die sie kontrollieren können, damit ihr fragiles Selbstgefühl stabilisiert wird.
e) Kontaktvermeidende Persönlichkeiten, die Beziehungen vermeiden, um nicht von ihrem exzessiven Bedürfnis nach einem Objekt überwältigt zu werden.

In der Psychoanalyse mit Frau X. beschäftigte uns die Frage, ob die Mutter von Frau X. an einer narzisstischen Persönlichkeitsstörung gelitten hatte oder ob sie es als Spätadoleszente in jenen Zeiten, in den studentische Bewegungen sich gut für das Ausleben narzisstischer Größenphantasien eigneten, schwer hatte, ihren Kindern ein »good enough mothering« zur Verfügung zu stellen. Oder war es der traumatische Verlust ihres Ehemanns, der zu einer Regression auf archaische narzisstische Konstellationen führte? Obschon zu diesen Fragen nur spekuliert werden konnte, schien es Frau X. und mir schließlich relativ wahrscheinlich, dass sie ihre Tochter vermutlich schon in den ersten Lebensjahren und sehr deutlich während der Adoleszenz als Selbstobjekt funktionalisiert hatte, u. a. ein Grund für die mangelhafte psychische Differenzierung zwischen den Selbst- und Objektrepräsentanzen bei Frau X. Viele Träume wiesen zudem auf die mangelhaft ausgebildete narzisstische Selbstwertregulation hin (vgl. z. B. den Traum von den Tausenden von Kleidern und der Verzweiflung der Träumerin, dass sie sich nicht für ein bestimmtes Kleid entscheiden kann und schließlich – durch eine Frau – in ein Kleid gesteckt wird, in dem man ihre Figur nicht sehen kann: Eine Metapher für die Erfahrung, von ihrer Mutter »in die falschen Kleider gesteckt worden zu sein«? (Ein Bild für die Entwicklung des eben erwähnten »falschen Selbst«?)

2.2.4 Zwischenbilanz

In den drei bisherigen Subkapiteln wurden verschiedene Konzeptionen des Unbewussten zusammengefasst, wie sie in den verbreitetsten psychoanalytischen Denkrichtungen, der psychoanalytischen Ichpsychologie, objektbeziehungstheoretischen Ansätzen und der psychoanalytischen Selbstpsychologie entwickelt wurden. Kettner & Mertens (2010) haben in der folgenden Tabelle Gemeinsamkeiten und Differenzen in den Theorien zum Unbewussten von exemplarischen Autoren dieser drei Denkrichtungen diskutiert:

Tab. 2.1: Gemeinsamkeiten und Differenzen in den Theorien zum Unbewussten der klassischen Psychoanalyse nach Freud, der Objektbeziehungstheorie nach Kernberg und der psychoanalytischen Selbstpsychologie nach Kohut (aus Kettner & Mertens, 2010, S. 30 f)

	Klassisches Freud'sches Modell	Kernberg'sches Objektbeziehungs-Modell	Selbstpsychologisches intersubjektives Modell
Status der (Trieb-) Wünsche	Unbewusste Wünsche sind relativ unverbunden mit Personen.	Unbewusste Wünsche sind immer an bestimmte Personen der Kindheit gebunden in Form von Selbst-Objekt-(Affekt-)-Interaktionsrepräsentanzen.	Unbewusste Wünsche spielen lediglich als Selbstobjekt-Bedürfnisse eine Rolle; ansonsten steht die interpersonelle Affektwahrnehmung im Zentrum.
Bedeutung der Interaktion und Kommunikation für die Entstehung der Wünsche (»interpersonell«, »two-body«)	Der Einfluss wichtiger Beziehungsfiguren auf die Konstituierung von Triebwünschen ist relativ gering; Triebe haben überwiegend ihre eigene Dynamik.	Der Einfluss wichtiger Beziehungsfiguren auf die Konstituierung von Triebwünschen ist zentral. (Allerdings schwankt dieser Einfluss entsprechend den verschiedenen objektbezogenen Richtungen. So ist er bei den klassischen Kleinianern am geringsten.)	Der Einfluss der Beziehungspersonen auf die Befriedigung der Selbstobjektbedürfnisse ist zentral, ebenso für die Validierung der Affektäußerungen.
Unterschiedlichkeit von bewussten und unbewussten Prozessen	Unterschied ist deutlich gegeben und groß.	Der Unterschied hängt von der Ausprägung der strukturellen Kompetenzen ab; je stärker z. B. die Abwehr der Spaltung ausgeprägt ist, desto größer ist der Unterschied.	Der Unterschied hängt vom interpersonellen Kontext ab; in einer angst- und schamfreien Interaktion wird vieles erinnerbar, was vormals unbewusst zu sein schien. Insofern sind die Grenzen zwischen bewussten und unbewussten Prozessen fließend.

Teil I – Zum Unbewussten in der pluralen, internationalen Psychoanalyse

Tab. 2.1: Gemeinsamkeiten und Differenzen in den Theorien zum Unbewussten der klassischen Psychoanalyse nach Freud, der Objektbeziehungstheorie nach Kernberg und der psychoanalytischen Selbstpsychologie nach Kohut (aus Kettner & Mertens, 2010, S. 30 f) – Fortsetzung

	Klassisches Freud'sches Modell	Kernberg'sches Objektbeziehungs-Modell	Selbstpsychologisches intersubjektives Modell
Funktionen von bewussten und unbewussten Prozessen	Irrationaler Einfluss auf Prozesse des Wahrnehmens, Denkens, Fühlens und Erinnerns.	Maligne Objektbeziehungen wirken sich störend aus; positive Objektbeziehungserfahrungen wirken sich bereichern aus.	Unbewusste Inhalte und Prozesse verkörpern in Form einer »primären Lebensorganisation« vitalisierende und kreative Erfahrungen; die Verbindung zur primären Lebensorganisation geht bei einem seelischen Leidenszustand verloren.

2.2.5 Säuglings-, Bindungs-, Mentalisierungs- und Genderforschung und ihr Beitrag zu einem intersubjektiven Verständnis des Unbewussten

Es waren u. a. neue technische Möglichkeiten, wie Mikroanalysen von Interaktionen von Mutter und Säugling durch Videoaufzeichnungen, die zu einem Boom an empirischer Forschung zu der Frühentwicklung des menschlichen Säuglings sowie genderspezifischer Besonderheiten geführt hat. Publikationen dazu füllen inzwischen halbe Bibliotheken und können daher in diesem Rahmen nicht zusammengefasst werden. Sie haben sowohl Konzeptualisierungen in der akademischen Psychologie als auch in der Psychoanalyse stark beeinflusst. Es liegen inzwischen verschiedene Übersichtsarbeiten zu diesen Gebieten vor, sodass ich auf diese verweisen kann (siehe u. a. Beebe & Lachmann, 2002a, b, Beebe, Lachmann & Jaffe, 1997, Lachmann & Beebe, 1992, Köhler, 1990; Bohleber, 1992; Dornes, 1993, Großmann & Grossmann, 1995, Kapfhammer, 1995, Lichtenberg, 1983, Stern, 1985, 1990, 1995, von Klitzing, 2002).

Die Ergebnisse der empirischen Säuglingsforschung (vgl. u. a. Stern, 1995), der Bindungsforschung (vgl. u. a. Cassidy & Shaver, 2008),

2 Das Unbewusste im Kaleidoskop des Theorienpluralismus

der neueren Mentalisierungsforschung (vgl. u. a. Fonagy, 2008) sowie der Genderforschung (vgl. u. a. Chodorow, Raphael-Jeff, Publikationen der COWAP) haben, wie andernorts ausführlich dargestellt (Leuzinger-Bohleber, 2011, 2012, Bohleber, 2011) zu einem intersubjektiven Verständnis des Unbewussten geführt. Das Selbst wird mit seinem Bindungsmuster, den frühen und späteren Fähigkeiten der Mentalisierung und der Affektregulation sowie dem genderspezifischen Erleben stets in Interaktionen mit »bedeutsamen Anderen« gebildet und schlägt sich daher immer auch als solche im Unbewussten nieder (vgl. unten). Daher braucht es die intersubjektive Erfahrung in der therapeutischen Beziehung, um diese unbewussten Interaktions- und Beziehungserfahrungen in ihrem Fortbestehen zu beobachten, zu verstehen und der therapeutischen Erfahrung zugänglich zu machen. Wie das Fallbeispiel von Frau X. illustrieren mag, ist die Psychoanalyse immer an eine professionelle intersubjektive Erfahrung gebunden. Es übersteigt den Rahmen dieses Bandes, auf die aktuellen Kontroversen zur intersubjektiven Psychoanalyse näher einzugehen (vgl. dazu u. a. Bohleber, 2011). Wir beschränken uns auf einige Anmerkungen und werden im Punkt 3 anhand des Konzepts des Embodiments lediglich einen Aspekt eines intersubjektiven Verständnisses des Unbewussten eingehender erläutern.

> Offensichtlich hat das gesellschaftliche Experimentieren mit Genderrollen der Eltern von Frau X. die Entwicklung ihres weiblichen Selbst und ihrer Identität wesentlich geprägt. Das frühe Negieren ihrer Weiblichkeit (vgl. z. B. geschlechtliche Gleichbehandlung von ihr und ihrem Bruder als geschlechtsneutrale Zwillinge etc.) wurde ein zentrales Thema in der Psychoanalyse wie auch das schon erwähnte Bearbeiten der zentralen unbewussten »Medea-Phantasie« im Zusammenhang mit ihrem konfliktreichen Kinderwunsch und ihrer existentiellen Angst vor Abhängigkeit.

So betonen empirische Säuglings-, Bindungs-, Mentalisierungs- und Genderforscher übereinstimmend die mütterliche Feinfühligkeit als die wichtigste Determinante bei der Gestaltung früher Interaktionen mit dem Säugling, die wesentlich z. B. die Entwicklung eines bestimmten Bindungstyps und frühe Vorläufer geschlechtsspezifischer Identitätsbilder determiniert.

Mentalisierung geht über die Fähigkeiten zur Empathie deutlich hinaus und hat ebenfalls eine große Bedeutung in den frühen

Beziehungserfahrungen zwischen Primärobjekt und Säugling bzw. Kleinkind. Es ist ein Konzept, das ursprünglich von französischen Psychoanalytikern eingeführt wurde, die mit psychosomatischen Patienten arbeiteten. Diese beschrieben bei solchen Personen einen Mangel an Symbolisierungsfähigkeit von mentalen Zuständen, ein Mangel an Freiheit in der freien Assoziation und eine charakteristische Denkweise, das nahe an Körperempfindungen und primärprozesshaftem Denken ist.

Fonagy und seine Mitarbeiter definieren Mentalisierung in der Folge einer philosophischen Tradition von Brentano (1973/1874), Dennett (1978) und anderen als eine Form von vorbewusster imaginativer mentaler Aktivität, bei der menschliches Handeln in Begriffen von »intentionalen« Geisteszuständen gedeutet wird. Imaginativ deshalb, weil wir uns vorstellen müssen, was andere Menschen denken oder fühlen könnten. So spricht es für ein hohes Niveau der Mentalisierung, wenn wir in Rechnung stellen können, dass wir nicht wissen, was im Kopf des anderen wirklich vor sich geht. Dieselbe Art von imaginativem Sprung kann notwendig sein, um die mentalen Erlebnisse von andern zu verstehen, besonders in Bezug auf emotional belastende Themen oder irrationale (möglicherweise unbewusst gelenkten) Reaktionen. Einige Philosophen sind der Meinung, dass der psychische Determinismus (die Feststellung, dass menschliches Handeln mehr als die Beschreibung von unbewussten Wünschen und Vorstellungen neben den bewussten Zuständen sein könnte) Freuds größter Beitrag gewesen ist (Hopkins, 1992, Wollheim, 1999). Um diese Haltung anzunehmen, um zu verstehen, dass das Selbst und das Andere einen Geist – »mind« – haben, benötigt der Einzelne ein symbolisches Repräsentationssystem von mentalen Zuständen. Obwohl Mentalisierung möglicherweise mit einer Anzahl von Hirnaktivierungen assoziiert ist, ist es üblicherweise mit Aktivierungen des mittleren präfrontalen Kortex und möglicherweise des paracingulären Areals verbunden.

Die Fähigkeit zu mentalisieren, kann sich nur in »genügend guten« frühen Objektbeziehungen entwickeln. Die Fähigkeit zu mentalisieren sei, so Fonagy & Target (2006), keine biologische Gegebenheit, sondern bilde sich sukzessiv durch die Interaktion mit den wichtigsten Bezugspersonen heraus. Allerdings verstehen die Autoren diese Fähigkeit nicht als ausschließlich kognitiven Prozess: »Sie beginnt vielmehr mit der ›Entdeckung‹ von Affekten durch das Medium der primären Objektbeziehungen. Wir haben uns deshalb auf das Konzept der ›Affektregulierung‹ konzentriert, das in sehr vielen Bereichen der Entwicklungstheorie und Psychopathologie wichtig ist. […] Affektregulierung, das heißt die Fähigkeit, emotionale Zustände zu regulieren, hängt eng mit der Mentalisierung zusammen, die eine grundlegende Rolle für die Entfaltung eines Gewahrseins des eigenen Selbst und dessen Urheberschaft spielt. Wir verstehen die Affektregulierung als Vorspiel zur Mentalisierung; gleichwohl wird ihre Beschaffenheit, sobald die Mentalisierung auftaucht, transformiert: Sie ermöglicht nicht nur die Anpassung von Affektzuständen, sondern erfüllt die tatsächlich basale Funktion der Regulierung des Selbst«. (Fonagy & Target, 2006, S. 365)

Fonagy & Target (2006, S. 369 ff) formulieren in vier Punkten einige Thesen zu diesen Entwicklungsprozessen:

1. »In der frühen Kindheit besteht das Charakteristikum der Reflexionsfunktion darin, dass innere Erfahrungen auf zweierlei Weise zur äußeren Situation in Beziehung gesetzt werden: (a) In einer ›ernsten‹ inneren Verfassung erwartet das Kind, dass seine eigene innere Welt und die Innenwelt anderer Personen der äußeren Realität entsprechen; das subjektive Erleben wird häufig verzerrt, um es Informationen, die von außen kommen, anzupassen (Modus der psychischen Äquivalenz) [...] (b) Wenn das Kind in ein Spiel vertieft ist, weiß es, dass sein inneres Erleben die äußere Realität nicht zwangsläufig widerspiegelt. [...] es nimmt aber an, dass der innere Zustand keinerlei Beziehung zur Außenwelt aufweist und keinerlei Implikationen für sie hat (Als-ob-Modus).
2. Normalerweise beginnt das Kind etwa im Alter von vier Jahren, diese beiden Modi zu integrieren und gelangt so auf die Stufe der Mentalisierung – das heißt, es erwirbt den Reflexionsmodus –, auf der mentale Zustände als Repräsentationen wahrgenommen werden können. Es erkennt Zusammenhänge zwischen innerer und äußerer Realität und nimmt gleichzeitig wahr, dass sich Innen und Außen in mancherlei bedeutsamer Hinsicht voneinander unterscheiden – sie müssen nicht mehr entweder gleichgesetzt oder aber voneinander dissoziiert werden.
3. Die Mentalisierung taucht normalerweise auf, weil das Kind die Erfahrung machen kann, dass seine psychischen Zustände reflektiert werden. [...] (im Spiel mit einem Elternteil oder einem Geschwister als Weiterentwicklung der komplexen frühen Spiegelungsprozesse in der Interaktion zwischen Mutter und Kind).
4. Diese Integration kann bei traumatisierten Kindern aufgrund der intensiven Gefühle und damit verbundener Konflikte scheitern, so

dass Aspekte des seelischen Funktionierens durch den Modus der psychischen Äquivalenz gekennzeichnet sind.« (S. 369–371).

Misshandlungen oder andere Traumatisierungen schlagen sich, wie oben erwähnt, als unbewusste Erwartungen an aktuelle und zukünftige Beziehung nieder. Sie beeinträchtigen darüber hinaus die Entwicklung von Mentalisierung und Reflexionsfähigkeit, weil Misshandlungen bewirken, dass das Kind von der brutalen Bezugsperson abgeschreckt wird und sich nicht mehr in den Zustand seines Gegenübers einfühlen will. Zweitens geht durch die Misshandlungen dem Kind die resiliente Fähigkeit verloren, die eng mit der Fähigkeit in Zusammenhang steht, eine interpersonale Situation verstehen zu können.

So bilden, nach Fonagy und Target, Mentalisierung und sichere Bindung die Ergebnisse der Erfahrung eines erfolgreichen Containments in der Frühsozialisation. Unsichere Bindung kann als Identifizierung des Kindes mit der Abwehrhaltung der Mutter verstanden werden. Diese Mütter (wie etwa die Mutter von Frau X.) sind z. B. nicht in der Lage, negative Affekte und Stress des Kindes zu spiegeln, weil sie sich selbst dadurch bedroht fühlen. Vermutlich werden bei der Wahrnehmung solcher negativer Affekte Erinnerungen an eigene unerträgliche Erfahrungen geweckt, die daraufhin abgewehrt werden müssen. Daher kann die Nähe zu der Mutter von diesen Kindern nur aufrechterhalten werden, wenn sie gleichzeitig ihre Reflexionsfähigkeit opfern. Im Gegensatz dazu werden verstrickte Mütter negative Affekte des Kindes in übertriebener Weise spiegeln oder mit eigenen Erfahrungen verwechseln, was auf das Kind fremd oder alarmierend wirkt. Bei beiden Formen der unsicheren Bindung werden die Kinder die Haltung der Bezugspersonen internalisieren. Die fehlende Synchronizität zwischen dem eigenen Affektzustand und jenem der Mutter wird dann zum Inhalt des Selbsterlebens.

Noch dramatischer sind die Auswirkungen früher Traumatisierungen auf die Entwicklung bzw. Nichtentwicklung der Mentalisierungsfähigkeit (vgl. dazu auch Schachter, 2012, Mayes, 2012). Fonagy (2007) berichtet von schwer traumatisierten Kindern und Jugendlichen, die er im Gefängnis interviewt bzw. therapiert hat. Ihre Gewalttaten waren wesentlich dadurch mitbedingt, dass sie kaum die Fähigkeit zu mentalisieren ausgebildet hatten und sie sich daher z. B. nicht in den physischen und psychischen Zustand ihrer Opfer einfühlen konnten. Er spricht von »violent attachment« bzw. von Bindungstrauma.

Fonagy verweist auf Untersuchungen, die gezeigt haben, dass *die Fähigkeit zur Mentalisierung bei den meisten Menschen, die ein Trauma erfahren haben, unterentwickelt* ist. Kinder lernen keine Worte für Gefühle (Beeghly & Cicchetti, 1994) und traumatisierte Erwachsene haben mehr Schwierigkeiten, die Intention in einem Gesichtsausdruck zu erkennen (Fonagy et al., 2003/2006).

Die Gleichsetzung von innen und außen ist ein zweiter, entscheidender Aspekt. Der Zusammenbruch der Mentalisierung im Angesicht des Traumas zieht den Verlust des Bewusstseins der Beziehung zwischen innerer und äußerer Realität nach sich (Fonagy & Target, 2003/2006). Häufig weigern sich Überlebende von Traumata über ihre Erlebnisse nachzudenken, weil Nachdenken Wiedererleben bedeutet. Sie können deutlich psychische Äquivalenz auch in anderem Kontext zeigen. Aspekte psychischer Äquivalenz überschneiden sich mit Beschreibungen von paranoid-schizoiden Gedankenmustern, beschrieben insbesondere von Bion (1963) und dargestellt in der symbolischen Gleichstellung von Hanna Segal (1957) (▶ Kap. 5.4 und 5.6).

Dissoziation von der Realität ist der dritte Aspekt der Phänomenologie von Bindungstrauma. Der Als-ob-Modus (pretend mode) ist, wie erwähnt, die entwicklungsgemäße Ergänzung zur psychischen Äquivalenz. Noch nicht dazu fähig, sich innere Erlebnisse als mental vorzustellen, sind die kindlichen Phantasien extrem weit von der äußeren Welt abgetrennt. Kleine Kinder können nicht gleichzeitig so tun als ob (auch wenn sie wissen, dass es nicht real ist) und sich mit der normalen Realität beschäftigen. Wenn man sie fragt, ob ihr vermeintliches Gewehr ein Gewehr oder ein Stock ist, verdirbt es das Spiel.

Fonagy sieht den Eingriff durch den Als-ob-Modus als Folge von Traumata und der eingeschränkten Mentalisierungsfähigkeit besonders bei dissoziativen Erlebnissen. Im dissoziativem Denken kann nichts mit etwas verbunden sein – das Prinzip des Als-ob-Modus, in welchem die Phantasie von der realen Welt abgeschnitten ist, erstreckt sich so weit, dass nichts einen Zusammenhang hat (Fonagy & Target, 2003/2006). Die zwanghafte Suche nach Sinn (hyperaktive Mentalisation) ist eine übliche Reaktion auf das Gefühl der Leere und der Trennung, welche den Als-ob-Modus erzeugt. Patienten berichten von »blanking-out«, »clamming-up« oder erinnern sich an ihre traumatischen Erlebnisse nur als Traum. Das charakteristischste Merkmal von Traumatisierung ist die Schwankung zwischen psychischer Äquivalenz und Als-ob-Modus im Erleben der inneren Welt.

Die Regression auf diesen teleologischen Gedankenmodus ist vermutlich der schmerzhafteste Aspekt einer subjektiven Enthüllung der Mentalisierung.

Infolge von Traumata bedeutet verbale Bestätigung wenig. Die Interaktion mit Anderen auf einem mentalen Level wird durch den Versuch ersetzt, Gedanken und Gefühle durch Handlung zu ersetzen. Die meisten Traumata, besonders physischer und sexueller Missbrauch, sind per Definition teleologisch. Es ist kaum überraschend, dass das Opfer fühlt, dass der psychische Zustand des Anderen nur in gleicher Weise, durch eine physische Handlung, Drohung oder Verführung, verändert werden kann. »Stuart beschreibt seine Gefühle darüber, dass er im Alter von elf Jahren ins Heim geschickt wurde, wie folgt: ›Ich versuchte, dass sie verstehen, dass ich aufgebracht war, so habe ich Dinge herumgeworfen, ich warf mein Bett aus dem Fenster, ich habe alle Fenster im Raum zerbrochen. Der einzige Weg, wie ich ihnen klar machen könnte, dass ich es nicht wollte.‹ Es sind nicht nur diejenigen, die besonders traumatisiert sind wie Stuart, die die physische Art und Weise des Ausdrucks überzeugender als Worte finden – Worte die auch alle bedeutungslos im Als-ob-Modus erlebt wurden. In Folge von Traumata brauchen wir alle eine physische Bestätigung von Sicherheit« (Fonagy, 2007, S. 6).

Bohleber (2011) bezieht sich auf diese eben skizzierten neueren, vorwiegend auf extraklinischer-empirischer Forschung beruhenden Erkenntnissen und verbindet sie mit dem aktuellen Stand der klinischen und konzeptuellen psychoanalytischen Forschung. Auf deren Grundlage unterscheidet er zwischen drei Arten des Unbewussten:

a) *das dynamische Unbewusste*
»Für Freud war die Verdrängung das Hauptkennzeichen des dynamischen Unbewussten. Nur ihm galt sein Interesse. Sein Inhalt waren vor allem Triebrepräsentanzen und Wunschregungen, die sich zu verwirklichen suchten und dadurch einen Auftrieb an die Oberfläche des Bewusstseins entwickelten, was den gesamten psychischen Apparat unter Druck setzte. Um erfolgreich zu sein, mussten sie sich mit Vorstellungen oder Wunschrepräsentanzen verbinden, die Zugang zum Vorbewussten hatten und dort angesiedelt waren. Heute gehen wir

davon aus, dass nicht nur Triebwünsche konflikthaft sind und verdrängt werden, sondern auch eine ganze Reihe anderer Wünsche, die sich um die Erhaltung des Narzissmus, um das Sicherheitsempfinden, Vermeidung von unangenehmen Affekten etc. drehen. Im dynamischen Unbewussten sind auch die unbewussten Phantasien anzusiedeln, die als führende Kräfte bei der Organisation psychischer Realitäten fungieren. Sie entwickeln sich von schwach organisierten, primitiven frühen Phantasien zu stabilen, hoch organisierten Phantasien, die sekundärprozesshaftes Denken einschließen, aber durch ihre narrative und szenische Qualität den Charakter von Primärprozessen reflektieren (Sandler & Sandler, 1998). Sie können modifiziert oder überlappt werden durch neue Erfahrungen oder durch Abwehrprozesse transformiert werden. Verbunden mit solchen Phantasien können unbewusste Überzeugungen sein, z.B., dass eigene aggressive Impulse zum Verlust der Liebe des Objektes und zu Verlassenheit führen können. Doch sollte nicht jeder unbewusste, mentale Inhalt als unbewusste Phantasie bezeichnet werden« (Bohleber, 2011, S. 2, Übersetzung MLB).

b) *das nicht-verdrängte Unbewusste*

Obschon auch Freud vom nicht-verdrängten Unbewussten sprach (z.B. 1923, S. 244ff.) konzentrierte sich die klinische und konzeptuelle Forschung der Psychoanalyse lange auf das dynamische Unbewusste. Dies änderte sich vor allem durch die empirische Säuglings-, Bindungs- und Mentalisierungsforschung. Die Boston Change Process Study Group (2010) spricht vom »implicit relational knowledge«, Christopher Bollas (1987) vom »unthought known« als dem inneren Niederschlag der Interaktionen mit den transformierenden Objekten der Säuglingszeit. Donnel Stern (1997) formulierte das Konzept des Unbewussten als einer »unformulated experience« und sah darin das Rohmaterial, das später reflexiv verarbeitet und mit Bedeutung versehen werden kann. Diese psychoanalytischen Autoren untersuchten daher Unbewusstes, das nur rudimentär repräsentiert aber dennoch intentional und psychodynamisch bedeutsam ist, da es durch Konflikte und Abwehr bestimmt sein könnte. Mit diesen Konzeptualisierungen des Unbewussten entsprechen sie dem Konzept eines impliziten Gedächtnisses der modernen Kognitionsforschung. Im impliziten Gedächtnis haben sich präverbale Erfahrungen niedergeschlagen sowie frühe Interaktionsmuster und gelernte Fertigkeiten (wie z.B. Fahrradfahren). In den letzten 15 Jahren haben viele psychoanalytische Forscher z.B. mit dem Konzept des Enactments postuliert, dass sich in der Beziehung zwischen Analytiker und Analysand unbewusste frühe Interaktions- und Kommunikationsmuster in Szene setzen, die nie bewusst waren und auch nicht als ein Produkt von Abwehrprozessen betrachtet werden können. Dennoch erschließen sie ein Verstehen frühester Interaktionsprozesse, die sich unbewusst in aktuellen Beziehungen ständig wiederholen und, falls sie pathologisch eingeschränkt waren, zu massiven Störungen der aktuellen Beziehungen werden und daher zum Gegenstand der psychoanalytischen Arbeit werden sollten (vgl. dazu u. a. Leuzinger-Bohleber, Emde & Pfeifer, 2013).

c) *das kreative Unbewusste*
»Das Seelenleben des Einzelnen ist geprägt von Strukturkonflikten. Die analytische Behandlung dient deren besserer Balance. Dabei kommen unbewussten Prozessen eine Art von Korrekturfunktion zu.« (Bohleber, 2011, S. 3).

Wie anhand der Traumserie im Fallbeispiel illustriert, kann die Beschäftigung mit Träumen zu einer Korrektur von Auffassungen und konflikthaften Handlungen führen sowie dem Träumenden, wie bei Frau X. dargestellt, einen Zugang zu seiner Kernidentität und -authentizität ermöglichen. Ausgehend von einem solchen Verständnis des Unbewussten haben einige Psychoanalytiker Freuds Verständnis des Unbewussten mit einem romantischen Verständnis unbewusster Prozesse und Phantasien verbunden, in dem das Unbewusste zu einer Quelle eines authentischen Selbst wird.

2.3 Zusammenfassung: Das Unbewusste im Kaleidoskop pluraler Theorieansätze in der heutigen Psychoanalyse – Reichtum und Gefahr?

Welche Einsichten zum Unbewussten haben wir durch den Blick durchs Kaleidoskop verschiedener Denkrichtungen der heutigen Psychoanalyse gewonnen? Welche Informationsgestalten in komplexen klinischen Beobachtungen können wir erkennen, je nachdem welchen theoretischen Fokus wir dabei wählten?

2 Das Unbewusste im Kaleidoskop des Theorienpluralismus

Die oft als veraltet geltende *Ich- und Triebtheorie* vermag auch heute noch innerpsychische Konflikte und Konflikte zwischen Innen und Außen scharf zu beleuchten. Sie verfügt über einen wertvollen Erklärungsgehalt, z. b. wenn es um die Analyse der Unvereinbarkeit von biologisch angelegten, unbewussten Triebbedürfnissen und meist ebenfalls nur teilweise bewussten, kulturellen Anforderungen geht. Um nur ein Beispiel herauszugreifen: Diese theoretischen Ansätze können z. B. Konflikte von heutigen jungen Frauen (analog zu der Mutter von Frau X.) erhellen, die einerseits die existentiellen Bedürfnisse ihrer Säuglinge (als psychophysiologische Frühgeburten) nach konstanter, einfühlender Betreuung in den ersten Lebensmonaten und andererseits ihre eigenen Wünsche wahrnehmen, ihren beruflichen Anforderungen und Ansprüchen nachzukommen, um ihre Karrierechancen nicht zu gefährden. Oft erscheinen die sich daraus ergebenden Konflikte individuell kaum lösbar und bedürfen einer institutionellen bzw. kulturellen Hilfestellung. Nicht genügend gut gehaltene und »containte« frühe Triebbedürfnisse, Phantasien und Konflikte behalten ihre »archaische« Qualität im Unbewussten und üben – wegen dieser extremen Qualität – einen besonders determinierenden Einfluss auf späteres Denken, Fühlen und Handeln aus.

Psychoanalytische Objektbeziehungstheorien fokussieren die Internalisierungsprozesse frühester und früher Beziehungserfahrungen und vermögen daher oft in einmaliger Weise die unbewusste Welt der »inneren Objekte« zu entschlüsseln. Die Kleinianische Objektbeziehungstheorie schärft die Wahrnehmung für die archaische Phantasiewelt des Kleinkindes. Wie kaum ein anderer psychoanalytischer Ansatz sensibilisiert sie für die Gefahr archaischer Destruktivität, von Hass und Neid, falls ein paranoid-schizoides Denken und Erleben beim Einzelnen, in Gruppen, Institutionen oder Gesellschaften im Unbewussten eine Dominanz gewinnt und entsprechend ausagiert wird.

Die Objektbeziehungstheorien der »unabhängigen Britischen Schule« eignen sich auch heute noch, die Frühentwicklung von Selbst und Identität konzeptuell präzise zu fassen und deren Verankerung in frühen, unbewussten Beziehungserfahrungen zu reflektieren.

Die systematische Integration von verschiedensten theoretischen Strömungen in der Objektbeziehungstheorie von Otto Kernberg erklärt in besonders plausibler Weise die Introjektion guterhaltender und containender Objekte, als Voraussetzung für eine sukzessive Integration der Spitzenaffekte und ein Überwinden früher Spaltungsprozesse.

Selbstpsychologische Autoren haben eindringlich auf die Bedeutung der narzisstischen Selbstwertregulation und ihre Relevanz für die Prävention von Gewalt und Destruktion hingewiesen. Ihre Konzeption der Selbstobjekte vermag besonders gut hervorzuheben, wie wichtig es für die Frühentwicklung ist, dass sich Primärobjekte für die narzisstischen Phantasien des Kindes empathisch zur Verfügung stellen, um durch adäquate, gutdosierte Frustrationen eine unbewusste psychische Integration der archaischen Phantasien eines grandiosen Selbst und einer omnipotenten Elternimago in reifere narzisstische Selbstregulationen sukzessiv zu integrieren.

Schließlich haben die *empirische Säuglings-, Bindungs-, Mentalisierungs-* und in spezifischer Weise auch die *Genderforschung* die kunstvollen Dialoge zwischen Mutter (Vater) und Kind der direkten Beobachtung erschlossen und die frühen Stadien der Selbst- und Identitätsentwicklung genau beschrieben. Die Bedeutung »innerer Arbeitsmodelle« für die Entwicklung relativ stabiler Bindungsmuster im ersten Lebensjahr wurde durch eine Vielzahl origineller empirischer Studien belegt. Analoges gilt für die faszinierenden neueren Ansätze zur Entwicklung der Mentalisierung. Wie die begeisterte Aufnahme dieses Konzeptes zeigt, finden sich viele Anwendungen in der Frühpädagogik, der Entwicklungspsychologie und anderer an die Psychoanalyse angrenzenden Wissenschaften. Dabei kann allerdings bei dieser euphorischen, jedoch zuweilen simplifizierenden Rezeption die Gefahr entstehen, dass durch eine uniforme, ausschließliche Einstellung des »Kaleidoskops« auf die Mentalisierungstheorie etwas vom Reichtum der Erkenntnisse der pluralen Psychoanalyse verloren geht, wie z. B. das Wissen um die Irrationalität und Grenzenlosigkeit sexueller und destruktiver Impulse und Phantasien bei extrem regressiven Prozessen besonders in Gruppen und Massen. Auf diese Gefahr weisen viele französische Psychoanalytiker hin, die sich der Freud'schen Tradition besonders eng verbunden fühlen und sich in ihrer klinischen Arbeit eher von Literatur und Kunst als von empirischer oder interdisziplinärer Forschung anregen lassen (vgl. dazu ins. 5.1 und 5.8 in diesem Band).

Nur am Rande erwähnt werden konnte die Genderforschung, die geschlechtsspezifische Phantasien und Konflikte – basierend auf frühen Beziehungserfahrungen und damit verbundenen Identifikationsprozessen – in Blick genommen hat, ein wichtiger Wahrnehmungsfokus in dem zusammengefassten Fallmaterial von Frau X.

Bohleber (2011) nimmt den empirischen und interdisziplinären Erkenntnisstand zum Unbewussten auf und integriert ihn mit der aktuellen psychoanalytischen Wissensbasis. Seine Unterscheidung zwischen dem »dynamischen Unbewussten«, dem »nicht-verdrängten Unbewussten« und dem »kreativen Unbewussten« öffnet neue Perspektiven in modernen Konzeptualisierungen des Unbewussten sowie behandlungstechnischen Diskursen (vgl. dazu auch Bohleber, 2013).

Diese fragmentarische Zusammenfassung mag erläutern, warum wir einen spielerischen Umgang mit unterschiedlichen theoretischen Perspektiven für das Verständnis unbewusster Phantasien und Konflikte in komplexen klinischen Situationen (oder früher Entwicklungsprozesse) als fruchtbar erachten. Sie schärfen in je spezifischer Weise für jeweils andere »Gestalten«, bzw. Strukturen in komplexen Informationen und regen daher in unterschiedlicher Weise zum Nachdenken über präventive Möglichkeiten oder frühe Interventionen an. Als Veranschaulichung diente hierfür das Fallbeispiel der Psychoanalyse mit Frau X.

Zugleich ist der Forderung von Hanly (2008) zuzustimmen, wenn er fordert, die pluralen Modelle differenziert miteinander in Beziehung zu setzen, um sowohl deren Divergenzen als auch Konvergenzen kritisch zu diskutieren. Geschieht dies nicht, kann es zu wissenschaftlichen Fragmentierungs- und Isolationsprozessen kommen, zu einem Eindruck, dass wir in der Vielfalt heutiger Theorieansätze der Psychoanalyse »vor lauter Bäumen den Wald nicht mehr sehen«.

Daher ist es wichtig festzustellen, dass sich die eben skizzierten pluralen Ansätze zum Verständnis des Unbewussten trotz aller Unterschiede in einem Punkt einig sind: alle betonen die Bedeutung der klinisch-psychoanalytischen »Feldforschung« in den intensiven psychoanalytischen Behandlungen mit unterschiedlichen Patientengruppen. Im analytischen Dialog mit dem Patienten werden neue Erkenntnisse gewonnen und mit Hilfe von verschiedenen theoretischen Konzepten zu verstehen versucht. Der zirkuläre, spiralförmige Erkenntnisprozess führt zu einer ständigen Erweiterung des klinischen und konzeptuellen Wissens in der Psychoanalyse.

Eine weitere Übereinstimmung betrifft die hohe Relevanz früher Beziehungserfahrungen für die Entwicklung einer basalen Affekt- und Impulsregulation, von (geschlechtsspezifischem) Selbst und Identität, Beziehungsfähigkeit, kreativer kognitiver und affektiver Problemlösungsprozesse und psychosomatischer, psychosozialer und psychischer

Gesundheit. Ebenfalls einig sind sich führende Psychoanalytiker, dass ein Reichtum konzeptueller und theoretischer Arbeiten zum Unbewussten zwar bereits vorliegt, sich die Psychoanalyse aber, wie alle Wissenschaften, in einem ständigen Prozess der kritischen Hinterfragung eigener Modelle, klinischer Beobachtungen und darauf basierender Weiterentwicklungen ihrer Theorien befindet. Diese Weiterentwicklungen werden durch den Dialog innerhalb der psychoanalytischen Communities sowie durch den Blick über den disziplinären Zaun stimuliert (vgl. dazu den Band »Psychoanalyse und Neurowissenschaften« in dieser Reihe).

So ist es ein Anliegen vieler heutiger Psychoanalytiker, dass ihre Modelle nicht im Widerspruch zu neuen Erkenntnissen benachbarter wissenschaftlicher Disziplinen stehen sollten. Carlo Strenger (1991) spricht von der »externalen Kohärenz« (▶ Kap. 1.4). Zudem erhält es bereits etablierte Modelle lebendig, wenn sich deren Anhänger kontinuierlich um deren Weiterentwicklung oder sogar um die Integration verschiedener (pluraler) Modelle bemühen. Dazu im Folgenden (▶ Kap. 3) lediglich ein Beispiel solcher Weiterentwicklungen psychoanalytischer Modelle des Unbewussten, der Dialog mit der experimentellen Schlaf-Traum-Forschung. Auf ein weiteres Beispiel, dem Dialog zwischen Psychoanalyse und Embodied Cognitive Science, können wir in diesem Rahmen nur hinweisen (vgl. Leuzinger-Bohleber, Emde & Pfeifer, 2013).

Literatur zur vertiefenden Lektüre

Bohleber, W. (2013): Der psychoanalytische Begriff des Unbewussten und seine Entwicklung. Psyche – Z Psychoanal, 67, 807–816.

Fonagy, P., Gergeley, G., Jurist, E. L., Target, M. (2002): Affektregulierung, Mentalisierung und die Entwicklung des Selbst. Stuttgart: Klett-Cotta, 2004.

Fonagy, P., Target, M. (2003): Psychoanalyse und die Psychopathologie der Entwicklung. Stuttgart: Klett-Cotta, 2006.

Mertens, W. (2010–12): Psychoanalytische Schulen im Gespräch. Band 1–3. Bern: Huber.

Weiß, H. (2013): Unbewusste Phantasien als strukturierende Prinzipien und Organisatoren des psychischen Lebens. Psyche – Z Psychoanal, 67, 807–816.

3 Zu theoretischen Weiterentwicklungen bzw. Neuintegrationen (puraler) Modelle zum Unbewussten in der heutigen Psychoanalyse am Beispiel der experimentellen Schlaf-Traum-Forschung

Marianne Leuzinger-Bohleber

Lernziele

- Anhand ausführlicher klinischer Beispiele nachvollziehen können, wie eine innovative Weiterentwicklung und konzeptuelle Klärungen unbewusster Prozesse möglich sind
- Mittels der Ergebnisse der experimentellen Traumforschung erfahren können, wie zum Beispiel eine Integration des triebtheoretischen in das objektbeziehungstheoretische Verständnis möglich wird, ohne dass hierbei die triebtheoretische Perspektive als »überholt« oder »unwissenschaftlich« zurückgewiesen werden muss
- Kennenlernen, wie Erinnerungen an unbewusste Traumatisierungen im psychoanalytischen Prozess erfolgen und inwieweit hierbei auch neurowissenschaftliche Erkenntnisse hilfreich sein können

In ihrem neuropsychoanalytischen Traummodell haben Lissa Weinstein und Steven Ellman (2012) die Freud'sche Triebtheorie und moderne psychoanalytische Objektbeziehungstheorien integriert und in origineller Weise die Verbindung zu frühen Entwicklungsprozessen hergestellt. Im Folgenden werden einige Überlegungen angestellt, wie diese Autoren ein trieb- und objektbeziehungstheoretisches Verständnis des Unbewussten zusammendenken.

Weinsteins und Ellmans Traummodell basiert auf ihrer jahrzehntelangen experimentellen Arbeit im Schlaflabor (Ellman, 1992, Ellman & Weinstein, 1991), vielen neurowissenschaftlichen und entwicklungspsychologischen Studien zu Schlaf und Traum sowie ihren fundierten Erfahrungen als vollausgebildete Psychoanalytiker.

Sie definieren Freuds Triebtheorie auf neue Weise, indem sie Triebe als regelmäßige Stimulationen des Organismus verstehen, die eng mit der Aktivität des Gehirns ganz allgemein sowie während des REM-Schlafs verbunden sind:

> »In Anlehnung an Freud vermuteten wir, dass es mindestens ein neurophysiologisches System gibt, durch das Säuger endogen stimuliert werden […]. Freud verstand den Traum als eine Art Sicherheitsventil: diese Sichtweise veranlasste uns, den REM-Schlaf im Rahmen der modernen Psychobiologie als eine Art Regulator dessen zu betrachten, was Freud als *Trieb* oder, auf der kognitiven Ebene, als *unbewusste Phantasie* bezeichnete. Freuds Konzeption sah auch vor, dass sich zumindest in regelmäßigen Abständen eine endogene Stimulation aufbaut. Diese drängt das Individuum zur Aktivität mit dem Ziel, die Stimulation zu reduzieren. Er definierte die Lust als eine Minderung der Stimulation.« (Weinstein & Ellmann, 2012, S. 864, Hervorhebung MLB).

Zudem verstehen die Autoren den REM-Schlaf als Teil des basalen Ruhe-Aktivitäts-Zyklus. In vielen Experimenten konnten die Autoren zeigen, dass dieselben Mechanismen, die während des REM-Schlafs im Gehirn feuern, auch im Wachzustand regelmäßig aktiviert werden (Ellman & Weinstein, 1991). Sie untersuchten dies u. a. anhand positiver Belohnungssysteme bei verschiedenen Tierarten. Tiere lernen verschiedene Aufgaben zu bewältigen, um in Genuss von positiven Stimulationen zu gelangen:

> »Wenn sich das Tier aktiv um diese Stimulation bemüht, bezeichnet man das Verhalten als intrakranielle Selbststimulation (ICSS). Die entsprechenden anatomischen Strukturen sind gewöhnlich im Bereich des Mittelhorns lokalisiert, die für die Kontrolle von Verhaltensweisen wie Essen, Trinken, sexuelle Aktivität und Aggressivität zuständig sind – allesamt Regionen, die für das Überleben eines Tieres unverzichtbar sind.« (Weinstein & Ellmann, 2012, S. 865)

Die Forscher konnten nun in verschiedenen Experimenten die enge Verbindung zwischen dem REM-Schlaf und dem ICSS erhärten: Wenn der REM-Schlaf verhindert wurde, trat vermehrt selbststimulierendes Verhalten auf, wenn intrakranielle Selbststimulation verunmöglicht wurde, führte dies zu einer Erhöhung des REM-Schlafs. Durch das Feuern des ICSS-Systems werden also neuronale Schaltkreise aktiviert, die das Essen, die Sexualität und die Aggression (analog zum Freud'schen Triebwunsch im Zusammenhang mit dem latenten Traumgedanken im Traum) aktivieren.

> »Bei Menschen werden durch die Aktivierung von ICSS-Leitungsbahnen außerdem auch häufig Gedächtnissysteme getriggert und konfliktbesetzte

3 Zu theoretischen Weiterentwicklungen bzw. Neuintegrationen

Erinnerungen geweckt. Typischerweise enthält die im REM-Schlaf auftretende neuronale Aktivität Material über Themen, die für das Individuum zum betreffenden Zeitpunkt von besonders großer Bedeutung und/oder bedrohlich sind. […] Die Literatur über die emotionsregulierende Funktion des REM-Schlafs legt nahe, dass der Traum unter optimalen Bedingungen einen Weg zur Konfliktlösung aufzeigt. […] In diesem Fall wird der Traum vergessen. Am anderen Ende des Kontinuums stehen die traumatischen Träume, die mit Verletzungen oder Tod enden, weil der Träumer sich keine schmerzfreie Lösung vorstellen kann. Traumatische Träume sind Träume, die sich häufig wiederholen und eine Lebensgefährdung zur Darstellung bringen, die der Träumer weder zu vermeiden noch zu bewältigen können glaubt.« (S. 871).

Welche Relevanz haben nun diese Theorien für das klinische Verständnis von Träumen als »via regia zum Unbewussten«? Ein erster Punkt ist, dass die intrakranielle Selbststimulation nur dann als positives Belohnungssystem erlebt wird, wenn sie selbst aktiv herbeigeführt werden kann, d. h. sie scheint stark mit einer basalen Erfahrung von Autonomie und Selbstwirksamkeit verbunden zu sein. Bekanntlich gehört es zum Hauptmerkmal von traumatischen Erfahrungen, dass eine basale Erfahrung der Selbstwirksamkeit und der Autonomie zusammenbricht. Das Ich wird in einen Zustand völliger Hilflosigkeit versetzt und von negativen Affekten, Ohnmachtsgefühlen und Verzweiflung sowie extrem negativen Körperempfindungen überflutet.

Genau dies charakterisiert Albträume[8], wie die entsprechenden Träume von Frau X. (z. B. der Traum vom Sarg) exemplarisch zeigen. Die Träumerin ist in einer existentiellen Gefahrensituation gefangen, wird von Panik und Angst überflutet: Sie hat jede Möglichkeit verloren, sich selbst daraus zu befreien (vgl. dazu auch Bohleber, 2012, Vanheule & Hauser, 2008, Varvin. Jovic, Rosenbaum, Fischmann & Hau, 2012).

Bekanntlich ist eines der Hauptsymptome von chronisch Depressiven, dass sie sowohl durch einen gestörten REM-Schlaf auffallen als auch die Fähigkeit zur intrakraniellen Selbststimulation im Sinne eines positiven Belohnungssystems verloren haben. Meine Vermutung ist,

---

8 »Albträume repräsentieren demnach ein Scheitern der adaptiven Regulationsfunktion der Träume, die nach Auffassung der Autoren mit er Auslöschung angefüllter Erinnerungen zusammenhängt (Levin, Fireman & Nielsen, 2010)«(11)

dass dies eng mit den erlittenen Traumatisierungen in Zusammenhang steht, die so auffallend häufig die Lebensgeschichten dieser Patienten prägen und daher besonders in den Anfangsträumen von Frau X. und vieler anderer Patienten der LAC-Studie, enthalten sind.

Eine zweite Bedeutung ergibt sich aus den lebensgeschichtlichen Postulaten von Weinstein und Ellman. Sie betonen die Bedeutung der Primärobjekte, die im Sinne der Bindungsforschung eine zentrale Rolle bei der Beunruhigung oder Verstörung spielen, die einen Traum begleiten (Weinstein & Ellmann, 2012, S. 873).»In diesem Licht betrachtet, sind an einem Albtraum sowohl erhöhte Angst als auch ein Versagen des Objekts beteiligt, diese Angst zu regulieren.« (S. 873) An diesem Beispiel wird deutlich, in welcher Weise die Autoren triebtheoretische mit objektbeziehungspsychologischen Aspekten des Traums verbinden. Sowohl die endogenen, wiederkehrenden Stimulationen als auch Erfahrungen und Erinnerungen an frühe und aktuell relevante Objektbeziehungserfahrungen prägen den Traum (vgl. dazu a. Herbert et al., 2010). Diese Verbindung kennzeichnet auch ihre originellen entwicklungspsychologischen Analysen, in denen sie neurobiologisches Wissen mit Befunden aus der empirischen Säuglings- und Bindungsforschung in Beziehung setzen (vgl. u. a. Nordthoff, 2009).

Säuglinge werden, je nach Temperament, mit unterschiedlichen Schlaf-Wach-Rhythmen geboren (vgl. dazu Greenberg et al., 1990). So zeigte Ellmans Forschergruppe auf, welche Folgen eine adäquate bzw. inadäquate Interpretation des individuellen Schlaf- Wachrhythmus sowie des Temperaments des Babys durch seine primären Objekte hat. Ein temperamentvolles Baby steht in Gefahr einer Überstimulation (bis hin zu der Unfähigkeit zu schlafen) und wird durch ein überstimulierendes Primärobjekt in einen unerträglichen psychophysiologischen Zustand versetzt. Es braucht ein einfühlendes Primärobjekt, das versteht, Überstimulationen zu vermeiden. Im Gegensatz dazu erfordern Babys mit einem eher »trägen Temperament« eine adäquate Stimulation, um einen lustvollen inneren Zustand zu erleben, der zu einer genügend guten Aktivierung in den Wachperioden führt, die einen anschließenden Schlaf im Sinne einer Erholung erst ermöglichen. Ellman (2010) diskutierte ausführlich die nachhaltigen Folgen von Fehlinterpretationen des idiosynkratischen, weitgehend genetisch bestimmten Verhaltens des Babys durch seine Primärobjekte. Eine »genügend gute« Interpretation der idiosynkratischen neurobiologischen (Schlaf/Wach-)

Rhythmen durch ein einfühlsames Primärobjekt wird dem Säugling ermöglichen, sich zu einem »Winnicott'schen Baby« zu entwickeln (vgl. dazu a. Weinstein & Ellman, 2012). Eine häufige Missinterpretation der individuellen Rhythmen und Bedürfnisse durch das Primärobjekt führt zu einem Scheitern der frühen Affektregulation. Das Baby ist extremen Stresserfahrungen und negativen Affekten wie Schmerz, Wut, Verzweiflung und Ohnmacht ausgesetzt. Es wird sich zu einem »Kleinianischen Baby« entwickeln, erfüllt von archaisch destruktiven Phantasien und Impulsen dem Primärobjekt und dem auftauchenden Selbst gegenüber. In eindrucksvoller Weise waren solche Prozesse in vivo in Videoaufnahmen von Interaktionen schwer traumatisierter Mütter mit ihren Kindern in einer Studie von Schechter (2012) zu beobachten: Eine Mutter im Teenage-Alter ließ ihr Baby – scheinbar aus unerfindlichen Gründen – in einem Zimmer vor laufender Videokamera allein. Der etwa 11 Monate alte Junge reagierte mit völliger Panik und Verzweiflung, suchte nach der Mutter, schlug heftig an die Türe und verletzte sich dabei selbst – unfähig, seinen Affektsturm selbst zu beruhigen. Wie sich aus anschließenden Interviews mit seiner Mutter eruieren ließ, erinnerte sie das schreiende eigene Kind unbewusst an persönliche traumatische Gefühle der Hilflosigkeit und Ohnmacht, sodass sie das Baby nicht beruhigen konnte, sondern sich ihm entzog. Dieses Beispiel mag nicht nur als exemplarisch für eine transgenerative Weitergabe von Traumatisierungen gelten, sondern auch für eine unzulängliche Affektregulation durch das Primärobjekt. Besonders die Regulation von sog. »Spitzenaffekten« (▶ **Kap. 2.2**) ist bekanntlich für die frühe Selbstentwicklung entscheidend (vgl. Leuzinger-Bohleber, 2010, im Druck).

Empirisch und klinisch gut untersucht ist, wie oben erwähnt, das frühe Interaktionsverhalten von depressiven Müttern mit ihren Babys (vgl. u. a. Stern, 1992, Beebe & Lachmann, 2002, Feldmann, 2012, Mayes, 2012). Durch ihre Depression sind Einfühlung und emotionale Resonanz auf die individuellen Bedürfnisse des Säuglings stark eingeschränkt oder brechen sogar weitgehend zusammen. Daniel Stern hat eindrucksvoll beschrieben, dass Säuglingen depressiver Mütter u. a. keine andere Wahl bleibt, als sich mit den Affekten ihrer »toten Mutter« zu identifizieren, um überhaupt Nähe zu ihrem Primärobjekt herzustellen. Eine der vier von ihm beschriebenen möglichen langfristigen Copingstrategien, die die werdende Persönlichkeit des Kindes stark prägen, ist das Ausbilden eines »falschen Selbst«.

Frau X. hatte deutliche Züge eines »falschen Selbst« entwickelt. Daher zentriert sich der Fallbericht u. a. auf die behandlungstechnische Frage, wie ich das »wahre Selbst« der Analysandin, bezogen auf ihren Kinderwunsch – anhand ihrer Träume – in der analytischen Arbeit erreichen konnte. Die Gefahr, dass sie sich – unbewusst – analog zu der frühen überlebensnotwendigen Anpassung an ihre depressive Mutter meinen Wünschen und Auffassungen unterwerfen könnte, bildete eine der großen Herausforderungen dieser Psychoanalyse. Daher erwies sich die Arbeit mit Träumen, als einer seelischen Aktivität der schlafenden Analysandin – und daher sich nicht in direkter Interaktion mit der Analytikerin befindend –, als wichtige Stütze bei dieser Suche nach dem »wahren Selbst«. Während in einem der ersten Träume eine junge Frau in einer psychiatrischen Klinik ihr Baby »packt und aus dem Fenster wirft« und anschließend auf ihre Mutter gewalttätig wird, träumt sie im letzten der aufgeführten Träume direkt, dass sie ein Kind geboren hat, das ihr gefällt. Sie wirft es dennoch in den Papierkorb und überlegt sich nachher – ganz allein und autonom –, ob sie das Kind wieder herausholen (also akzeptieren) soll oder nicht. Es liegt nur an ihr, dies zu entscheiden! Im Traum ist aber nochmals das basale Autonomieproblem dargestellt, das sie mit ihrer Weiblichkeit und besonders mit einer potentiellen Mutterschaft verbindet.

Die beschriebenen Träume der Analysandin X. mögen den Integrationsversuch einer trieb- und objektbeziehungstheoretischen Konzeptualisierung des Unbewussten nochmals veranschaulichen. Einerseits ist vor allem in den Albträumen die enorme Impulsivität von Frau X. erkennbar sowie ihre Angst vor Kontrollverlust: die Träumerin schmeißt das Baby in einer unsteuerbaren Affekthandlung aus dem Fenster und kann ihre mörderischen Impulse ihrer Mutter gegenüber nicht kontrollieren. Dies sind Traumbilder, die nach Weinstein und Ellman als Manifestationen der Triebdynamik der Träumerin verstanden werden können. Gleichzeitig ist andererseits eine objektbeziehungstheoretische Dimension in den Traumhandlungen offensichtlich: die unkontrollierbare Wut wendet sich gegen die Mutter und das Baby, vermutlich auch ein Teil des Selbst der Träumerin. Die Mutter im Traum ist passiv, hilflos – sie kann weder den Tod des Babys verhindern noch die Wut und Verzweiflung der jungen Frau (Tochter) halten und »containen«, ein Grund, warum sich der Tötungswunsch auf diese ohnmächtige, hilflose (depressive) Mutter richtet.

Weinstein und Ellman (2012) und Ellman (2010) nutzen auf diese Weise Ergebnisse aus der experimentellen Schlafforschung sowie von Tierexperimenten, um die »klassisch Freudianische« Triebtheorie mit neuem Inhalt zu füllen, neu zu konzeptualisieren und mit objektbeziehungstheoretischen Sichtweisen auf unbewusste Phantasien und Konflikte zu verbinden. Sie plädieren daher nicht für ein Entweder-oder (Triebtheorie oder Objektbeziehungstheorie), sondern für eine innovative theoretische Integration beider Erklärungsmodelle des Unbewussten.

Literatur zur vertiefenden Lektüre

Leuzinger-Bohleber, M., Henningsen, P., Pfeifer, R. (2008): Die psychoanalytische Konzeptforschung zum Trauma und die Gedächtnisforschung der Embodied Cognitive Science. In: Leuzinger-Bohleber, M., Roth, G., Buchheim, A. (Hrsg.), Psychoanalyse – Neurobiologie – Trauma. Stuttgart: Schattauer, 157–171.

Leuzinger-Bohleber, M., Roth, G., Buchheim, A. (Hg.) (2008): Psychoanalyse – Neurobiologie – Trauma. Stuttgart: Schattauer.

Weinstein, L., Ellman, S J. (2012): Die Bedeutung der endogenen Stimulation für das Träumen und für die Entwicklung: Ein Versuch der Integration und Neuformulierung. Psyche – Z Psychoanal, 66, 862–888.

Teil II – Konzeptualisierungen des Unbewussten in der Weiterentwicklung der Theorien Freuds: Vertiefende Überlegungen

4 Die Rezeption des Unbewussten in den Sozial- und Geisteswissenschaften: phänomenologische, hermeneutische und sprachtheoretische Ansätze

Heinz Weiß

Lernziele

- Einen Überblick darüber bekommen, wie der Diskurs über unbewusste Prozesse in der zweiten Hälfte des 20. Jahrhunderts immer stärker von dem Achten auf äußere Beziehungen und innere Objektbeziehungen bestimmt wurde
- Kennenlernen, wie die Auffassungen Freuds und die seiner Nachfolger von maßgeblichen Philosophen aufgenommen und beantwortet wurden
- Sich verdeutlichen, warum vor allem der klinische Zugang für die Zurkenntnisnahme der neueren, in diesem Band dargestellten Entwicklungen für das Verständnis unbewusster Beziehungsprozesse bedeutsam sind

Nach dem Sturz des ptolemäischen Weltbildes durch Kopernikus und der Abstammungslehre Darwins glaubte Freud der Menschheit mit der Entdeckung des dynamisch Unbewussten eine dritte große Kränkung zugefügt zu haben. Seine Erforschung dieses dunklen Kontinents erwies sich als folgenreich nicht nur für das Verständnis komplexer psychischer Erkrankungen und der frühkindlichen Entwicklung. Sie entfaltete ihre Wirkungen auch in den Geisteswissenschaften und hat deren Entwicklung im 20. Jahrhundert nachhaltig beeinflusst. Philosophie, Literatur und Sozialwissenschaften begannen das klassische Verständnis des Subjekts zugunsten einer Auffassung der menschlichen Subjektivität zu erweitern, die das Ich nicht mehr uneingeschränkt als »Herr […] in seinem eigenen Haus« (Freud 1917a, S. 11) sieht. Anstelle des sich selbst transparenten Ego, wie es im Anschluss an R. Descartes noch I. Kant und J.-G. Fichte als transzendentale Bedingung jeder möglichen Selbsterkenntnis formuliert hatten, zeigte sich dieses Ich nun umspielt von Triebregungen, Gefühlen und Phantasien, zu denen das reflexive Selbstbewusstsein nur einen eingeschränkten Zugang hat.

Zugleich erwies sich menschliche Subjektivität von Anfang an als bezogen auf einen Anderen, durch den und über den sie sich überhaupt erst als Selbst zu begreifen vermag. Mit dieser doppelten Dezentrierung des Subjekts – sowohl im Hinblick auf seine unbewussten Wünsche als auch in seinem Bezug auf einen »hilfreichen Anderen« (Freud, 1895) – rückten Vorgänge der Symbolisierung und der unbewussten Kommunikation in den Vordergrund. Die Theorie des Unbewussten konnte nun nicht länger als »Ein-Personen-Psychologie« – d. h. solipsistisch – formuliert werden. Vielmehr erwiesen sich die unbewussten Prozesse von Anfang an als eingebettet in komplexe innere und äußere Objektbeziehungen. Die Untersuchung dieser Objektbeziehungen sowie der in ihnen wirksam werdenden Prozesse bildete den Ausgangspunkt für die wichtigsten Weiterentwicklungen der psychoanalytischen Theorie des Unbewussten im 20. Jahrhundert (s. Einleitung). Im Teil II dieses Bandes soll darauf im Zusammenhang mit den verschiedenen Erweiterungen und Neuformulierungen des psychoanalytischen Modells der menschlichen Psyche noch näher eingegangen werden.

Ausgehend von seiner Beschreibung des Unbewussten als »das eigentlich real Psychische, uns nach seiner inneren Natur so unbekannt wie das Reale der Außenwelt durch die Angaben unserer Sinnesorgane« (Freud, 1900a, S. 617), hatte Freud in seiner ersten Topik zwischen einer deskriptiven, einer dynamischen und einer systematischen Bedeutung des Begriffs »unbewusst« unterschieden. Während das dynamisch Unbewusste für das lebensgeschichtlich Verdrängte stand, bezeichnete das »System Ubw« die Eigenschaften der unbewussten Seelenvorgänge, das Vorherrschen von Verschiebungs- und Verdichtungsprozessen, ihre Widerspruchs- und Zeitlosigkeit sowie die Ersetzung der äußeren Realität durch die psychische (Freud, 1915e, S. 286).

Die Unterscheidung von Bewusstsein, Vorbewusstem und Unbewusstem wird in der zweiten Topik (Freud, 1923b; ▶ Kap. 2.2.1) durch die Herausarbeitung der drei Instanzen des »Ich«, »Über-Ich« und »Es« erweitert, mit der wichtigen Ergänzung jedoch, dass ein Teil des Ich unbewusst bleibt. Das Ich wurde nun explizit als Ausgangspunkt von Abwehroperationen beschrieben – eine Sichtweise, die insbesondere seine Tochter Anna Freud (1936) übernahm und die von der psychoanalytischen

Ichpsychologie (E. Kris, H. Hartmann, R. Loewenstein) weiterentwickelt und vertieft wurde. Das Ziel der psychoanalytischen Behandlung wurde dabei in der reflexiven Aneignung zuvor unbewusster Trieb-/Abwehrkonflikte gesehen. »Wo Es war«, so hatte Freud (1933a, S. 86) programmatisch formuliert, soll »Ich werden.« Diese Sichtweise bedeutete natürlich eine Herausforderung für die klassische Philosophie, die sich in der ersten Hälfte des 20. Jahrhunderts in den phänomenologischen (E. Husserl), existential-ontologischen (M. Heidegger, J.-P. Sartre), sprachanalytischen (F. de Saussure, L. Wittgenstein) und hermeneutischen Ansätzen (W. Dilthey, H.-G. Gadamer) neu formiert hatte. Durch sie konnten einige Aporien der traditionellen Bewusstseinsphilosophie überwunden und die Frage nach der menschlichen Subjektivität neu gestellt werden.

Freuds psychoanalytische Erkenntnisse wirkten in die weitere Ausformulierung dieser Ansätze hinein, so wie umgekehrt auch die Psychoanalyse von den Entwicklungen in den Geisteswissenschaften beeinflusst wurde. Die Werke namhafter Psychoanalytiker, wie z. B. W.R. Bion und R. Money-Kyrle in Großbritannien, D. Rapaport und H. Loewald in den USA, J. Lacan und A. Green in Frankreich oder W. Loch und A. Lorenzer in Deutschland, sind Beispiele hierfür.

Im Folgenden sollen einige dieser Berührungspunkte zwischen Psychoanalyse und Philosophie beispielhaft skizziert werden.

Während sich die am Intentionalitätsbegriff – d. h. der unmittelbaren Bezogenheit des Bewusstseins auf seinen Gegenstand – orientierte Phänomenologie E. Husserls mit einer hinter das Bewusstsein führenden Theorie zunächst schwer tat – das Frühwerk J.-P. Sartres (Sartre, 1943) ist ein Beispiel hierfür –, wurden die psychoanalytischen Erkenntnisse etwa in M. Merleau-Pontys (1964) leibnaher Bestimmung menschlicher Subjektivität oder in E. Lévinas (1979) Verortung der Alterität als »Begehren« zunehmend in die phänomenologischen Analysen integriert. Eine wichtige vermittelnde Rolle nimmt dabei das Werk P. Ricoeurs ein, der den Intentionalitätsbegriff erweiterte und mit einer Hermeneutik der Symbole verband. Während das Objekt in der Phänomenologie als »Führer« des Bewusstseins fungiert, wird es in der Theorie des Unbewussten zum Ziel des Triebes. Ricoeurs Werk »Die Interpretation« (Ricoeur, 1965) trägt den Untertitel »Ein Versuch über Freud«. Er versucht darin, die in Freuds Metapsychologie vorherrschende, quasi-physikalische »Rede der Kraft« als eine metaphorische Rede zu verstehen und sie mit einer »Exegese des Sinns« zu verbinden, wie sie für das Erinnern, Wiederholen und Durcharbeiten in der klinischen Situation charakteristisch ist. Die Psychoanalyse lasse sich weder auf die eine noch die andere Redeweise reduzieren, sondern nehme als »gemischte Rede« eine besondere Erkenntnisposition ein, die sie sowohl vom naturwissenschaftlichen Erklärungsmodell als auch vom rein geisteswissenschaftlichen Verstehensbegriff unterscheide (▶ Kap. 1.5).

Ricoeurs vermittelnde Position stellt ihrerseits eine Antwort auf die französische Psychoanalyserezeption dar, die eng mit der strukturalen Linguistik (F. de Saussure, R. Jacobson) sowie der Hegel-Rezeption A. Kojèves verbunden ist. Sie hatte in den Strukturalismus der »Pariser Schule« (M. Foucault, C. Lèvi-Strauss, J. Lacan) Eingang gefunden und wirkt im »Poststrukturalismus« eines J. Derrida, in der Auseinandersetzung mit der Literaturtheorie (R. Barthes), der Untersuchung der sexuellen Differenz (J. Kristeva, L. Irigaray) sowie in der soziologischen Forschung (L. Althusser, J. Baudrillard, A. Ehrenberg) bis heute fort. Wir werden darauf am Beispiel der strukturalistischen Psychoanalysedeutung J. Lacans noch näher eingehen.

Während die angelsächsische Tradition Motive aus der analytischen Sprachphilosophie (L. Wittgenstein, G. Ryle), der Wissenschaftstheorie (K. Popper) und Semiotik (Ch. S. Pierce) aufnahm, ist die philosophische Debatte im deutschsprachigen Raum durch die bereits erwähnte phänomenologisch-existentialhermeneutische Tradition (E. Husserl, M. Heidegger, H.-G. Gadamer) geprägt. Eine andere Rezeptionslinie wird durch den sozialkritischen Kontext der »Frankfurter Schule« (M. Horkheimer, E. Fromm, H. Marcuse, Th. W. Adorno, J. Habermas) gebildet. Beide Entwicklungen führt A. Schöpf (1982) in seinem Überblick zur Wirkungsgeschichte Freuds in der Philosophie des 20. Jahrhunderts zusammen (vgl. a. den Band in dieser Reihe »Philosophische Grundlagen der Psychoanalyse«). Auch in dieser Diskussion nimmt die Zwischenstellung der Psychoanalyse zwischen Natur- und Geisteswissenschaften eine wichtige Rolle ein.

So hält einerseits die behaviouristische Kritik B.F. Skinners strikt am naturwissenschaftlichen Erklärungsmodell fest und mahnt die Weiterentwicklung der psychoanalytischen Begriffe zu einer kausal überprüfbaren Verhaltensanalyse an. Für L. Wittgenstein und G. Ryle hingegen ist Freuds Rede vom Unbewussten vor allem unter sprachanalytischen Gesichtspunkten interessant (vgl. MacIntyre, 1968). Besonders in Wittgensteins Theorie der »Sprachspiele« (Wittgenstein, 1953) wird

4 Rezeption des Unbewussten in Sozial- und Geisteswissenschaften

dabei eine Nähe zu Freuds Methode der »freien Assoziation« spürbar. Sie wurde von verschiedenen Analytikern (W. Loch, A. Lorenzer, R. Schafer) aufgegriffen und für das Verständnis neurotischer Symptome fruchtbar gemacht. Neuere Konzepte, wie die Theorie des »Narrativs«, führen diese Ansätze mit soziolinguistischen Modellen und philosophischen Positionen der sog. »Postmoderne« zusammen.

Diesen Weiterentwicklungen stehen in der zweiten Hälfte des 20. Jahrhunderts kritische Rezeptionen gegenüber, die sich überwiegend am kritischen Rationalismus K.R. Poppers und dem Kriterium der empirischen Falsifizierbarkeit kausaler Aussagen (A. Grünbaum) orientieren.

Demgegenüber wurde Freuds Theorie des Unbewussten im deutschsprachigen Raum zunächst gerade wegen ihres quasi-naturwissenschaftlichen Anspruchs kritisiert. Beispiele hierfür finden sich sowohl in der hermeneutisch-existentialphilosophischen Tradition als auch in der kritischen Sozialphilosophie der »Frankfurter Schule«.

Innerhalb der ersten Traditionslinie werden Husserls Phänomenologie und Heideggers Fundamentalontologie vor allem für die »Daseinsanalyse« (L. Binswanger, M. Boss) sowie für anthropologische Ansätze bedeutsam (V. v. Weizsäcker, E. Straus, D. Wyss). Diese übernehmen zwar das biographisch-tiefenhermeneutische Verstehensmodell der Psychoanalyse, lehnen aber – mit unterschiedlicher Argumentation und Stoßrichtung (M. Scheler, K. Jaspers) – den erklärenden Anspruch der Metapsychologie ab. Unter Bezugnahme auf J. Lacan und die aus der Spätphilosophie Heideggers hervorgehende Gesprächshermeneutik H.-G. Gadamers (1960) versuchte H. Lang (1973; 2000) diesen Gegensatz zugunsten einer struktural-hermeneutischen Auffassung des Unbewussten zu überwinden.

Demgegenüber steht in der Tradition der »Frankfurter Schule« das Verhältnis von Psychoanalyse und kritischer Gesellschaftstheorie im Vordergrund. Sie hatte in A. Mitscherlich einen bedeutenden Vertreter gefunden, dessen Argumente in der Debatte um verdrängte Schuld und abgewehrte Trauerprozesse in Nachkriegsdeutschland auch über die fachwissenschaftliche Diskussion hinaus eine wichtige Rolle spielten. Für die Sozialphilosophie J. Habermas' ist die Psychoanalyse vor allem als Beispiel einer methodisch Selbstreflexion in Anspruch nehmenden und daher emanzipativen Wissenschaft relevant. Als »Tiefenhermeneutik« ermögliche sie kommunikative Verständigung und gehe insofern über die klassische, philologische Hermeneutik hinaus, als sie sich nicht nur für den Sinn eines möglicherweise entstellten Textes, sondern für den Sinn der Textentstellung selber interessiere. Dennoch attestiert Habermas (1968) der psychoanalytischen Metapsychologie ein »szientistisches Selbstmissverständnis«, insofern Freud mit ihr eine neue Humanwissenschaft begründet, in ihr aber stets eine Naturwissenschaft gesehen habe. Unter Bezugnahme auf Wittgensteins These von der Unmöglichkeit einer Privatsprache versuchte A. Lorenzer (1970) neurotische Symptome als aus der gemeinsamen Sprachpraxis herausgefallene, »exkommunizierte« Interaktionsfolgen zu verstehen. Die von ihm avisierte Metatheorie überschreitet die klassische Auffassung des Unbewussten in Richtung auf eine die Dialektik zwischen Individuum und Gesellschaft berücksichtigende, historisch-materialistische Gesellschaftstheorie. Im »szenischen Verstehen« zwischen Analytiker und Patient können seiner Auffassung zufolge desymbolisierte Beziehungsstrukturen rekonstruiert und damit der kommunikativen Erfahrung wieder zugänglich werden.

Die hier skizzierten Beziehungen zwischen Geisteswissenschaften, Sozialwissenschaften und Freuds Theorie des Unbewussten spiegeln nur Ausschnitte einer umfassenden Debatte wieder.

Zusammenfassend kann gesagt werden, dass die Psychoanalyse die Entwicklung von Philosophie und Geisteswissenschaften im 20. Jahrhundert wie vielleicht keine zweite Theorie nachhaltig beeinflusste. Zentrale Begriffe, wie etwa der des »Unbewussten«, der »Verdrängung« oder der »Abwehr«, sind heute bereits so sehr zum Allgemeingut geworden, dass ihre Herkunft aus der Psychoanalyse fast schon vergessen scheint. Die psychoanalytischen Erkenntnisse bereicherten die sich im 20. Jahrhundert von verschiedenen Seiten her entfaltenden Theorien der Symbolbildung und des menschlichen Geistes (vgl. Langer, 1942, Chomsky, 1968, Cavell, 2006) und sind aus dem interdisziplinären Diskurs nicht mehr wegzudenken.

Literatur, Film, Geschichtswissenschaften und Soziologie sind ohne den Einfluss der Psychoanalyse zu Beginn des 21. Jahrhundert kaum vorstellbar. Ausgehend von der psychoanalytischen Erfahrung hat R. Wollheim (1999) eine philosophische Theorie der Emotionen formuliert. Für das Verständnis der großen gesellschaftlichen Herausforderungen und Umbrüche (vgl. Freud, 1921c) hat sich die Kenntnis unbewusster Abwehrprozesse, wie etwa der Spaltung, der Verleugnung, der Idealisierung und der projektiven Identifizierung, als unverzichtbar erwiesen.

4 Rezeption des Unbewussten in Sozial- und Geisteswissenschaften

Die traumatischen Folgewirkungen des Holocaust, die Herausforderungen durch neue Medien und Technologien, die Aufgaben, die sich in Zusammenhang mit Migrationsprozessen, soziodemographischen Veränderungen und interkulturellen Konflikten stellen (vgl. Bohleber, 2010), könnten ohne die psychoanalytischen Erkenntnisse zur Funktion unbewusster Abwehr- und Verarbeitungsprozesse nicht umfassend beschrieben und verstanden werden.

Zugleich haben aber auch die Entwicklungen in den Natur- (▶ Kap. 1) und Geisteswissenschaften die psychoanalytische Auffassung des Unbewussten erweitert und modifiziert. Im Gegensatz zur quasi-physikalischen Theoriesprache der freudschen Metapsychologie stehen heute Konzepte der unbewussten Phantasie, der Symbolisierung, der Kommunikation und unbewusster intersubjektiver Prozesse (vgl. Brown, 2011) im Vordergrund. Sie haben sich auf die klinischen Konzepte der Psychoanalyse ausgewirkt, so wie umgekehrt neue klinische Erfahrungen die Konzeptualisierung des Unbewussten wesentlich beeinflusst haben und auch weiterhin beeinflussen.

Anstelle einer Universaltheorie ist eine Integration verschiedener theoretischer Modelle getreten, deren gemeinsamen Ausgangspunkt das Wechselspiel von Übertragung und Gegenübertragung in der psychoanalytischen Behandlungssituation bildet (s. Einleitung). Die Kontroverse um den wissenschaftstheoretischen Status der Psychoanalyse ist damit zwar weiterhin nicht entschieden. Sie hat sich aber fruchtbar auf die Methodendiskussion und die Integration von Forschungsergebnissen aus den Nachbarwissenschaften ausgewirkt (▶ Teil 1, besonders ▶ Kap. 1.5).

Für die Entwicklung der psychoanalytischen Theorie im engeren Sinn sind jedoch vor allem die klinischen Erfahrungen bedeutsam. Sie hatten schon Freuds Theorieentwicklung wesentlich geprägt und standen auch bei den Weiterentwicklungen durch seine Nachfolger im Vordergrund. Denn alle Sinneffekte, die die Analyse dem Unbewussten zuschreibt, sind letztlich nur insofern bedeutsam, als sie für einen Anderen »signifikant« sind. Im Folgenden werden deshalb vor allem solche Weiterentwicklungen vorgestellt, die die Theorie des Unbewussten vor dem Hintergrund klinischer Erfahrungen neu zu formulieren und zu erweitern versuchten. Zu Beginn soll aber ein Ansatz stehen, der unter dem Programm einer »Rückkehr zu Freud« eine radikale sprachtheoretische Reformulierung von Freuds Theorie des Unbewussten unternimmt.

Literatur zur vertiefenden Lektüre

Brown, L.J. (2011): Intersubjective processes and the unconscious: An integration of Freudian, Kleinian and Bionian perspectives. London/New York: Routledge.
Cavell, M. (2006): Becoming a subject: Reflections in philosophy and psychoanalysis. Oxford: Oxford University Press.
Lang, H. (2000): Strukturale Psychoanalyse. Frankfurt a. M.: Suhrkamp.
Schöpf. A. (2014): Philosophische Grundlagen der Psychoanalyse. Eine wissenschaftshistorische und wissenschaftstheoretische Analyse. Stuttgart: Kohlhammer.

5 Vertiefende Konzeptualisierungen des Unbewussten

Heinz Weiß

Lernziele

- Nachvollziehen können, warum Jacques Lacan die folgenden Auffassungen vertrat: »Das Unbewusste ist wie eine Sprache gebaut« und »Das Unbewusste ist die Rede des Anderen«
- Mit den Argumenten vertraut werden, welche klinischen Herausforderungen dazu geführt haben, dass neue Auffassungen über die Erscheinung und Funktionsweise unbewusster Prozesse entstanden sind
- Inwiefern fordern Patienten mit narzisstischen, psychosomatischen, perversen und psychosenahen Störungen auch unbewusste Vorgänge im Analytiker viel stärker heraus als Patienten mit neurotischen Symptomen?
- Einen Überblick über verschiedene Konzepte von Melanie Klein wie »primitive Verfolgungsängste«, »Ausstoßung«, »projektive Identifizierung«, »paranoid-schizoide« und »depressive Position« gewinnen
- Einige Konzepte von Hanna Segal, wie »symbolische Gleichsetzung«, »omnipotente Phantasie« kennenlernen und deren Bedeutung für die therapeutische Kommunikation nachvollziehen
- Winnicotts entwicklungspsychologische Konzepte der »Übergangsphänomene« und des »intermediären Raums« auf den psychoanalytischen Behandlungsprozess übertragen können
- Die große Bedeutung von Bion für die Psychoanalyse der zweiten Hälfte des 20. Jahrhunderts einschätzen können
- Einen Überblick über einige Weiterentwicklungen von Bions Theorie gewinnen
- Mit André Green und Wolfgang Loch zwei bedeutsame Brückenbauer zwischen Freuds Auffassung unbewusster Prozesse und der britischen Objektbeziehungstheorie kennenlernen

5.1 »Das Unbewusste ist wie eine Sprache gebaut« – Jacques Lacans Versuch einer Rückkehr zu Freud

In Abhebung von der rein reflexiven Bestimmung des Denkens hatten bereits die Begründer der modernen Hermeneutik die unauflösliche Verbindung des Denkens mit der Sprache betont. J.G. Herders Programm, »statt die Vernunft zu transzendieren, nach ihren Ursprüngen in der Sprache zu fragen« (zit. n. v. Bormann, Kuhlen & Oeing-Hanhoff, 1972, S. 92), wurde von den sprachphilosophischen Ansätzen des 20. Jahrhunderts weitergeführt, wenn es etwa bei F. de Saussure, dem Begründer der strukturalen Linguistik, heißt: »Das Denken für sich alleine genommen ist wie eine Nebelwolke [...]. Und nichts ist bestimmt, ehe die Sprache in Erscheinung tritt.« (1916, S. 155).

An Saussures Unterscheidung zwischen Zeichen (Signifikant) und Bezeichnetem (Signifikat) anknüpfend unternahm J. Lacan den Versuch, Freuds Auffassung des Unbewussten sprachtheoretisch neu zu begründen. Im Traum, im neurotischen Symptom und in der Übertragung erkennt er die Wirkungen einer sprachanalogen, symbolischen Ordnung (*ordre symbolique*), die in ihrer Virtualität weitgehend unbewusst bleibt. Mit seinen Formulierungen »Das Unbewusste ist wie eine Sprache gebaut« und »Das Unbewusste ist die Rede des Anderen« bemüht er sich um die Klärung der Beziehungen zwischen dem »Sein« (*l'être*), dem »Buchstaben« (*la lettre*) und dem »Anderen« (*l'autre*) im Rahmen einer Theorie der unbewussten Intersubjektivität.

Zur Begründung verweist Lacan auf die Hilflosigkeit am Anfang des menschlichen Lebens. Diese führe dazu, dass sich die Bedeutung der Bedürfnisse erst allmählich durch die Beziehung zu einem Anderen differenziert. Es ist dieser Andere, der der Bedürftigkeit des Säuglings die Bedeutung einer Not verleiht. Einer Not, die er aufnimmt, beantwortet, interpretiert, weil er über die Möglichkeit der Sprache verfügt und somit in eine Ordnung eingebunden ist, welche vor jeder Bewusstwerdung die Geschichte seiner eigenen Wünsche und seiner eigenen Erfahrungen strukturiert. Damit erweist sich der menschliche Wunsch für Lacan (1960, S. 179) von Anfang an als »de-naturiert«: Er ist einer anderen Ordnung zugehörig als der biologischen, weil er mit dem Eintritt in das Universum der Sprache zugleich den Prozess der Subjektwerdung in Gang setzt.

Indem sich das menschliche Bedürfnis als »Anspruch« (*demande*) an den Anderen wendet, stößt es auf dessen »Rede«, wird von ihr eingeholt, aufgenommen und gleichsam rückwirkend als Bedeutung strukturiert. Damit hat die Bedürftigkeit aber ihre biologischen Ursprünge verlassen und ist in die Sprachordnung eingetreten. Erst von hier aus, d. h. als sprechendes Wesen, gewinnt das Subjekt einen Zugang zum Anderen, zu sich selbst und zu seiner Geschichtlichkeit – allerdings auch um den Preis einer Entfremdung von seiner ursprünglichen Befindlichkeit. Denn was es »ist«, verschiebt sich fortan in die symbolische Konstitution durch seine Sprachlichkeit.

Entscheidend für Lacans Theorie ist die dabei Vorstellung, dass diesen Bezug zum Symbol zunächst ein Anderer repräsentiert. Ein Anderer, von dem der Säugling bald mehr erwartet als lediglich reale Befriedigung, sondern Antwort auf seinen Appell in Gestalt einer Gabe. Es ist dieses »Bedürfnis, geliebt zu werden«, von dem Freud (1926d, S. 186) sagt, »dass es den Menschen nicht mehr verlassen wird.« Damit verwandelt sich die ursprüngliche biologische Bedürftigkeit in eine Vielfalt emotionaler Beziehungen, die als solche allerdings auch einen imaginären Zug in sich tragen, und zwar insofern sie sich als unbedingter Anspruch an den Anderen wenden, als Anspruch auf seine Anwesenheit und Abwesenheit, auf seine Zuwendung und Nähe. Damit wird im Bereich des Anspruchs die Illusion einer idealen Einheit sichtbar, die jenen Mangel wieder überdecken soll, den die Artikulation des Wunsches aufgerissen hat. Nach Lacan stellt der Andere deshalb nicht allein den Ort der Rede als den Ort der unbekannten Bedeutung, sondern auch die Matrix für alle identifikatorischen Prozesse beim Menschen dar.

In seinem frühen Aufsatz über das »Spiegelstadium« (1949) zeigt er, dass sich diese Identifikation wesentlich imaginär vollzieht: Im Bild des Körpers, nimmt der Säugling zum ersten Mal das Bild seiner eigenen phantasmatischen Einheit wahr. Phantasmatisch deshalb, weil dieses Bild eine Autonomie und Geschlossenheit suggeriert, welche realiter noch gar nicht existiert. Diese Spiegelung wird auf das Bild des Anderen projiziert und damit zur Grundlage aller imaginären, identifikatorischen Beziehungen. Sie bestimmt nach Lacan aber auch die Spiegelungen, die das Subjekt von sich selbst entwirft, d. h. sein gesamtes Denken und Phantasieren.

Damit wird das Spiegelstadium zum ursprünglichen »Abenteuer, in dem der Mensch zum ersten Mal die Erfahrung macht, dass er sich sieht, sich reflektiert und sich anders begreift als er ist – die wesentliche

Dimension des Menschlichen, die sein ganzes Phantasieleben strukturiert.« (Lacan, 1949, S. 105). Da diese Spiegelung aber auf einen Anderen angewiesen ist, an den sich das Subjekt mit seinem Liebesanspruch wendet, strukturiert das Spiegelstadium ebenso das Feld der intersubjektiven Beziehungen. Der Spiegel wird hier zum Gleichnis, in dem sich die Suche nach Identität und Bestätigung durch den Anderen vollzieht. Eine Suche, die ebenso notwendig wie ohne Abschluss bleibt und die sich schließlich im Bild des Ich fixiert.

Nach Lacan ist das reflexive Ich (moi) wesentlich das Produkt einer solchen imaginären Repräsentation. Und alle Erkenntnis, die von ihm ausgeht, bleibt letztlich trügerisch, insofern sie bloße Selbst-Erkenntnis ist, d.h. insofern sie der Illusion des Eins-sein-Wollens mit sich selbst als einem anderen unterliegt. Lebensgeschichtlich wird diese Form der Identitätsbildung vor allem durch die frühe Mutter-Kind-Beziehung repräsentiert. Sie verbliebe jedoch in einem Zirkel von Abhängigkeit, Faszination und Rivalität, wäre da nicht ein drittes Element, das die Loslösung aus der Unbedingtheit des Liebesanspruchs ermöglicht. Dieses dritte Element ist nach Lacan durch die Ordnung des Symbols bzw. den »symbolischen Vater« gegeben. Er bewirkt, dass das Subjekt den Anderen nicht mehr allein als Spiegelung seines eigenen Selbst, sondern als Bedeutung (und damit als Verweis auf etwas anderes, was nicht es selbst ist) konstituiert. So bildet die symbolische Ordnung die Fuge, die Reales und Imaginäres zueinander in Beziehung setzt. Und so kommt mit Hilfe des Symbols eine Dimension ins Spiel, welche die Differenz zwischen innerer Welt und äußerer Realität überhaupt erst erschließt.

Mit dem Bild des Borromäischen Knotens hat Lacan (1972–73, S. 133) versucht, dieses Ineinandergreifen von Realem, Symbolischem und Imaginärem zu verdeutlichen (▶ **Abb. 5.1**).

Im Borromäischen Knoten sind drei Fadenringe so miteinander verknüpft, dass beim Durchschneiden eines einzigen Ringes auch die beiden anderen frei werden. Damit möchte Lacan die gegenseitige Verflechtung der drei »Register« des »Realen«, des »Imaginären« und des »Symbolischen« veranschaulichen: So wie die Unterscheidung von innerer Welt und äußerer Realität erst durch die symbolische Ordnung der Sprache zustande kommt, so ist diese Ordnung ihrerseits auf den imaginären Raum der Phantasie angewiesen, welcher den Abstand zwischen der Welt der Dinge und der Welt der Zeichen überbrückt. Eben so wenig wie das Symbolische gäbe es jedoch ein Imaginäres, wäre da

5 Vertiefende Konzeptualisierungen des Unbewussten

R: Reales
I: Imaginäres
S: Symbolisches

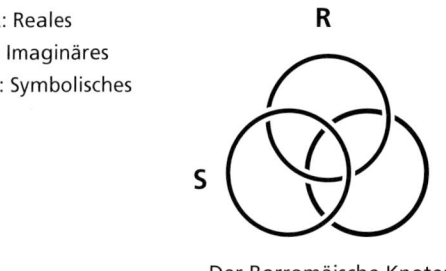

Der Borromäische Knoten

Abb. 5.1: Die Verkettung von Realem, Symbolischem und Imaginärem im Bild des Borromäischen Knoten (nach Widmer, 1990, S. 145)

nicht etwas, das einfach »da« ist, auch wenn wir es in seiner konkreten Fülle niemals begreifen können.

Mithilfe der Beziehungen zwischen Realem, Symbolischem und Imaginärem versucht Lacan, den Unterschied zwischen neurotischen und psychotischen Störungen zu analysieren: Während sich bei der Neurose der Bezug zwischen Realem und Phantasie zum Imaginären hin verschoben findet, nimmt er für die Psychose eine fundamentale Störung in der Beziehung zur symbolischen Ordnung an, die er mit dem Vorgang der »Verwerfung« (*forclusion*) in Verbindung bringt (Lacan, 1955–56, 1957–58). Aus dieser Verwerfung resultiert die überwältigende Konkretheit der psychotischen Erfahrung, für die es – wie z. B. im Wahn – keinen Unterschied mehr zwischen dem Realem und dem Imaginärem gibt.

Wie bereits erwähnt, gründet sich die symbolische Ordnung bei Lacan auf eine Instanz, die er mit einem Dritten jenseits des Imaginären und des Realen in Verbindung bringt. Verwandelt sich das biologische Bedürfnis (*besoin*) mit seiner Artikulation in den Anspruch (*demande*) auf Liebe, so erweist sich der imaginäre Anspruch nun seinerseits gebrochen durch das, was Lacan das »Begehren des Anderen« (*désir de l'autre*) nennt. Denn das Subjekt trifft in seinem Anspruch nicht nur auf ein imaginäres Objekt (*objet petit a*), in dem es sich spiegelt, sondern auf ein seinerseits begehrendes Subjekt, das er den »großen Anderen« (*grand Autre*) nennt.

Die Figur dieses Dritten wird bei Lacan durch den symbolischen Vater als Träger des Namens (*nom du père*) und der sprachlichen Ordnung repräsentiert. Er ist es, der die duale Verklammerung zwischen Mutter und Kind unterbricht und die imaginäre Intersubjektivität des Spiegelstadiums in eine Dialektik der Anerkennung überführt. Hier wird die Bedeutung der dialektischen Philosophie Hegels für Lacans Denken besonders sichtbar. Denn aus dem Wunsch nach Geliebtwerden geht nun eine Dialektik der Anerkennung hervor, die, insofern sie auf Sprache und Verständigung angewiesen ist, niemals zu einem Abschluss kommt. In ihr kann es weder eine definitive Befriedigung noch eine vollständige Erfüllung des Liebesanspruchs, wohl aber eine Anerkennung der eigenen Begierde durch das Begehren eines Anderen geben.

Es ist diese Anerkennung des Begehrens, eingebettet in die Funktion des Sprechens und der Sprache, um die es nach Lacan in der psychoanalytischen Behandlung geht. Sie versucht, die Beziehung zwischen Analytiker und Analysand in ihrer realen, imaginären und symbolischen Dimension zu erfassen (Weiß, 1988). Hinter den narzisstischen Verführungswirkungen des Sprechens gilt es dabei, jene Dimension des »wahren Sprechens« (*parole vraie*) freizulegen, in der sich das Begehren des Subjekts artikuliert.

Lacans Auffassung des Freudschen Unbewussten hat sich nicht nur auf die Entwicklung der französischen Psychoanalyse, wie etwa in der Kinderanalyse F. Doltos (1971), in J. Laplanches (1988) »allgemeiner Verführungstheorie« oder in A. Greens (1975) Arbeiten über die Funktion des »Negativen«, ausgewirkt. Sie hat auch auf Philosophie und Literaturwissenschaften eine beträchtliche Faszination ausgeübt. Auch wenn Lacans Fokussierung auf die Wirkung sprachanaloger Signifikanten und die strukturierende Wirkung des Ödipuskomplexes von manchen Autoren als einseitig kritisiert wurde, ist sein Beitrag zum Verständnis von Symbolisierungsprozessen aus der gegenwärtigen psychoanalytischen Diskussion nicht mehr wegzudenken. In kritischer Abhebung zu ichpsychologischen Ansätzen und bestimmten Auffassungen der Objektbeziehungstheorie haben Lacans Auffassungen auch das Verständnis des psychoanalytischen Behandlungsprozesses beeinflusst. Sie widersetzen sich einer rein »technischen« Bestimmung der Begriffe »Deutung«, »Übertragung« und »Widerstand«. Statt einer Verfestigung in imaginären Identifikationen das Wort zu reden, fordert Lacan (1953) eine Rückbesinnung auf die evokative Funktion des Sprechens. Dieses soll im Sinne eines »es spricht...« das unbewusste Subjekt des Begehrens – jenseits allen vermeintlichen Wissens – zur Sprache bringen.

5.2 Klinische Herausforderungen als Ausgangspunkt für theoretische Weiterentwicklungen

Wurde Lacans Rückbesinnung auf die Funktion des Signifikanten wesentlich durch eine Re-Interpretation des Werkes von Freud inspiriert, so wurden andere Entwicklungen durch neue klinische Herausforderungen geprägt. Dies gilt einerseits für die Kinderanalyse, die von den Zentren Wien, Berlin und London ausgehend eine bis heute anhaltende, bedeutsame Entwicklung nahm, andererseits für die Arbeit an narzisstischen (vgl. Freud, 1914c), psychosomatischen und psychosenahen Störungen, die Freud noch für weitgehend unanalysierbar hielt. Hier wurden Analytiker mit primitiven, z. T. sehr konkreten Symptomen und »Phantasien« konfrontiert, die sich von Körpererfahrungen oder halluzinativen Erlebnissen oft kaum unterscheiden ließen. Oft gingen diese Erfahrungen mit einem starken psychischen Druck einher, so dass sie Handlungen nahezustehen schienen.

Diese Manifestationen des Unbewussten unterschieden sich von jenen symbolischen Äußerungen, wie sie in neurotischen Symptomen, Träumen oder Fehlleistungen zum Ausdruck kamen. Sie konnten nicht ohne weiteres als »Wiederkehr des Verdrängten« (vgl. Freud, 1915d) verstanden werden, sondern gingen aus anderen, primitiveren Abwehrmechanismen hervor, die Freud in seinem Spätwerk bereits beschrieben hatte.

So hatte Freud (1940e) beobachtet, dass es im Rahmen von Abwehrprozessen mitunter zu Vorgängen der »Ichspaltung« kam, bei denen sich das Ich nicht mehr wie eine einheitliche psychische Struktur verhielt, sondern sich in verschiedene Einstellungen und Funktionen zu »zerteilen« schien. Diese Phänomene unterschieden sich grundsätzlich von jenen der Verdrängung, bei denen die Einheit des Ich und sein Bezug zur Außenwelt gewahrt blieben. In der »Ichspaltung« konnten dagegen verschiedene Ichzustände nebeneinander her bestehen. Dadurch ließen sich unerträgliche innere Spannungen auf Kosten des Realitätsbezugs reduzieren. Dies ging häufig mit Störungen der Symbolisierungsfähigkeit einher, was sich in der Ermangelung eines inneren Raumes, in einer eingeschränkten Fähigkeit, Frustrationen zu ertragen sowie in konkretistischen Symbolbildungen und Handlungen, wie z. B. hypochondrischen Ängsten oder Selbstverletzungen, äußerte.

Freud hatte sich mit der Urteilsfunktion des Ich bereits in seiner Arbeit über die »Verneinung« (1925h) auseinandergesetzt. Zwei Jahre später hatte er in einer kurzen Studie über den »Fetischismus« (1927e) erstmals eine Symptombildung beschrieben, die auf einer solchen »Ichspaltung« beruhte. Er begann sich für den Unterschied zwischen Neurose und Psychose zu interessieren (Freud, 1924b, e) und kam zu dem Schluss, dass bei der Neurose ein Teil der inneren Realität verdrängt wird, während sich bei den psychotischen Erkrankungen die wichtigsten Veränderungen in der Beziehung des Ich zur Außenwelt abspielen. Damit hatte er wichtige Voraussetzungen für das Verständnis derjenigen Vorgänge geschaffen, die seine Nachfolger an narzisstischen und Borderline-Störungen nun im Einzelnen untersuchen konnten.

Bereits in der Analyse von Kindern hatte sich gezeigt, dass unbewusste Phantasien eine zentrale Rolle bei der Organisation der inneren Welt spielten (Hug-Hellmuth, 1913, A. Freud, 1927, Klein, 1932). In der Behandlung waren spielerische Handlungen an die Stelle der »freien Assoziationen« erwachsener Patienten getreten. Sie zeigten sich oft in unmittelbarer Beziehung zur Person des Therapeuten, der damit nicht nur zum Beobachter, sondern auch zum Phantasieobjekt und realen Gegenüber des Patienten wurde.

Der Begriff der »unbewussten Phantasie«, der aus diesen Erfahrungen entwickelt wurde (Isaacs, 1948), war zwar zunächst begrifflich weniger klar gefasst als Freuds (1915e) Unterscheidung zwischen einem deskriptiven, dynamischen und systematischen Unbewussten mit jeweils eigenen Gesetzmäßigkeiten und Organisationsprinzipien. Er ermöglichte es aber, unbewusste Prozesse direkter und körpernah mit emotionalen Erfahrungen und Beziehungsvorgängen in Verbindung zu bringen. Diese Phantasien erfüllen vielfältige Funktionen wie z. B. der Angstabwehr, der Symbolisierung, der Wiedergutmachung, des Beziehungsaufbaus oder der Verinnerlichung von Objektbeziehungen. Sie waren auf komplexe Weise organisiert und ermöglichten einen Einblick in den Aufbau der inneren Welt des Patienten (vgl. Weiß 2013).

Damit waren – über Freuds (1915c) Triebtheorie hinaus – die Objektbeziehungen, also die frühen Beziehungserfahrungen des Säuglings und Kleinkindes, in den Mittelpunkt der Aufmerksamkeit gerückt. W.R.D. Fairbairn hatte bereits in den 1940er-Jahren den primär objektsuchenden Charakter der Libido betont (Fairbairn, 1946). Sein Modell der »endopsychischen Struktur« (Fairbairn, 1944) beinhaltet die Vorstellung verschiedener Ichsegmente, welche mit bestimmten inneren Objekten (z. B. einem »libidinösen«, einem zurückweisenden oder »antilibidinösen« Objekt) in Beziehung stehen, welche die frühen Verinnerlichungsprozesse widerspiegeln (vgl. Fairbairn, 1952). Ähnlich wie nach ihm M. Klein (1946, s. u.) formulierte Fairbairn das Konzept einer »schizoiden Position«.

Andere Beiträge steuerten M. Balint (1968), D.W. Winnicott (1958, 1965, 1971) sowie ichpsychologische Autoren bei (Jacobson, 1964, Mahler, 1968, 1975, Mahler et al., 1975, Blanck & Blanck, 1986, Kernberg, 1981, 1983; 1988). Unter letzteren betonte H. Loewald (1978, 1986) die Fundierung des Trieblebens und die allmähliche Ausdifferenzierung psychischer Strukturen in den frühen Interaktionen von Mutter und Kind. Er grenzt sich damit – zugunsten der frühen Objektbeziehungen – von der überwiegend biologischen Begründung von Freuds Triebtheorie ab.

Viele der objektbeziehungstheoretischen Ansätze beschäftigten sich mit regressiven Ichzuständen (Balint, 1965, 1968, Guntrip, 1968) und primitiven Objektbeziehungen. In Abhebung zur solipsistischen Tendenz der klassischen Metapsychologie prägte M. Balint (1949) den Begriff einer »Zweipersonen-Psychologie«. Auf die Objektbeziehungstheorien M. Kleins und D.W. Winnicotts werden wir weiter unten noch näher eingehen.

Die Bedeutung, welche die Objektbeziehungstheorien für das Verständnis des Unbewussten gewannen, geht ganz wesentlich auf diese Erfahrungen der Kinderanalyse, der Säuglingsbeobachtung (E. Bick) sowie die Erkenntnisse zur frühkindlichen Entwicklung (M. Mahler, D. Stern, R. Spitz) zurück. Hinzu kamen, wie in Kap. 2.2.5. ausgeführt, empirische Forschungen, die vor dem Hintergrund der »Bindungstheorie« (J. Bowlby) Einblick in verschiedene Bindungsstile (M.D.S. Ainsworth) sowie in die Organisation reflexiver Prozesse vermittelten (Fonagy & Target, 1997, Fonagy, 2001; Fonagy et al., 2002).

Diese Befunde fanden eine Entsprechung in der Behandlung von Erwachsenen, die Merkmale psychosenaher (Rosenfeld, 1965) und »früher Störungen« aufwiesen. Damit sind Störungen des Selbstwert- und Identitätsgefühls, im Realitätsbezug sowie im Aufbau tragender Beziehungen gemeint. Häufig gelingt es diesen Patienten nicht, mit Enttäuschungen und widersprüchlichen Gefühlen fertig zu werden. Es fällt ihnen schwer, Versagungen zu ertragen und über ihre Gefühle nachzudenken. Stattdessen neigen sie dazu, unerträgliche Gedanken und Gefühle »auszustoßen« und in Handlungen umzusetzen. Aggressive Regungen können innerlich kaum gebunden werden. Die emotionalen Beziehungen sind gespalten und fragil, Größenphantasien wechseln mit Verfolgungsgefühlen und Zuständen von Minderwertigkeit ab, in denen sich die Patienten von Scham- und Schuldgefühlen überwältigt fühlen.

Dabei werden Angst- und Schuldgefühle oft als unmittelbare Bedrohung erlebt. Vor allem bei Borderline-Patienten können Nähe und Verlassenheit ausgeprägte agora-klaustrophobe Ängste hervorrufen (Rey, 1979, 1990). Dann wird das Angewiesensein auf andere wie ein unerträgliches Eingeschlossensein erlebt, aus dem sich der Patient sofort wieder zu befreien versucht. Umgekehrt lösen Trennungssituationen massive Verlassenheitsängste aus, weil der Patient befürchtet, mit dem Gegenüber auch Teile seines eigenen Selbst zu verlieren.

Wieder andere Patienten ziehen sich in einsame Welten zurück, die von Grandiosität, Hoffnungslosigkeit oder Selbstverachtung geprägt sein können. Auf diese Weise versuchen sie, sich der Erfahrung von Abhängigkeit zu entziehen, die Gefühle der Demütigung, Scham oder Neid hervorruft. Eine destruktive Reaktionsbereitschaft kann sich in Entwertungstendenzen, Beziehungsabbrüchen oder Selbstverletzungen äußern, wobei Wiedergutmachungsprozesse nur begrenzt zur Verfügung stehen.

Die klinische Arbeit an diesen Problemen stellte die Psychoanalyse vor neue behandlungstechnische Herausforderungen, die auch zu neuen theoretischen Konzeptualisierungen führten. O. Kernberg (1968, 1975, 1984, 2004) beschrieb pathologische Spaltungsprozesse als charakteristisch für schwere Persönlichkeitsstörungen und differenzierte auf Grundlage seiner Beobachtungen verschiedene Formen von narzisstischer- und Borderline-Pathologie.

Manche dieser Patienten zeigten in der Behandlung heftige und gegensätzliche Gefühlsreaktionen. Mit ihrem Alles-oder-Nichts-Denken setzten sie den Analytiker unter Druck, entwickelten intensive Zuneigung, um ihm dann wieder mit Argwohn oder Misstrauen zu begegnen. Andere erschienen dagegen »schwer erreichbar« (Joseph, 1975). Ihre Symptome ließen sich nicht durch die klassische Trias von »Erinnern, Wiederholen und Durcharbeiten« (Freud, 1914g) auflösen. Vielmehr zogen sie sich in lange Phasen des Stillstandes und der Stagnation zurück. Gerade dann, wenn sich therapeutische Veränderungen ankündigten, kam es nicht selten zu erneuten Verschlechterungen. Die Beharrlichkeit, mit der sie an ihren Symptomen festhielten, ging über das hinaus, was innerhalb der klassischen Konzepte von »Widerstand« und »Verdrängung« erklärbar schien.

Freud (1920g, 1937c) hatte diese Phänomene bereits als »Wiederholungszwang«, »Es-Widerstände« und »negative therapeutische Reaktion« charakterisiert. Als zusätzliche Erschwernis kam hinzu, dass der Analytiker hier nicht die klassische Position des »neutralen Beobachters« beibehalten konnte, sondern oft in die innere Welt des Patienten hineingezogen wurde.

Galt die Gegenübertragung lange Zeit als störendes und unerwünschtes Phänomen, welches die Funktionsweise des Analytikers beeinträchtigte, so musste sie nun in die Betrachtung der »Gesamtsituation« (Klein, 1952, Joseph, 1985) einbezogen werden. Eigentlich vollzog sich hier der gleiche Wandel, der bereits zu Beginn des 20. Jahrhunderts die Übertragung des Patienten vom »mächtigsten Widerstand« zum »wichtigste(n) Hilfsmittel« (Freud, 1905e, S. 281) der psychoanalytischen Behandlung werden ließ. Jedoch kam nun die Subjektivität des Analytikers ins Spiel, was zu anderen Arten der Verwicklung und zu neuen theoretischen Kontroversen führte.

Durch welche unbewussten Prozesse kamen diese Gegenübertragungsprozesse zustande? Wie konnten die Gefühle, die im Analytiker evoziert wurden, ihrerseits zum Ausgangspunkt der Erforschung der inneren Welt des Patienten werden? Wodurch war dessen verstehende und beobachtende Haltung überhaupt noch garantiert? Wie konnte er sich aus den entstehenden Verstrickungen wieder lösen? Und schließlich: Durch welche Interventionen ließen sich diese Patienten erreichen und wie konnten ihre Reaktionen auf Deutungen verstanden werden?

Diese klinischen Probleme standen gegen Ende des 20. Jahrhunderts im Mittelpunkt der behandlungstechnischen Diskussion – eine Debatte, die im beginnenden 21. Jahrhundert anhält und zu unterschiedlichen Antworten führte. Eine Auseinandersetzung, die aber auch der theoretischen Diskussion neue Impulse verlieh. Es entwickelten sich unterschiedliche Vorstellungen zur Funktion unbewusster Prozesse, sowohl die Kommunikation zwischen Analytiker und Analysand als auch den Aufbau von Abwehrorganisationen und die Entwicklung des Denkens betreffend. Wichtige Anregungen gingen dabei von der von Melanie Klein begründeten Schule aus. Sie hatte mit der Beschreibung der »paranoid-schizoiden« und »depressiven Position« (Klein, 1946) die Grundlagen für ein neues Modell psychischen Funktionierens gelegt, auf welches ihre Nachfolger zurückgreifen konnten. Es zentrierte sich im Wesentlichen auf ein vertieftes Verständnis der grundlegenden Vorgänge von Projektion und Introjektion, auf die Bedeutung von Trauer- und Schuldgefühlen für die psychische Entwicklung sowie auf die Rolle, die Spaltungs- und Integrationsprozesse beim Aufbau psychischer Strukturen spielten.

5.3 Melanie Kleins Modell des Psychischen: paranoid-schizoide und depressive Position als Organisationsformen unbewusster Phantasien

Melanie Kleins theoretische Überlegungen wurden durch die Arbeiten ihres Lehranalytikers K. Abraham zu frühen Stadien der Libidoentwicklung und Charakterbildung (Abraham, 1924, 1925) sowie durch ihre eigenen Erfahrungen in der Behandlung mit kleinen Kindern geprägt (vgl. Frank, 1999), wobei sie die analytische Technik, d.h. die Untersuchung der Übertragungssituation, soweit wie möglich beibehielt. In diesen Therapien wurde sie mit der z.T. archaischen Phantasiewelt ihrer kleinen Patientinnen und Patienten vertraut, in der die Beziehung zu »guten« und »schlechten« Objekten, Phantasien über den mütterlichen Körper und dessen Inhalt sowie über das Elternpaar eine zentrale Rolle spielten (Klein, 1930, 1932). Sie stieß auf Allmachtsvorstellungen und primitive Ängste, die zum Teil eine sehr verfolgende Qualität besaßen. Körperorgane wie Augen, Hände, Mund, Brust, Ausscheidungsvorgänge und Genitalien, schienen zunächst ein Eigenleben zu besitzen, bevor sich diese Teilobjekte zur Vorstellung von ganzen Personen zusammenfügten. Zugleich waren sie mit Affekten und Qualitäten ausgestattet, die der inneren Welt des Kindes entstammten.

Obwohl die Grenzen zwischen Innen und Außen zu Beginn des menschlichen Lebens fließend sind, bestehen nach Kleins Auffassung

Objektbeziehungen und unbewusste Phantasien von Anfang an. Anders als Freud beschrieb sie primitive Versionen der Ödipussituation und verlegte die Über-Ich-Bildung in sehr frühe Stadien der kindlichen Entwicklung. Dieses archaische Über-Ich geht nach ihrer Auffassung aus der Abspaltung und Projektion destruktiver Regungen hervor und hat vor allem die Aufgabe, solche Kräfte zu binden und zu neutralisieren, welche die Beziehung zu »guten« Objekten bedrohen, die für die Entwicklung lebensnotwendig sind. Dementsprechend wird das archaische Über-Ich als bedrohlich und bestrafend wahrgenommen.

Nach Klein hat die menschliche Seele von Anbeginn des Lebens mit liebevollen und destruktiven Regungen zu ringen. Letztere stellen für das frühe Selbst eine Bedrohung dar, weshalb sie abgespalten werden müssen. Dieser Vorgang der Spaltung betrifft sowohl das frühe Ich als auch die Objektbeziehungen, so dass »schlechte« Ichanteile zusammen mit »bösen« Objekten von »guten« Ichanteilen getrennt werden müssen, welche ihrerseits mit idealisierten, guten Objekten in Verbindung stehen. Diese frühen Spaltungsvorgänge sind nach Klein für das Überleben wichtig, stellen aber nur eine Übergangsphase dar, bevor Integrationsprozesse einsetzen und allmählich die Entwicklung realistischerer Beziehungen ermöglichen. Hierfür ist es erforderlich, die anfänglichen Spaltungen zu überwinden.

Immer wieder betonte Klein, wie wichtig es ist, dass dem Kind zur Überwindung seiner primitiven Verfolgungsängste und Schuldgefühle verständnisvolle Elternfiguren zur Verfügung stehen. Im »liebevollen Verstehen der Mutter« sieht sie die wichtigste Voraussetzung dafür, um primitive psychotische Ängste aufzunehmen – ein Vorgang, für den sie in ihrer englischen Originalveröffentlichung das Wort »*to contain*« (Klein, 1946, S. 20) verwendet. Für dieses »*Containment*«, wie es ihr Schüler W.R. Bion (1962a) später bezeichnen wird, ist – neben der Überwindung von Spaltungen – noch ein zweiter Vorgang von grundlegender Bedeutung: die Rücknahme von Projektionen, durch die Teile des Selbst verlorengegangen waren.

Kleins Verständnis früher projektiver Prozesse lässt sich mit dem Begriff »Ausstoßung« veranschaulichen. Er reicht über das hinaus, was Freud als Projektion beschrieben hatte. Denn es geht nicht nur darum, dass durch die Projektion eigener Wünsche und Bestrebungen das Bild des Gegenüber verzerrt wird. Nach Kleins Auffassung dringt die Projektion auch in das Objekt ein, wodurch Teile des Selbst verlorengehen und der innere Zustand des Objekts verändert wird. Solche Vorgänge können sich in der Phantasie abspielen, können sich aber auch auf reale Interaktionen auswirken. Kleins (1946) Begriff der »projektiven Identifizierung« (vgl. Frank & Weiß, 2007) erwies sich dabei als überaus bedeutsam für das Verständnis von Gegenübertragungsprozessen, worauf in Zusammenhang mit den Weiterentwicklungen der Behandlungstechnik noch eingegangen wird.

Zusammenfassend bleibt zunächst festzuhalten, dass sich das frühe Ich bei Klein aus einer Balance von projektiven und introjektiven Prozessen, von Spaltungs- und Integrationsbewegungen konstituiert. Dieses Ich bildet in dem von ihr vorgeschlagenen Modell keine einheitliche Struktur, sondern kann in Teile gespalten und in Objekte projiziert werden, um von dort aus zu einem späteren Zeitpunkt wieder zurückerlangt und zusammengefügt zu werden. Das, was Freud als »Unbewusstes« beschrieb, begegnet in diesen frühen Stadien der Ichbildung zunächst als »außerhalb« des eigenen Selbst, d.h. als abgespalten und projiziert. Erst durch wiederholte Zyklen von »Ausstoßung« und »Verinnerlichung« bildet sich allmählich eine integriertere Struktur, die auch zu einer differenzierteren Wahrnehmung sowohl des inneren Raumes als auch der äußeren Objekte führt. Diesen Übergang beschrieb Klein als Bewegung von der »paranoid-schizoiden« zur »depressiven Position«. Erst jetzt werden komplexe Symbolisierungsprozesse möglich, welche zur Unterscheidung bewusster und unbewusster Bedeutungen führen.

Die Bezeichnungen »paranoid-schizoide« bzw. »depressive Position« dürfen dabei keinesfalls mit den klinischen Bildern einer Paranoia, Schizophrenie oder Depression verwechselt werden. Vielmehr handelt es sich um universelle Organisationsformen unbewusster Phantasien, die den psychischen Zuständen gesunder wie auch kranker Individuen zugrunde liegen. Je nachdem, welche Abwehr- und Verarbeitungsprozesse überwiegen, können unterschiedliche Krankheitsbilder oder auch seelische Gesundheit resultieren. Während Klein die beiden »Positionen« zunächst als Phasen innerhalb der frühkindlichen Entwicklung begriff, sah sie in ihnen später zeitlich überdauernde Strukturen, welche im Verlauf des Lebens immer wieder durchlaufen werden. Letzteren Gesichtspunkt hob insbesondere Bion (1962a, 1963) hervor, der das Oszillieren zwischen paranoid-schizoider (PS) und depressiver Position (D) als Teil des normalen Entwicklungsprozesses begriff (PS↔D).

In der *paranoid-schizoiden Position* sind die Erfahrungen des Individuums zunächst auf eine sehr konkrete Weise organisiert. Aufgrund des Vorherrschens projektiver Prozesse sind Innen und Außen, Selbst- und Objektanteile noch nicht klar voneinander differenziert. Teilobjektbeziehungen überwiegen, ganze Objekte sind nur unzureichend konturiert. Zusammen mit Allmachtsgefühlen stehen Verfolgungs- und Fragmentierungsängste im Vordergrund, welche die Integrität des Selbst bedrohen. Da Erfahrungen von Mangel und Verlust nur unzureichend symbolisiert werden können, bleibt das Denken relativ konkretistisch und zeitlos. Die Abwesenheit guter Erfahrungen wird anfangs wie die (innere) Anwesenheit schlechter (verfolgender) Objekte erlebt und wenn dies unerträglich ist, werden diese sofort wieder projiziert. Projektive Identifizierung dient hier in erster Linie dazu, die Psyche von quälender Angst und Spannung zu entlasten. Da Integrationsprozesse noch nicht dauerhaft sind und rasch wieder zerfallen, überwiegt die Tendenz, belastende Gefühle so schnell wie möglich wieder loszuwerden.

Zustände von Idealisierung und Verfolgung wechseln einander in der paranoid-schizoiden Position in rascher Reihenfolge ab. Um Verwirrung und Fragmentierung zu entgehen, müssen idealisierte Selbst- und Objektanteile von schlechten, verfolgenden Anteilen getrennt gehalten werden. Spaltung, projektive Identifizierung und omnipotente Kontrolle charakterisieren deshalb die Objektbeziehungen innerhalb der paranoid-schizoiden Position. Ängste und Schuldgefühle besitzen hier oft eine verfolgende Qualität, so dass das Hauptinteresse auf die *Abwendung von Bedrohung und das Überleben des Selbst* gerichtet ist.

In der *depressiven Position* kommt es dagegen zu einer schrittweisen Integration: Das Individuum entdeckt, dass es das gleiche Objekt – z. B. die Mutter oder der Vater – ist, welches es befriedigt und frustriert, und dem es sowohl liebende wie auch hasserfüllte Regungen entgegenbringt. Die Rücknahme von Projektionen lässt ein stärkeres Gefühl von Getrenntheit entstehen, was mit Verlusterleben und intensiver Trauerarbeit einhergeht. Diese Veränderungen gehen aus einer wachsenden Fähigkeit zur Integration von Erfahrungen hervor und führen dazu, dass sich *das Hauptinteresse vom Überleben des Selbst auf die Sorge um das Objekt richtet*, auf das sich das Individuum angewiesen fühlt.

Mit der Anerkennung räumlicher Getrenntheit kommt es auch zu einer zeitlichen Integration, so dass gegenwärtige Erfahrungen mit Erinnerungen und zukunftsgerichteten Erwartungen verbunden werden (vgl. Weiß, 2009). Symbole können nun zur Bezeichnung von Abwesendem verwendet werden, wodurch ein Raum für die Generierung von Bedeutungen und zeichenvermittelte Kommunikation entsteht. Mit der Integration ambivalenter Regungen kommen zugleich Verlustängste und Schuldgefühle ins Spiel. Diese leiten Wiedergutmachungsbestrebungen (Klein, 1937) ein, die mit der Anerkennung des dem Objekt in der Phantasie zugefügten Schadens einhergehen. Auch diese Bewegung ist mit intensivem Konflikterleben verbunden und begleitet die einzelnen Stadien des Trauervorgangs (Klein, 1935, 1940; vgl. a. Steiner 1993, S. 60 ff.). Sie fördert die Bereitschaft zu vergeben und ermöglicht es umgekehrt, sich vorzustellen, dass einem auch selbst vergeben wird (Rey, 1986), wodurch Neidgefühle überwunden werden (Klein, 1957) und ein Gefühl von Dankbarkeit entsteht. Dadurch wird nicht nur die Beziehung zum Primärobjekt, sondern auch das Erleben der Ödipussituation modifiziert: Auch hier treten Spaltungsprozesse in den Hintergrund und das Kind gewinnt eine realistischere Sicht der elterlichen Paarbeziehung, von der es sich aufgrund seiner Kleinheit und Unreife ausgeschlossen fühlt.

Kleins Beschreibung der beiden Positionen lässt das, was wir heute als Borderline-Pathologie (vgl. Kernberg, 1967, 1975) bezeichnen, sehr viel besser verständlich werden. Der Hauptakzent verschiebt sich dabei von reiferen hin zu unreifen Abwehrformen, wie denjenigen der Spaltung und projektiven Identifizierung. Sie veranschaulichen die Konkretheit und beständige Unsicherheit der Welt, in der diese Patienten leben. Wurde das neurotische Symptom bei Freud als Symbol eines verdrängten unbewussten Konflikts konzipiert, so erschien dieses Unbewusste nun gewissermaßen nach außen verlagert, abgespalten und relativ schwach symbolisiert. Von dort aus muss es zuerst wieder »eingefangen« werden, um dem Erleben des Patienten zugänglich zu werden.

Zugleich erhielten die Liebes- und Hassgefühle innerhalb der Beziehung zum Analytiker ein größeres Gewicht. Klein (1952) legte Wert darauf, alles Material, das der Patient in die Behandlungsstunde einbrachte, im Zusammenhang mit der Übertragung zu betrachten und dabei auch die primitiven Ängste zu interpretieren. Auf diese Weise sollten jene Aspekte furchterregenden Regungen zugänglich werden, die sonst leicht abgespalten blieben. Erst von hier aus – so ihre Auffassung – können die liebenden Gefühle zusammen mit Wiedergutmachungsbestrebungen allmählich zu einer realistischeren Wahrnehmung des eigenen Selbst und des Gegenüber führen.

Die Betonung des Hier-und-Jetzt der therapeutischen Beziehung und der emotionalen Erfahrungen, die in ihr wirksam wurden, ermöglichten einen besseren Kontakt insbesondere mit »früh gestörten« Patienten. Tatsächlich begannen einige von Kleins wichtigsten Schülern (H. Rosenfeld, W.R. Bion, H. Segal) schon bald mit der Analyse von psychotischen und Borderline-Patienten. Aus diesen Erfahrungen gehen bis heute wichtige Erkenntnisse zur Organisation von Denkprozessen hervor. Dabei war es Hanna Segal (1964, 1981, 1991), die der Beziehung zwischen »depressiver Position« und Symbolbildung eingehende Untersuchungen widmete.

5.4 Unbewusstes, depressive Position und primitive Stadien der Symbolbildung: das Werk von Hanna Segal

Bei einem ihrer psychotischen Patienten war Segal (1957) aufgefallen, dass er die unbewusste Bedeutung einer Symptomhandlung nicht wie einen verdrängten Gedanken behandelte, sondern als *tatsächliche Realität* begriff. Dieser Patient konnte vor anderen nicht Geige spielen, da dies für ihn mit öffentlichem Masturbieren gleichbedeutend war. Anders als bei einem neurotischen Patienten war ihm dieser Zusammenhang durchaus »bewusst«. Er erlebte ihn nicht wie eine verdrängte Phantasie, sondern wie eine mehr oder weniger feststehende »Tatsache«, die für jedermann sichtbar war. Während die Geige im Falle eines neurotischen Symptoms das Genitale *repräsentiert* – so Segal –, wird sie im anderen Fall so behandelt, als *sei* sie es.

Segal (1950, 1957) leitete daraus den Begriff der »symbolischen Gleichsetzung« ab: Das Problem bestehe nicht so sehr darin, dass der Gedanke ins Unbewusste verdrängt worden war, sondern dass er mit einer Handlung gleichgesetzt worden war. Der Unterschied zwischen Symbol und Symbolisiertem war zusammengebrochen, es gab keinen inneren Raum mehr, in dem der Gedanke gedacht werden konnte, ohne mit der Realität identisch zu sein. Segal zog daraus den Schluss, dass dem Prozess der Symbolbildung eine triadische Struktur zugrunde liegt, nämlich die Beziehung zwischen dem Ich, der symbolisierten »Sache« und dem Symbol selbst, welches zwischen beiden eine Beziehung herstellt. Wo immer die Unterscheidung zwischen Ich und Objekt gefährdet ist, droht deshalb auch die Differenzierung zwischen dem Symbol und dem Symbolisierten zusammenzubrechen.

Solche mangelhaften Differenzierungen zwischen Selbst und Objekt sind aber für Zustände charakteristisch, in denen massive projektive Identifizierungen vorherrschen. Sie verwischen den Unterschied zwischen dem Gegenüber und dem eigenen Selbst. Das Symbol wird dann mehr oder weniger mit dem symbolisierten Objekt gleichgesetzt, bevor Übergänge zur depressiven Position allmählich die Wahrnehmung von Getrenntheit ermöglichen.

Dieser Übergang wird zunächst als Zusammenbruch der eigenen Allmacht, als Zerstörung und Verlust des unmittelbar präsenten Objekts erlebt. Er ist mit Trauer- und Schuldgefühlen verbunden, die mit Verunsicherung und Verzweiflung einhergehen. Erst durch das In-Gang-Kommen von Wiedergutmachungsprozessen kann das in der Phantasie beschädigte und verlorengegangene Objekt wiederhergestellt und durch ein inneres, symbolisches Objekt ersetzt werden, welches Anwesenheit in der Abwesenheit und Abwesenheit in der Anwesenheit vermittelt. Damit bindet Segal die Entstehung von symbolischen Beziehungen an die emotionalen Erfahrungen der depressiven Position, welche psychische Entwicklung ermöglichen, aber auch mit schmerzlichen Verlusterfahrungen einhergehen. Traum, Kreativität und Kunst (Segal, 1981, 1991) sind für sie eng mit Bewegungen, die einem vorübergehenden Eintauchen in die konkreten Repräsentationen der paranoid-schizoiden Position entsprechen, hin zur Bewältigung von Trauervorgängen verbunden.

Und noch eine zweite Parallele drängt sich auf: Die triadische Beziehung zwischen Ich, Symbol und Objekt findet eine Entsprechung in der triangulären ödipalen Situation, in der sich das Kind mit den Eltern zugleich als verbunden und getrennt erlebt. Die Erfahrungen der depressiven Position, die Anerkennung der ödipalen Situation und die Möglichkeit, Symbole zu verwenden, sind deshalb für Segal (1978, 1999) eng miteinander verknüpft.

Das heißt, dass dort, wo in der unbewussten Phantasie Angriffe auf das Elternpaar stattfinden und primitive Versionen der Ödipussituation vorherrschen, häufig auch Störungen der Symbolbildung anzutreffen sind. Dem Vater kommt hier die wichtige Funktion zu, der Flut gegenseitiger projektiver Identifizierungen zwischen Kind und Mutter Einhalt zu gebieten. Umgekehrt bedeutet die Anerkennung der Mutter als getrennter Person zugleich die Anerkennung des Vaters als ihres Partners, und nicht als eines Teil-Objekts, das mit ihr verschmolzen ist (Segal, 1991, S. 68). Wo immer primitive Symbolisierungsvorgänge vorherrschen, führt dies nach Segal auch zu Verzerrungen der ödipalen Situation, sei es dass Mutter und Vater als sehr gespalten erlebt werden oder dass das Kind die Beziehung zwischen den Eltern auf omnipotente Weise durch seine eigene Beziehung mit einem Elternteil oder zwischen Teilen seines Selbst ersetzt.

In der analytischen Situation kommt es zu analogen Verzerrungen der therapeutischen Kommunikation, so dass z. B. die Mitteilung von Träumen weniger dem Nachdenken über deren Bedeutung dient als vielmehr dem In-Szene-Setzen einer Beziehung entspricht.

Am Beispiel eines Patienten, Herrn M., schildert Segal, wie dieser sie immer wieder mit zahlreichen Träumen und Assoziationen überflutete. Als sie ihn darauf hinwies, dass er ihre Deutungen kaum aufnahm und stattdessen immer neue Einfälle lieferte, reagierte er überrascht und fragte, ob Freud seine Träume nicht auch so analysiert hätte. »Bald wurde offenbar«, so Segal, »dass er Freud war, der seine Träume vor mir als seinem staunenden und hypnotisierten Publikum analysierte.« Der Patient hatte also die trianguläre Beziehung zwischen seiner Analytikerin, dem Begründer der Psychoanalyse und sich selbst durch eine faszinierte Selbstbeschäftigung ersetzt.

In einem weiteren Traum erlebte er, wie er ein Serum gegen Tollwut in einen großen Fußball injizierte. Dabei war es für ihn wichtig, dass er mit keinem Tropfen des Serums in Berührung kam. Herr M. brachte diesen Traum mit seiner Fähigkeit in Verbindung, Frauen zu verführen und in sie einzupflanzen, was er »das Bedürfnis nach M.« nannte. Im Traum war das Serum zerstörerisch und kein Tropfen durfte ihn berühren.

»Dies«, so folgerte Segal (1991, S. 92), »bezieht sich natürlich auch auf die Analyse. Er injizierte seine Träume in mich, aber kein einziger Tropfen einer Deutung darf ihn berühren.« Sie schildert an diesem Beispiel, wie der Traum und die mit ihm verbundenen Assoziationen zunächst nicht eine symbolische Erzählung darstellten, sondern als Mittel eingesetzt wurden, um die Analytikerin zu verblüffen, zu verführen und ihren Verstand zum Platzen zu bringen. Als Motiv vermutete sie das verzweifelte Bemühen des Patienten, seine eigenen Bedürfnisse loszuwerden, sowie ein neidisches Rivalisieren mit ihr.

Solche Kommunikationen können zwar wie symbolische Mitteilungen aussehen, dienen aber in erster Linie dazu, eine omnipotente Phantasie in Szene zu setzen. Segal (1984) unterscheidet deshalb zwischen Phantasien, welche der *Erkundung der Wirklichkeit* dienen, und Phantasie als *Abkehr von der Wirklichkeit* im Sinne einer »omnipotenten Phantasie«. Diese stellt nicht einfach eine unbewusste Wunscherfüllung dar, sondern beinhaltet machtvolle Formen der Einflussnahme und Kontrolle, welche den dreidimensionalen psychischen Raum versperren, in dem psychische Bedeutungen entstehen.

5.5 Übergangsphänomene und intermediärer Raum bei D.W. Winnicott

Unter den Autoren, die sich mit der Entstehung von Symbolisierungsvorgängen beschäftigt haben, nimmt D.W. Winnicott eine eigenständige Position ein. Er beschreibt anhand seiner psychoanalytischen Erfahrungen mit Kindern und Jugendlichen einen Bereich, der von dem in Kap. 2.2 beschriebenen »Übergangsphänomenen« und »Übergangsobjekten« bevölkert wird. Er ist weder dem bewussten noch dem Unbewussten eindeutig zugehörig, sondern markiert den Übergangsbereich zwischen äußerer Realität und omnipotenter Phantasie.

Winnicott bezeichnet ihn als »intermediären Raum«, in dem spielerisch Symbole gebildet werden können, wenn die äußeren Bedingungen »gut genug«, d.h. nicht allzu sehr verfolgend sind. Wie im kindlichen Spiel muss sich das Individuum dabei in seine träumerische Aktivität verlieren können, bleiben Realitätsurteile außer Kraft gesetzt und herrscht eine gewisse Zeitlosigkeit vor. Der »intermediäre Raum« kommt damit zwischen subjektivem Erleben und objektiver Wahrnehmung zu liegen. Er stellt etwas Eigenständiges dar, das sich weder auf das Innen der Triebbedürfnisse noch auf das Außen der Objektwelt reduzieren lässt. In diesem neutralen Erfahrungsbereich sieht Winnicott die Wurzeln von Spiel, Sprache, Kunst und Religion, aber auch für schöpferische Veränderungen im therapeutischen Prozess.

Im Wechselspiel von Illusionsbildung und Desillusionierung gelingt eine Annäherung an die Realität, wenn die mütterliche Betreuung »hinreichend gut« ist, d. h. wenn es gelingt, Vertrauen zu bilden, Möglichkeiten und Grenzen zu erkunden, so dass auch aggressive Regungen toleriert, Widersprüche akzeptiert und Verlusterlebnisse in das Selbsterleben integriert werden können. Denn erst die »unvollständige Anpassung an Bedürfnisse« macht die Objekte im Sinne Winnicotts »zu etwas Realem, das heißt zu geliebten und zugleich gehassten Objekten« (1953, S. 21). Diese Merkmale des intermediären Raums überträgt Winnicott auf den psychoanalytischen Prozess. Dabei geht er von der Vorstellung aus, »dass sich Psychotherapie in der Überschneidung zweier Spielbereiche vollzieht, dem des Patienten und dem des Therapeuten.« (Winnicott, 1971, S. 66). Das Ziel der therapeutischen Veränderung besteht nach seiner Auffassung darin, den Patienten aus einem Bereich, in dem er nicht »spielen« kann, in einen Bereich zu bringen, in dem er wieder zu »spielen« imstande ist.

Winnicott hat angedeutet, dass verschiedene Formen von Psychopathologie als entglittene Spielsituationen verstanden werden können, in denen sich die omnipotenten, suchtartigen, zwanghaften oder fetischähnlichen Aspekte der Beziehung zum Übergangsobjekt gewissermaßen verselbständigen. Das Übergangsobjekt gewinnt dadurch eine defensive Funktion und wird nicht mehr zum Erkundungsinstrument, sondern zum Ersatz für die Beziehung zur Realität. Zugleich hat Winnicott mit dem Begriff der »Objektverwendung« auf eine wichtigen Aspekt der therapeutischen Beziehung hingewiesen.

Demnach müsse der Analytiker – ähnlich wie das Übergangsobjekt – in der Lage sein, die triebhafte Liebe des Patienten ebenso zu überleben wie gegebenenfalls Hass und reine Destruktion. Hier wird die Erfahrung, dass das Gegenüber die phantasierte Zerstörung überlebt, zum Ausgangspunkt von Realität und Entwicklung schlechthin. Dabei ist es der Destruktionstrieb, der nach Winnicotts Auffassung – anders bei Freud oder bei Klein – »das Äußere in seinem Wesen erst erschafft.« (1969, S. 109). »Überleben« bedeutet für ihn – vom Standpunkt des Analytikers aus gesehen –, sich nicht zu rächen (ebd., S. 105). In diesem Sinne wird die Destruktion bei Winnicott »zum unbewussten Hintergrund für die Liebe zum realen Objekt, das außerhalb […] der omnipotenten Kontrolle des Subjekts steht« (ebd., S. 110), und erst in dieser doppelten Bewegung der *Zerstörung und Anerkennung* liegt für ihn »der eigentliche Anfang der Phantasie im Menschen.« (ebd., S. 105).

Winnicotts optimistische Einschätzung der Rolle der Destruktivität im menschlichen Leben ist nicht unwidersprochen geblieben. Seine Herausarbeitung der »Übergangsphänomene« und des »intermediären Raumes« als Ort unbewusster Symbolbildung hat aber die Arbeit zahlreicher Analytiker befruchtet.

5.6 Rezeption und Transformation: Zur Neubestimmung des Unbewussten in W.R. Bions Theorie des Denkens

Unabhängig und fast gleichzeitig zu den Arbeiten Winnicotts, Rosenfelds und Segals entwickelte W.R. Bion (1962a, 1963, 1965, 1970) seine Theorie des Denkens, die Freuds Auffassung des Unbewussten eine neue Bedeutung verlieh und in die klinische und theoretische Entwicklung der Psychoanalyse bis in die Gegenwart hineinwirkt.

Ausgangspunkt von Bions Überlegungen waren Freuds (1911b) Formulierungen zum »Lust«- und »Realitätsprinzip« sowie Kleins Konzept der »projektiven Identifizierung«. Hatte Klein (1946) die projektive Identifizierung als »omnipotente Phantasie« beschrieben und in ihr den Prototyp einer feindseligen Objektbeziehung gesehen, so unterscheidet Bion zwischen normaler und pathologischer projektiver Identifizierung. Während letztere dazu dient, unerträgliche Gefühle loszuwerden, in das Objekt einzudringen und es von innen her zu kontrollieren, bildet erstere die Grundlage für Kommunikation und Empathie. Sie vermittelt dem Individuum etwas über den inneren Gefühlszustand seines Gegenüber, auch wenn sich dies in den verbalen Mitteilungen nicht unmittelbar widerspiegelt. Diese Art der unbewussten Kommunikation lässt sich mit einem Lied vergleichen, das in einer fremden Sprache gesungen wird und dessen Grundmelodie sich auch dann vermittelt, wenn man den Text selbst nicht versteht.

Nach Bion hat es der Säugling am Beginn des menschlichen Lebens mit Erfahrungen zu tun, in denen äußere Realität, Körperempfindungen und Gefühlszustände noch nicht voneinander geschieden sind. Diese protomentalen Zustände bezeichnet er als ß-Elemente. Sie müssen im Laufe der frühkindlichen Entwicklung und während des gesamten Lebens in symbolische Formen verwandelt werden, die sich zur Bildung von »Traumgedanken« eignen. Diese ersten Bausteine des Denkens nennt Bion »α-Elemente«. Sie gehen aus der Symbolisierung emotionaler Erfahrungen hervor und können als Ausgangspunkt für alle weiteren Formen des Denkens verstanden werden: Die entstehenden α-Elemente verbinden sich zu dem, was Bion – in Anknüpfung an Freuds frühe neurophysiologische Theorien (Freud 1895) – »Kontaktschranke« nennt (vgl. Teising, 2005).

Aufgabe der »Kontaktschranke« ist es, zwischen Innen und Außen, zwischen bewussten und unbewussten psychischen Prozessen zu differenzieren, indem sie *zugleich* eine Trennung und eine Verbindung herstellt. Auf diese Weise funktioniert sie wie eine semipermeable Membran, welche einen *gerichteten* Kontakt ermöglicht und die Psyche davor schützt, von der äußeren Realität oder von den unbewussten Inhalten überschwemmt zu werden. Genau diese Erfahrung herrscht in psychotischen Zuständen vor, in denen der Patient weder wachen noch schlafen kann.

»Denken« lässt sich deshalb i. S. Bions am ehesten im Sinne einer träumerischen Aktivität begreifen, die sowohl im Wachen wie im Schlafen stattfindet. Aus ihr gehen die Vorläufer von »Gedanken« hervor, die ihrerseits transformiert und miteinander verbunden werden müssen. Hierzu bedarf es nach Bion eines »Apparates zum Denken«, zu dem der Säugling über das »träumerische Ahnungsvermögen« (*reverie*) der Mutter Zugang gewinnt. Indem sie die projizierten protomentalen Erfahrungen (ß-Elemente) aufnimmt und sie als bedeutungsvolle Elemente in ihrem eigenen Erleben erkennt, findet eine Verwandlung statt. Bion spricht von der Beziehung zwischen *Container* (Behältnis) und *Contained* (Enthaltenem), wodurch es zu einer Transformation der ß-Elemente in erste Ahnungen von Bedeutung, d. h. in α-Elemente, kommt.

Bion nennt diesen Umwandlungsprozess α-*Funktion* und spricht ihm eine universale Bedeutung für die Entwicklung des Denkens bzw. bei seinem Scheitern für die Entwicklung von Denkstörungen zu.

Bions Modell (▶ **Abb. 5.2**) von *Container* ↔ *Contained* beinhaltet also die Beziehung zwischen projizierten Elementen und einem aufneh-

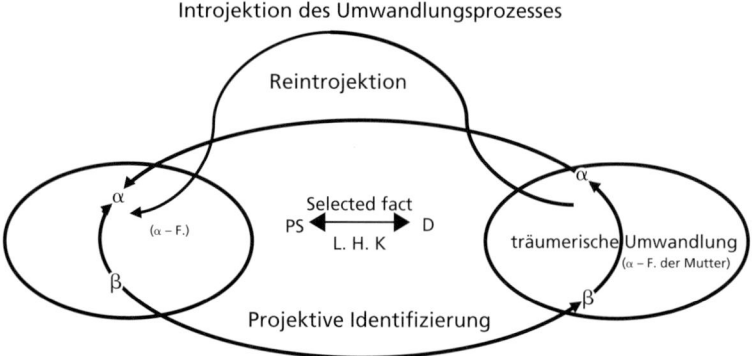

Abb. 5.2: W.R. Bions Modell von »Container« ↔ »Contained«

menden Organ, die Transformation des »Rohmaterials« in Bedeutungsträger mithilfe der α-Funktion sowie deren Reintrojektion in die kindliche Psyche, welche diesem gestattet, einen »Apparat zum Denken« zu entwickeln und seine eigenen Gedanken zu denken. Bions »Apparat« kann also als Weiterentwicklung von Freuds »psychischem Apparat« (Freud, 1900a) mithilfe der Kleinschen Theorien der projektiven Identifizierung sowie der paranoid-schizoiden und depressiven Position verstanden werden. Bion betont, dass die Beziehung *Container* ↔ *Contained* sowie die Entwicklung der α–Funktion eng mit dem Übergang von desintegrierten Zuständen hin zu integrierteren Erfahrungen (PS ↔ D) verbunden ist.

An diesem Transformationsprozess sind nach Bion noch weitere Faktoren beteiligt, nämlich Liebe (L), Hass (H) und Wissbegierde (K = knowledge) als emotionale Elementarverbindungen sowie das Auftauchen einer »besonderen Tatsache« (*selected fact*), um die herum sich die entstehende Bedeutung organisiert.

Bions Modell von *Container* ↔ *Contained* ist universal und kann auf solch unterschiedliche Konstellationen wie die Beziehung von Mutter und Säugling, Analytiker und Patient, Individuum und Gruppe, Wort und Bedeutung etc. angewendet werden. Es geht davon aus, dass Denken und Bedeutung aus einem Prozess der Rezeption und Transformation primitiver emotionaler Erfahrungen hervorgehen.

An einem klinischen Beispiel beschreibt er, wie dieser Prozess scheitern kann, wenn es dem Analytiker nicht gelingt, die verzweifelten Ängste des Patienten in sich aufzunehmen:

5 Vertiefende Konzeptualisierungen des Unbewussten

> »Wenn der Patient danach strebte, sich von Todesängsten zu befreien […], spaltete er seine Ängste ab und legte sie in mich hinein; offenbar in der Vorstellung, daß sie, wenn sie lange genug in mir ruhen dürfen, von meiner Psyche modifiziert werden würden, um dann gefahrlos reintrojiziert werden zu können. Bei der Gelegenheit, an die ich denke, hatte der Patient […] das Gefühl, ich gäbe sie so schnell wieder ab, dass die Gefühle nicht modifiziert, sondern noch schmerzhafter geworden waren. […] Dies wurzelte in dem, was er als meine Weigerung empfand, Teile seiner Persönlichkeit in sich aufzunehmen. Folglich bemühte er sich, sie mit erhöhter Verzweiflung und Gewaltsamkeit in mich hineinzuzwängen.« (1959, S. 122)

Bion versteht dieses Dilemma als Ausdruck einer frühen Situation, in der dem Baby die Aufnahme seiner mittels projektiver Identifizierung ausgedrückten primitiven Ängste verweigert wurde.

> »Dieser Patient hatte es mit einer Mutter zu tun gehabt, die es nicht ertragen konnte, solche Gefühle zu erleben, und auf sie reagierte, indem sie ihnen entweder den Zugang verweigerte oder aber […] selbst der Angst zum Opfer fiel.« (ebd., S. 123)

Gelingt es hingegen, die primitiven emotionalen Erfahrungen aufzunehmen und zu transformieren, so können sie in Gedanken von wachsender Komplexität verwandelt werden. Bion unterscheidet hier zwischen α-Elementen als Vorstufen von »Traumgedanken«, »Präkonzeptionen« und »Konzeptionen« bis hin zu Konzepten von zunehmender Abstraktheit, wie etwa einem deduktiven wissenschaftlichen deduktiven System. Dieser Evolution des Denkens stellt er in einer zweiten Achse verschiedene Möglichkeiten der *Verwendung* von Gedanken gegenüber, je nachdem ob diese als »definitorische Hypothesen« eingesetzt werden, der Verleugnung, Feststellung, Aufmerksamkeit und Erkundung der Wirklichkeit dienen oder in Handlungen umgesetzt werden. Daraus ergibt sich ein zweidimensionales Raster (*grid*), welches Bions Theorie des Denkens zugrunde liegt.

Denken dient nach dieser Vorstellung dazu, die unbekannte Wirklichkeit zu erkunden und aus den dabei auftauchenden emotionalen Erfahrungen Gedanken zu bilden. Wird dem Kontakt mit der Wirklichkeit ausgewichen – z. B. weil diese als zu schmerzlich oder als zu bedrohlich erlebt wird oder weil Enttäuschungen nicht ausgehalten werden können – so geht daraus eine Art Anti-Denken hervor, welches darum bemüht ist, dem Kontakt mit der Wirklichkeit auszuweichen und die Psyche von unerträglichen Spannungen zu befreien. Dies kann zur gewaltsamen Evakuation von Gefühlen, zur Umkehrung der α-Funktion, zur Bildung von »bizarren Objekten« und zu komplexen Missrepräsentationen der Wirklichkeit führen.

Bion veranschaulicht die Entstehung eines Gedankens an dem Aufeinandertreffen von primären Erwartungen (Präkonzeptionen) mit Realerfahrungen: Wenn die Erwartung einer Brust, die das kindliche Bedürfnis zu stillen vermag, mit der realen, aber begrenzten Erfahrung des Gestilltwerdens zusammentrifft, wird daraus im günstigen Fall eine Konzeption der Wirklichkeit gebildet. Der Gedanke »Brust« tritt an die Stelle des realen Objekts und kann nun zum Modell für alle späteren Situationen werden, in denen es darum geht, einen Mangel zu symbolisieren.

Wenn Gedanken dort entstehen, wo »kein Ding« ist (»*no thing*« bzw. »*nothing*«; Bion, 1962b, S. 81 f.), dann bedeutet dies, dass Denken in Abwesenheit unmittelbarer Objekte geschieht. Denn nur dort, wo Abwesendes vorgestellt werden kann, eröffnet sich ein innerer Raum, in dem sich Erinnerung und Bedeutung entfalten können. Die Entwicklung des Denkens ist nach Bion ein grundlegender Vorgang, der mit der Fähigkeit einhergeht, Versagungen zu ertragen und Konzeptionen für zukünftige Realisierungen zu bilden. Sie ist an die Symbolisierung primitiver emotionaler Erfahrungen geknüpft, welche die Unterscheidung zwischen innerer und äußerer Wirklichkeit, zwischen Bewusstsein und Unbewusstem, ermöglicht. Beide müssen beim Aufbau einer dreidimensionalen inneren Welt zusammenwirken, in der sinnliche Wahrnehmungen, Gefühle und Bedeutung miteinander verbunden werden. Bion vergleicht deshalb das Zusammenwirken von Bewusstem und Unbewusstem »wie ein Augenpaar« mit dem binokularen Sehen (Bion, 1962a, S.104).

Bions Theorie des Unbewussten hat also nicht so sehr mit der Bedeutung von verdrängten Inhalten zu tun, sondern vor allem mit der grundlegenden Frage, *wie Emotion und Bedeutung im Psychischen entstehen*. Damit eröffnet sie einen Zugang zu Denkstörungen, wie sie nicht nur bei psychotischen Erkrankungen, sondern auch bei Borderline-Pathologien, narzisstischen, psychosomatischen und perversen Störungen angetroffen werden. Sie geht von der Vorstellung aus, dass psychotische und nicht-psychotische Persönlichkeitsanteile beständig miteinander interagieren (Bion, 1957).

5.7 Weiterentwicklungen von Bions Theorie bei seinen Zeitgenossen und Nachfolgern (R. Money-Kyrle, D. Meltzer, R. Britton, J. Grotstein, I. Matte-Blanco, A. Ferro)

Bions komplexe und wegen ihres »ungesättigten« Charakters nicht immer leicht zugängliche Theorie konnte hier nur verkürzt wiedergeben werden. Sie hat jedoch die klinischen und theoretischen Vorstellungen seiner Zeitgenossen und Nachfolger nachhaltig geprägt.

R. Money-Kyrle entwickelte bereits in den 1950er-Jahren Vorstellungen zur analytischen Interaktion, die Bions Konzept des *Containment* und der Transformation projizierter Selbstanteile zu großen Teilen vorwegnehmen (Money-Kyrle, 1956, 1958). Er darf darüber hinaus als einer der Mitbegründer des Konzepts der projektiven Identifizierung gelten (Frank & Weiß, 2007). Seine eigenen Überlegungen zur kognitiven Entwicklung (Money-Kyrle, 1968) nehmen bereits auf Bions Ideen Bezug. Demnach müssen »Klassen« von Vorstellungen mit sinnlichen Erfahrungen verbunden werden, um daraus Konzepte der Wirklichkeit zu bilden. Eine »Klasse«, vertreten durch ein Erinnerungsbild, das als »Name« fungiert, bildet ein solches »Konzept«, welches sich dann über die Stadien der *konkreten, ikonischen und sprachlich-bewussten Repräsentation* weiter differenziert.

Wird der Vorgang der »Konzeptbildung« durch pathologische projektive und Spaltungsmechanismen entstellt, so resultieren »Misskonzeptionen«, d.h. Verdrehungen und Verzerrungen der Wirklichkeit, welche sich vor allem auf einige grundlegende »Lebenstatsachen« beziehen. Zu diesen »elementaren Lebenstatsachen« (*basic facts of life*) gehören für Money-Kyrle (1971) die Abhängigkeit von der »Brust« als einer äußeren Quelle des Guten, die Anerkennung des elterlichen Verkehrs als einer schöpferischen Beziehung, von der das Kind aufgrund seiner Kleinheit und Unreife ausgeschlossen ist, und schließlich die Anerkennung von Endlichkeit und Verlust, d.h. der Unvermeidlichkeit des eigenen Todes.

In seiner Rückschau auf die psychoanalytische Theorieentwicklung unterscheidet Money-Kyrle (1968, S. 416 f.) drei Stadien, in denen psychische Erkrankungen zu Anfang als direkte Folge sexueller Hemmung betrachtet wurden. In einer zweiten Phase habe man sie als Resultat eines unbewussten moralischen Konflikts verstanden und erst in einem dritten Schritt konnten sie schließlich als Ausdruck unbewusster »Misskonzeptionen« aufgefasst werden, von denen das archaische, grausame Über-Ich nur eine unter vielen ist. Das Ziel der psychoanalytischen Therapie bestehe deshalb darin, jene emotionalen Hindernisse zu überwinden, die der Verzerrung der inneren Realität zugrunde liegen – einer Realität, um die der Patient zwar intuitiv weiß, von der er aber nichts wissen möchte.

In unmittelbarem Anschluss an Bion formulierte D. Meltzer (1984) seine Theorie des »Traumlebens«. Waren für Freud Träume entstellte Erfüllungen verdrängter Wünsche, so bilden sie für Meltzer den Ort, an dem psychische Bedeutungen entstehen. Er erkennt in ihnen »Bilder des Traumlebens [...], das im Wachen oder Schlafen immerzu stattfindet. Wir können diese Transaktionen ›Träume‹ nennen, wenn wir schlafen, und unbewusste Phantasien, wenn wir wach sind.« (Meltzer, 1984, S. 40). Träumen stellt in diesem Sinne eine unbewusste Aktivität dar, in der Symbole für emotionale Erfahrungen entstehen. Dies heißt für Meltzer, dass die Bedeutung nicht erst *nachträglich* zur Emotion hinzukommt, sondern umgekehrt, »dass unsere Leidenschaften der Sinn unserer intimen Beziehungen sind, und dass das Verstehen unserer Leidenschaften in erster Linie die Funktion hat, diese Leidenschaften davor zu schützen, durch die von destruktiven Teilen der Persönlichkeit erzeugten Lügen vergiftet und untergraben zu werden.« (S. 48). Meltzers Arbeiten haben eine Weiterführung von Bions Metapsychologie (Meltzer, 1986), die Entwicklung einer Theorie der Ästhetik (Meltzer, 1988), die Beschäftigung mit autistischen Zuständen (Meltzer, 1975) sowie die Untersuchung klaustrophober Ängste zum Gegenstand (Meltzer, 1966, 1992).

Ebenfalls in Weiterführung der Überlegungen Bions entwickelte R. Britton (1998, 2003) sein Konzept der unbewussten »Glaubenssysteme« (*belief systems*), die in der klinischen Situation, aber auch in Literatur, Philosophie und Religion – z. B. in Gestalt fundamentalistischer Überzeugungen – wirksam werden. Britton erweiterte die ursprünglich dyadisch gefasste Beziehung *Container* ↔ *Contained* zu einem *dreidimensionalen Konzept*, in der die »dritte Position« (z. B. repräsentiert durch den Vater) eine wichtige Rolle spielt. Er beschrieb verschiedene Formen der Spaltung der ödipalen Situation, welche zu Spaltungen im Fühlen und Denken führen. In seinem Modell von psychischer Entwicklung und psychischer Regression wird Entwicklung als beständiges Oszillieren zwischen den beiden seelischen Grundpositionen – der paranoid-schizoiden und depressiven Position (PS ↔ D) – beschrieben. Jede erreichte Integration wird demzufolge durch neue Wahrnehmungen und Erfahrungen wieder mit Unsicherheit und Zweifeln konfrontiert, welche sich erst später zu einem kohärenten Ganzen fügen. Britton erweitert damit Freuds ursprüngliche Beschreibung einer *topischen* (Rückkehr zum primärprozesshaften unbewussten Denken), *formalen* (Ersatz des sprachlichen Denkens durch bildhafte Imagination) und *zeitlichen Regression* (Wiedereintreten in das kindliche Erleben) zugunsten einer Unterscheidung zwischen *entwicklungsfördernder und pathologischer Regression*. Letztere versteht er als Rückwärtsbewegung in einen starren Zustand pathologischer Integration oder Desintegration, welcher die Bearbeitung emotionaler Erfahrungen blockiert.

In Nordamerika wurde die Gruppe um J. Grotstein stark von Bions Spätwerk beeinflusst. Dieses umkreist die Annäherung an eine »letzte Wahrheit« (O) bzw. ein »Einswerden« (›*At onement*‹) in der analytischen Situation, welches jenseits der sinnlichen Erfahrung und diskursiven Logik liegt. Grotstein versteht den Traum als visuelle Transformation eines nie abreißenden Stromes von Ereignissen der inneren Welt, welchen die Traumerzählung in zeit-bindende Konfigurationen von Sinn und Bedeutung strukturiert (Grotstein, 1981). Grotstein hat einige Ideen des komplexen Werkes von Bion für eine breitere Leserschaft zugänglich gemacht, in seine eigene Sprache übersetzt und weitergeführt (Grotstein, 2007). Er versuchte das klassische Konzept der projektiven Identifizierung in Richtung auf ein intersubjektives Modell zu erweitern, welches er »Projektive Transidentifizierung« (Grotstein, 2005) nennt.

In Lateinamerika hat I. Matte-Blanco (1975, 1988) unter Bezugnahme auf formallogisch-mathematische Prinzipien sowie auf die Ideen Kleins und Bions eine eigenständige Re-Interpretation von Freuds Theorie des Unbewussten vorgelegt. Dabei bezieht er sich auf die Charakteristika des *primärprozesshaften Denkens*, wie sie Freud vor allem in seiner »Traumdeutung« (1900a) sowie in seiner Arbeit »Das Unbewusste« (1915e) beschrieb. Demnach ist die unbewusste Seelentätigkeit im Sinne des *System Ubw* durch Zeitlosigkeit, Widerspruchslosigkeit,

Äquivalenzbeziehungen, das Vorherrschen von Verschiebungs- und Verdichtungsprozessen sowie durch die Ersetzung der äußeren, materiellen Wirklichkeit durch die psychische Realität charakterisiert. Matte-Blanco (1975) beschreibt das Unbewusste als ein System »unbegrenzter Sätze«, (»*infinite sets*«), in dem Propositionen austauschbar sind, Gegensätze eine Einheit bilden, Identisches und Nicht-Identisches zusammenfallen, »vorher« und »nachher« umkehrbar sind, die Prinzipien der Kausalität, des Widerspruchs, der Sukzession, der Begrenztheit usw. keine Rolle spielen.

Dieser *symmetrischen Logik* des Unbewussten steht die *asymmetrische Logik* des sprachlich-bewussten Denkens (entsprechend Freuds Sekundärvorgang) gegenüber, in dem die Prinzipien der formalen Logik Gültigkeit besitzen. Auch im logischen, bewussten Denken ist jedoch immer ein gewisses Maß an Symmetrie enthalten, wenn es etwa darum geht, Ähnlichkeitsbeziehungen zu erkennen oder Klassen von Objekten mit gemeinsamen Merkmalen zu bilden.

Insofern beschreibt Matte-Blanco (1988) die menschliche Psyche als *bi-logische Struktur*. Als solche ist sie dauernd damit beschäftigt, Erfahrungen zu klassifizieren und in Kategorien zu ordnen, in denen die Prinzipien der symmetrischen und asymmetrischen Logik zusammenwirken. Diese bi-logischen Beziehungen können in verschiedenen Schichten organisiert sein, je nachdem ob symmetrische oder asymmetrische Anteile überwiegen, was z. B. für bestimmte emotionale Erfahrungen oder primitive Objektbeziehungen zutrifft. Mithilfe des *Grades an Symmetrisierung* lässt sich z. B. die Matrix projektiver und introjektiver Prozesse oder die Dynamik von Spaltungsprozessen beschreiben. Analoges gilt für die Differenzierung von Innen und Außen oder die Reversibilität bzw. Gerichtetheit von zeitlichen Abläufen. Während die Ebene des bewussten Denkens durch differenzierte, asymmetrische Beziehungen mit abgegrenzten Klassen und Objekten charakterisiert ist, herrschen auf tieferen Ebenen der Symmetrisierung Zeitlosigkeit und Widerspruchslosigkeit bis hin zum Prinzip der »Unteilbarkeit« – d. h. der Gleichsetzung aller »Klassen«, Elemente und Relationen – vor.

Nach Matte-Blanco bleibt im Falle normaler psychischer Entwicklung zwischen diesen verschiedenen Schichten des Erlebens immer eine *Kontinuität* erhalten, wohingegen im Fall pathologischer Entwicklungen Verwirrung und Brüche entstehen (Rayner & Tucket, 1988, S. 32). Auf diese Weise lassen sich psychische Erkrankungen, aber auch bestimmte Übertragungs-Gegenübertragungs-Konstellationen, aufgrund der jeweils in ihnen wirksam werdenden Symmetrisierungsprozesse charakterisieren.

Ebenfalls auf Bions Werk Bezug nehmend, aber unter Einbeziehung der Gestalt- und Feldtheorie (K. Lewin), intersubjektivitätstheoretischer Ansätze sowie der Theorie des Narrativs entwickelte in Italien A. Ferro sein eigenes Konzept des »analytischen Raumes« (Ferro, 1996; vgl. Bohleber, 2005, Ferro & Basile, 2009). Er greift dabei auf das bereits zu Beginn der 1960er-Jahre von M. und W. Baranger (1961–62) formulierte Modell des »bipersonalen Feldes« zurück, wonach das gemeinsam zwischen Analytiker und Patient entstehende »Feld« Bedeutungen generiert, die weder allein durch die intrapsychischen Prozesse des Patienten noch durch die Deutungen des Analytikers umfassend beschrieben werden können. Vielmehr wirken beide beständig aufeinander ein, um neue Verbindungen herzustellen, Transformationen zu ermöglichen und »Erzählknoten« zu bilden. Die durch ›unverdaute‹ Erfahrungen (β-Elemente) bewirkten emotionalen Turbulenzen werden dabei mithilfe der α-Funktion zunächst imaginativ in »Piktogrammen« organisiert, bevor sie sich sprachlich-diskursiv zu Narrativen verbinden. Während unbewusste projektive Identifizierungen den Zustand des analytischen »Paares« bestimmen, gelingt es mithilfe von Träumen, Assoziationen und Erinnerungen in den sich ständig entfaltenden, nie abgeschlossenen Prozess der Bedeutungsgenerierung Einblick zu nehmen.

Ferros Konzeptualisierung des psychoanalytischen Prozesses steht damit »relationalen« und »intersubjektiven« Ansätzen nahe, wie sie seit den 1990er-Jahren mit unterschiedlicher Akzentsetzung und behandlungstechnischen Konsequenzen vor allem in Nordamerika an Einfluss gewannen (Benjamin, 1997, 2004, Mitchel, 1988, Mitchel & Aron, 1999, Orange et al., 1997, Renik, 2004, Stolorow & Atwood, 1989, 1996; vgl. a. Brown, 2010, Schwartz, 2012). Sie gehen davon aus, dass das »analytische Dritte« (Ogden, 1994, 1997) im intersubjektiven Prozess zwischen Analytiker und Analysand überhaupt erst Gestalt annimmt (»*Co-creation*«). Diese Auffassung von Intersubjektivität beinhaltet tendenziell eine Symmetrisierung der analytischen Beziehung – im Gegensatz zur klassischen Auffassung, in der die »dritte Position« als etwas verstanden wird, das der gegenseitigen projektiven Identifizierung von Mutter und Kind Grenzen setzt und dadurch überhaupt erst psychische Strukturbildung ermöglicht.

5.8 Verbindungen zwischen Objektbeziehungstheorie und Freuds Auffassung des Unbewussten im Werk von A. Green und W. Loch

Während sich objektbeziehungstheoretische Konzepte vor allem im angloamerikanischen Sprachraum entwickelten, hielten französische Analytiker an der Verbindung zu Freuds Triebtheorie fest. Unter diesen Autoren nimmt A. Green mit seinen Überlegungen zur Symbolisierung und Repräsentierbarkeit eine besondere Stellung ein (vgl. Kittler, 1991, Delourmel, 2012). Greens Arbeiten umkreisen den Bereich des Abwesenden, des Nicht-Dargestellten (Green, 1993). Er spricht vom »Negativen«, welches zunächst durch das Fehlen unmittelbarer Präsenz charakterisiert ist. Dieser von ihm thematisierte Erfahrungsgrund lässt sich am ehesten mit einer negativen Halluzination vergleichen, in der das, was unmittelbar »da« sein sollte, plötzlich abwesend ist und verschwindet.

Green versucht zwischen Freuds Triebtheorie und seiner Auffassung des Unbewussten eine Verbindung herzustellen, indem er eine Theorie der Affekte entwickelt (Green, 1973). Leidenschaften, Emotionen, bildhafte Vorstellungen bis hin zu sprachlichen Symbolen sind für ihn Ketten von Repräsentationen, die aus der Matrix des Unbewussten entstehen. Dabei spielt die »Arbeit des Negativen« (*travail du négatif*) in doppelter Hinsicht eine Rolle, und zwar zum einen, was die Möglichkeit betrifft, einen »leeren Raum« zu schaffen, vor dessen Hintergrund psychische Figuren entstehen. Andererseits beinhaltet das »Negative«; wenn es nicht zur Symbolisierung von Affekten und damit zu psychischer Strukturbildung führt, aber auch die Möglichkeit des Destruktiven, der psychischen »Nicht-Existenz«, der Strukturauflösung und Leere. Insofern spricht Green vom »negativen Narzissmus«, von der »weißen Trauer« oder der »weißen Psychose«, die sich in einem Nicht-Vorhandensein von affektiver Besetzung äußern und manchmal hinter einem scheinbar »normalen« Funktionieren zum Vorschein kommen. Dieser Gesichtspunkt ist z. B. für das Verständnis psychosomatischer Erkrankungen relevant, die häufig durch mangelnde affektive Lebendigkeit, angepasste Beziehungsmuster (*relation blanche*) und ein konkretes, mechanisches Denken (*pensée opératoire*) ausgezeichnet sind (Marty & de M'Uzan, 1962). Mit den Erscheinungsformen des »negativen Narzissmus« beschreibt Green jene Phänomene, die Freud (1920g) mit dem Konzept des »Todestriebes« zu fassen suchte. Sie zielen auf Desorganisation, »Desobjektalisierung«, d. h. auf die Auflösung von Verbindungen, wohingegen die Entstehung von Affekten, der Aufbau von Objektbeziehungen und die Entwicklung symbolischer Kommunikation als Ausdruck des »Lebenstriebs« zu verstehen sind (vgl. Green, 1983).

Greens besonderes Interesse gilt dabei dem Aufbau eines psychischen Raumes, in dem Zeit, Erinnerung und Geschichte Platz finden können. Seine diesbezüglichen Überlegungen sind einerseits durch Freuds Strukturtheorie, andererseits durch die Bezugnahme auf das Werk J. Lacans, M. Kleins, W.R. Bions und vor allem D.W. Winnicotts beeinflusst, die seine eigenen Überlegungen inspirierten, von denen er sich andererseits aber auch abgrenzt. So lehnt er die ausschließliche Rückführung des Unbewussten auf sprachanaloge Strukturen bei Lacan ebenso ab wie die aus seiner Sicht überbetonte Stellung der inneren Welt und der archaischen Ängste bei M. Klein (vgl. Green, 1990, S. 251 ff.). Unbewusste Phantasien sind für ihn Organisatoren des psychischen Lebens. Ihre Funktion besteht darin, zwischen Trieben, Objektbeziehungen und Affekten zu vermitteln. Dabei kommt den frühen Beziehungsfiguren, der »haltenden Umgebung« (Winnicott), dem *Containment* bzw. dem träumerischen Ahnungsvermögen der Mutter (*reverie* im Sinne Bions) für den Vorgang der »primären Symbolisierung« entscheidende Bedeutung zu.

In seiner Arbeit »Die tote Mutter« zeigt Green (1980), wie Trauerprozesse blockiert werden können, wenn sich das Kind einer innerlich leeren, leblosen, psychisch nicht-existenten Mutter gegenübersieht. Eine solche Mutter könne das Kind nicht betrauern. Mit ihr könne es sich nur im Sinne der »weißen Trauer« identifizieren, indem es sich selbst leblos macht und zum »Wächter ihres Grabes« wird. Dieser Schatten von Nicht-Existenz legt fortan einen Schleier über das gesamte psychische Leben: Es entsteht eine innere Leere, eine stumme Trauer, die ihren Einfluss auf die Entfaltung des Selbst, das emotionale Leben und die Entwicklung der Objektbeziehungen nicht mehr verliert.

Greens Nachdenken gilt deshalb vor allem jenen Zuständen, in denen die Voraussetzungen für Symbolisierung und Repräsentation erst geschaffen werden müssen – also Borderline-Zuständen (Green, 1990) und insbesondere jenen Phänomenen, die er in Abgrenzung vom »Narzissmus des Lebens« (*narcissisme de vie*) den »Narzissmus des Todes«

(*narcissisme de mort*) nennt (Green, 1983). Hier wird der Analytiker gewissermaßen zum Zeugen des Ringens zwischen Lebens- und Todestrieben, d. h. zwischen der »desobjektalisierenden Funktion« und dem progressiven Aufbau von Bindungen und Symbolen. In diesem Zusammenhang spricht Green auch von einer »doppelten Triebumkehr«, in der sich im Spiel zwischen Anwesenheit, Abwesenheit und der Symbolisierung des Abwesenden das Subjekt des Unbewussten entwickelt (vgl. Delourmel, 2012). In seinem Spätwerk versucht er, die Theorie des psychischen Raumes durch eine Theorie der Zeit zu ergänzen (Green, 2000a, b). Mit seinem Begriff der »Heterochronizität« hebt er darauf ab, dass das Zeiterleben auf verschiedenen psychischen Ebenen unterschiedlich organisiert ist, woraus Synchronie und Diachronie, Kontinuität und Brüche hervorgehen.

Nach Green nimmt der Analytiker die Auswirkungen »früher« Störungen vor allem in der Gegenübertragung wahr, sei es, dass er sich müde, unbeteiligt oder leer fühlt, in Verwirrung gerät oder in ihm eine schwer benennbare Frustration und Schwere aufkommen. Um diese Art von Problemen zu erkunden, müsse sich der Analytiker seinen eigenen Gefühlen stellen, um über sie nachzudenken und schließlich diejenigen psychischen Funktionen wieder zu aktivieren, deren Blockade dem Patienten die Entwicklung bedeutsamer emotionaler Bindungen erschweren.

In Deutschland hat W. Loch (1972, 1975, 1986, 1993, 2001) in seiner philosophisch inspirierten Psychoanalyse-Interpretation einen ähnlichen Standpunkt eingenommen. Auch für ihn wirken Triebe, Affekte und Objektbeziehungen beim Aufbau psychischer Strukturen unabdingbar zusammen. Loch hat die theoretischen Entwicklungen der englischen Schule – wie auch die Arbeiten zahlreicher ichpsychologischer Autoren – bereits in den 1960er- und 1970er-Jahren dem deutschen Publikum zugänglich gemacht. Er verbindet sie mit methodologischen und erkenntnistheoretischen Überlegungen, die er einer breiten philosophischen Rezeption der Kantschen Erkenntniskritik, der Hegelschen Dialektik, der phänomenologisch-existentialphilosophischen Tradition sowie insbesondere der Symbol- und Sprachtheorie (v.a. dem Spätwerk Wittgensteins) entlehnt. Daneben bezieht Loch in seine theoretische Ausarbeitung aber auch empirische Forschungsbefunde, etwa aus dem Bereich der Neurobiologie oder der Bindungsforschung, mit ein.

Soweit es um die »Ursprünge der emotionalen Objektwelt« geht, betont Loch (1981, S. 228), dass es dem Psychoanalytiker dabei nicht um physikalische Objekte, sondern »stets um die Relationen zu emotional-affektiven Objekten« gehe. Auch er sieht das Zusammenwirken von strukturauflösenden und strukturbildenden Triebregungen (Lebens- und Todestrieb) in einem dialektischen Wechselverhältnis. Sein besonderes Interesse gilt dabei dem »Übergangsbereich von der präsymbolischen zur symbolischen Welt« (1979, S. 52). Hierfür spricht er dem Durcharbeiten der »depressiven Position« und der Eröffnung des triangulären Raumes eine besondere Bedeutung zu. Während die Identität des »primären Selbst« in seinen frühesten Begegnungen mit der Umwelt noch in dem bestehe, »was es für einen anderen ist« (1981, S. 216), komme durch die Identifikation mit der Figur des Vaters als Repräsentanten des »Dritten« eine erste Distanzierung ins Spiel. Sie ermögliche es dem Individuum, sich aus der frühen symbiotischen Verschmelzung zu lösen, Zeichen und Symbole zu bilden, aus denen allmählich das »sekundäre Selbst« im Sinne der Ich-Identität hervorgeht. Während in diesem Bereich sprachanaloge Symbole bereits etabliert sind und Abwehrdeutungen das Ziel verfolgen, neurotisches, d.h. quasi »kausal determiniertes Handeln [...] in intentionales Handeln umzuwandeln« (Loch, 1978, S. 143), gehe es im Bereich des »primären Selbst« darum, dem Patienten eine hilfreiche Umgebung zur Verfügung zu stellen und ihm seinen eigenen, schöpferischen Weg zu jenen Erfahrungen zu ermöglichen, die als »Objekte« bzw. als sprachlich vermittelte Kommunikation noch gar nicht konfiguriert sind. Vor allem in dieser Hinsicht wird für Loch – über S. Freud und M. Klein hinaus – die Bezugnahme auf M. Balint (1968), D.W. Winnicott und das Spätwerk W.R. Bions bedeutsam.

In seinem Aufsatz »Psychoanalyse und Wahrheit« (1976) grenzt Loch den psychoanalytischen Wahrheitsbegriff sowohl von formallogischen als auch von historisch-faktischen Wahrheitskriterien ab. Wahrheit im psychoanalytischen Sinn habe immer etwas mit dem Prozess der Sinnfindung durch einen intersubjektiven Akt der Anerkennung zu tun und sei insofern auf die emotionale Präsenz des Gegenüber und die Bildung neuer Metaphern angewiesen. Nur so könne der psychoanalytische Dialog – im Sinne der »Wahrhaftigkeit« – über das bloße Reflektieren der Geschichte hinaus zur Antizipation einer neuen Lebensform führen.

Loch (1993) betrachtet die Deutung als Konstruktion einer gemeinsamen, im Hier und Jetzt der therapeutischen Beziehung emotional erfahrbaren, sinnstiftenden Wirklichkeit, die sich auf die psychische Realität des Patienten bezieht. Sie müsse nicht unbedingt mit der historisch-faktischen Realität übereinstimmen, sondern beinhalte in Bezug auf die gefundenen, unbewussten Bedeutungen eine biographisch-hermeneutische Sinnkonstruktion, welche nie unabhängig von der Überragungs-Gegenübertragungs-Beziehung gegeben ist. Für Lochs konstruktivistisches Deutungsverständnis spielt Freuds Begriff der »Nachträglichkeit« eine zentrale Rolle. Er unterscheidet zwischen Deutungen im Bereich der »normalen Abwehr«, in denen die Bewusstwerdung im Rahmen eines gemeinsamen »Sprachspiels« (Wittgenstein) erfolgen kann, und Deutungen im Bereich der »Grundstörung« bzw. des »Neubeginns« (Balint, 1968), in denen es um Erfahrungen geht, die noch nie »gedacht« worden sind. Für sie seien die emotionale Präsenz des Analytikers und das »Benennen« des Unbekannten von besonderer Bedeutung (Loch, 1993, S. 75 ff.).

Green und Loch stehen damit in einer Reihe mit Analytikern, die seit Anfang der 1950er- Jahre die Bedeutung der Gegenübertragung für das Verstehen unbewusster Prozesse betonten und damit – trotz unterschiedlicher theoretischer Ausgangspunkte – auf einer klinisch-konzeptuellen Ebene wieder miteinander konvergierten (vgl. Gabbard, 1995). Die wichtigsten Etappen dieser Diskussion sollen im Folgenden dargestellt werden.

Literatur zur vertiefenden Lektüre

Bion, W.R. (1963): Elemente der Psychoanalyse. Frankfurt a. M.: Suhrkamp, 1992.
Grotstein; J.S. (2007): A beam of intense darkness: Wilfred Bion's legacy to psychoanalysis. London: Karnac.
Grotstein, J.S. (2009): But at the same time and on another level, vol. 1: Psychoanalytic theory and technique in the Klein/Bionian mode. London: Karnac.
Weiß, H. (2009): Das Labyrinth der Borderline-Kommunikation. Klinische Zugänge zum Erleben von Raum und Zeit. Stuttgart: Klett-Cotta.
Weiß, H. (2012): Utopien und Dystopien als Orte des seelischen Rückzugs. Psyche – Z Psychoanal, 66, 310–330.
Weiß, H., Frank, C. (Hrsg.) (2002): Pathologische Persönlichkeitsorganisationen als Abwehr psychischer Veränderung. Tübingen: Edition diskord.

6 Überlegungen zur psychoanalytischen Behandlungstechnik

Heinz Weiß

Lernziele

- Ein gegenüber Freuds klassischer Auffassung erweitertes Verständnis der Gegenübertragung kennenlernen, das eine deutliche Abkehr von einer eher naturwissenschaftlichen Sichtweise bedeutet
- Sich anhand wichtiger Konzepte wie »Vergangenheits-Unbewusstes«, »Gegenwarts-Unbewusstes« klar machen können, dass es keine einfache Linearität von der (frühen) Kindheit zum gegenwärtigen unbewussten Erleben gibt
- Begreifen, wie vor allem bei Patienten mit frühen Entwicklungstraumatisierungen Agieren, Rollenhandeln, Enactment an der Tagesordnung sind und den Analytiker vor große Herausforderungen stellen
- Anhand eines klinischen Beispiels sich damit vertraut machen, wie eine Traumerzählung dazu benützt werden kann, den Analytiker in ein unbewusstes Beziehungsgeschehen zu verstricken
- Das Konzept der »pathologischen Organisationen« von Rosenfeld und Steiner kennenlernen
- Ausführen können, worin sich eine »pathologische Organisation« sensu Steiner von einer Freud'schen Kompromissbildung unterscheidet
- Anhand eines ausführlichen klinischen Beispiels einen Einblick darüber bekommen, wie sich eine allmähliche Veränderung einer »pathologischen Organisation« ergeben kann und zugleich erfahren, wie sich ein analytischer Prozess mittels Analyse und Durcharbeitung der unbewussten Abwehr abspielt

6.1 Klinische Auswirkungen: Das erweiterte Verständnis der Gegenübertragung als Wahrnehmungsorgan für unbewusste Prozesse

Wie bereits erwähnt, entwickelte sich gegen Ende der 1940er- und zu Beginn der 1950er-Jahre eine beträchtliche Veränderung im Verständnis der Gegenübertragung. Galt diese bis dahin überwiegend als Widerstand, als »blinder Fleck« in der Wahrnehmung des Analytikers, so wurde sie nun auch als Wahrnehmungsorgan begriffen, mit dessen Hilfe der Analytiker die primitiven, unbewussten Kommunikationsversuche des Patienten entschlüsseln konnte. Einen ersten Hinweis auf diese *rezeptive Funktion der Gegenübertragung* hatte bereits Freud geliefert, als er davon sprach, der Analytiker solle »dem gebenden Unbewussten des Kranken sein eigenes Unbewusstes als empfangendes Organ zuwenden, sich auf den Analysierten einstellen, wie der Receiver des Telephons zum Teller eingestellt ist.« (1912e, S. 381 f.) In dieser Formulierung ist eine potentielle Erkenntnisfunktion des Unbewussten enthalten, auch wenn Freud die unbewusste Gegenübertragung in erster Linie als Gefahr und Einschränkung der Wahrnehmungsfähigkeit des Analytikers ansah.

Diese Auffassung wurde auch in den 1950er- und 1960er-Jahren noch von vielen Analytikern geteilt, die nicht zu Unrecht die Gefahr eines Missbrauchs der Gegenübertragung befürchteten. Zugleich hatte sich aber die Erkenntnis durchgesetzt, dass sich vor allem in der Behandlung von narzisstischen und psychosenahen Störungen vorübergehende Verwicklungen des Analytikers in die innere Welt des Patienten gar nicht vermeiden ließen.

Erste Schritte in diese Richtung hatten bereits S. Ferenczi (1909, 1911), O. Rank (Ferenczi & Rank, 1924), M. Balint (1939) sowie R. Fliess (1942) unternommen, der von der »psychischen Verdauungsarbeit des Analytikers« (S. 215) sprach (vgl. Brown, 2010, S. 1–46). Den Durchbruch brachten die fast gleichzeitig erschienen Arbeiten von P. Heimann (1950), H. Racker (1953, 1980) D. W. Winnicott (1947), M. Gitelson (1952), A. Reich (1951), M. Little (1951) und anderen, welche nahelegten, dass die Beachtung und Untersuchung der Gegenübertragung einen wichtigen Schlüssel zum Verständnis des Unbewussten bildete.

Dies gilt vor allem für relativ wenig symbolisierte, »protomentale« Inhalte und Gefühlszustände, die nicht auf verbale Weise übermittelt werden. Sie werden vom Analytiker z. b. als heftiger Affekt, Fremdkörper, störende Gedanken oder Schläfrigkeit empfunden, die seine Aufmerksamkeit und sein Denken beeinträchtigen können. Manchmal kann er sich veranlasst fühlen, auf eine beruhigende oder beschwichtigende Weise auf den Patienten einzuwirken. Mitunter tauchen Ängste, Ärger oder Schuldgefühle auf, die seine Fähigkeit, wahrzunehmen und zu beobachten, einengen. In wieder anderen Situationen neigt er zur Kritik, fühlt sich ohnmächtig und hilflos, oder der Patient wird zu einer verfolgenden Gestalt in seinem Inneren.

Gegenübertragungsträume können verstörende Gefühle hervorrufen und die Angst, die Neutralität zu verlieren, kann ihrerseits zu defensiven Einstellungen führen. Solche Auslenkungen aus der normalen Gegenübertragung bleiben manchmal unbemerkt. In anderen Situationen werden sie dagegen als außerordentlich beunruhigend erlebt. Sie beinhalten jedoch die Möglichkeit, bis dahin unbekannte Aspekte der Beziehung zu erschließen. Dies setzt auf Seiten des Analytikers die Fähigkeit voraus, solche Gefühlszustände vorübergehend zu tolerieren und sie zum Ausgangspunkt der Erforschung des Unbewussten zu machen. So kann z. B. Angst in der Gegenübertragung unbewusste Bedrohungsgefühle des Patienten aufnehmen, die in dessen sprachlichen Mitteilungen nicht enthalten sind. Ein übermäßiges Bemühen, »gut« zu sein, kann dem Ausweichen von Schuldgefühlen dienen, und eine Tendenz zur Parteinahme entspricht oft einer unbewussten Grollkonstellation, in der der Analytiker z. B. einen Druck verspürt, sich auf die Seite des Patienten zu stellen, um in dessen Augen nicht zu einer ungerechten oder grausamen Figur zu werden. In allen diesen Situationen wird er entweder mit einem Selbstanteil des Patienten oder mit einem seiner inneren Objekte identifiziert.

Bleibt diese Gegenübertragung vorübergehend und wird sie überhaupt als solche bemerkt, dann kann sie zu einer wichtigen Verstehensquelle des Unbewussten werden. Beherrscht sie hingegen über lange Zeit die Beziehung, dann werden Entwicklung und Veränderung u. U. dauerhaft erschwert. H. Segal (1997) hat auf die verschiedenen Möglichkeiten des Gebrauchs und Missbrauchs der Gegenübertragung hingewiesen. Nach ihrer Auffassung stellt die Gegenübertragung zwar den besten aller Diener, aber den schlechtesten aller Herren dar.

Die theoretischen Grundlagen für dieses erweiterte Verständnis der Gegenübertragung bilden Konzepte wie das der »projektiven Identifizierung« (Klein, Bion) oder der »Externalisierung« unbewusster Objektbeziehungen. J. Sandler (1976) stellte dem Begriff der »freischwebenden Aufmerksamkeit« des Analytikers die Vorstellung einer »freischwebenden Rollenbereitschaft« gegenüber. »Freischwebend« bedeutet hier, die Zuschreibungen des Analysanden zu erforschen und zu akzeptieren, ohne dauerhaft auf sie festgelegt zu werden. Die Frage, was es dem Analytiker ermöglicht, eine solche Haltung einzunehmen, ist Gegenstand von Kontroversen (Thomä, 1999, Weiß 1999) und ein bis heute nicht völlig geklärtes behandlungstechnisches Problem.

Zwar wurde der Analytiker durch diese Neubewertung der Gegenübertragung teilweise aus der Rolle des »objektiven« Beobachters herausgenommen. Jedoch konnten dadurch die Beziehung zwischen Analytiker und Patient im Sinne des »*Containment*« (Bion), der schöpferischen Transformation und der Einbeziehung der Subjektivität des Analytikers, neu betrachtet werden.

Bereits 1956 hatte R. Money-Kyrle ein umfassendes Modell zum Verständnis des Gegenübertragungsprozesses vorgelegt, das den späteren Entwicklungen z.T. vorausgriff (vgl. Frank & Weiß, 2003). Unter Bezugnahme auf die von M. Klein (1946) untersuchten Prozesse der projektiven und introjektiven Identifizierung legte er dar, wie sich Gefühle und Phantasien, die der Patient in den Analytiker hineinlegt, mit dessen eigenen inneren Figuren vermischen, so dass gewissermaßen ein Amalgam zwischen projizierten Selbstanteilen und den inneren Objekten des Analytikers entsteht. In diesem Stadium ist der Analytiker introjektiv mit bestimmten Aspekten des unbewussten Erlebens des Patienten identifiziert. Erst durch seine Bereitschaft, diese Gefühle in sich aufzunehmen, sie mit eigenen Selbstanteilen zu vergleichen und darüber nachzudenken, kann ein umfassenderes Verständnis der Gesamtsituation erreicht werden. Diese Transformation macht den eigentliche Prozess des »Durcharbeitens in der Gegenübertragung« aus, bevor die »verdauten« Elemente in Form von Deutungen an den Patienten zurückgegeben werden.

Dieser, von Money-Kyrle idealtypisch beschriebene Prozess ist überaus störanfällig und lässt sich meist nicht in der oben dargestellten Weise realisieren. In seiner Arbeit aus dem Jahr 1956 (S. 27 ff.) gibt

Money-Kyrle ein Beispiel für eine solche »Abweichung« von der normalen Gegenübertragung:

> Ein Patient, der sich von seinem Vater immer wieder kleingemacht und intellektuell kastriert fühlte, war in einem hilflosen und verwirrten Zustand zur Behandlungsstunde erschienen. Zuvor hatte er in seinem Büro das Gefühl gehabt, zu nichts zu gebrauchen zu sein. Alle Versuche des Analytikers, seine Lage zu deuten und seine Fragen zu beantworten, wurden von ihm jedoch mit wachsender Verärgerung zurückgewiesen. Gegen Ende der Stunde empfand sich dieser wegen seiner Unfähigkeit nun selbst als »dumm« und hilflos gegenüber einem machtvollen, zornigen Patienten.
>
> Money-Kyrle berichtet, dass dieser Zustand noch eine Weile anhielt. Dann fiel ihm ein, dass seine Gefühle am Ende der Sitzung in etwa jenen entsprachen, mit denen der Patient gekommen war. Seine Deutungen kamen ihm nun im Nachhinein wie der vergebliche Versuch vor, aus seinem eigenen »unfähigen« Zustand einen Ausweg zu finden.
>
> Zu Beginn der nächsten Sitzung war die Stimmung des Patienten immer noch geringschätzend und wütend. Money-Kyrle sagte ihm, er habe vielleicht das Gefühl gehabt, ihn auf den gleichen, zu nichts zu gebrauchenden und geistesabwesenden Zustand reduziert zu haben, in dem er sich zu Beginn der Stunde selbst befunden hatte. Indem er ihm Fragen stellte, deren Beantwortung er jeweils zurückwies, habe er sich ähnlich verhalten wie sein Vater, der ihn auf diese Weise »auf die Matte« zu legen pflegte.
>
> Die darauf folgende Reaktion des Patienten war ruhig und nachdenklich. Schließlich erklärte er, er sei vor allem deshalb wütend auf ihn gewesen, weil er das Gefühl hatte, die Deutungen des Analytikers bezögen sich auf dessen eigene Krankheit und nicht auf die seine.
>
> In gewisser Weise hatte der Patient mit dieser Einschätzung recht: Er hatte sein Problem, sich unfähig und nutzlos zu fühlen, in den Analytiker hineingelegt, wobei er ihn mit seinen Antworten und Deutungsversuchen hilflos zurückließ. Dabei nahm er unbewusst die Rolle eines zornigen Vaters ein, der verächtlich auf seinen »impotenten« Sohn herabblickt.
>
> Je mehr der Analytiker versuchte, ihm mit seinen Deutungen Antworten zu geben, umso ärgerlicher wurde er. Denn er hatte den

Eindruck, dieser wolle sich auf diese Weise nur selbst weiterhelfen. Daher entstand in ihm das Gefühl, die Deutungen des Analytikers bezögen sich auf dessen eigene »Krankheit«, nicht auf die seine, was einen Zyklus des eskalierenden Missverstehens in Gang setzte.

Erst als dieser in der Lage war, seine eigenen inneren Zustand mit dem des Patienten am Beginn der Stunde zu vergleichen, war es ihm möglich, sich aus der Verwicklung zu lösen und die Gesamtsituation in den Blick zu nehmen. Der Patient hatte seine »Krankheit« – sich unnütz und wertlos zu fühlen – nicht nur verbal mitgeteilt, sondern auf eine sehr konkrete Weise in ihn hineingelegt, so dass auch er sich unnütz und wertlos fühlte. Der Analytiker wurde dadurch mit einem Selbstanteil des Patienten identifiziert, während der Patient die Rolle des abwertenden, zornigen Vaters übernahm, der dem »Sohn« seine Geringschätzung spüren ließ.

Solange diese Identifikation anhielt, war der therapeutische Verstehensprozess blockiert. Money-Kyrle spricht deshalb von Phasen verlängerter Projektion und Introjektion, welche manchmal in eine Art stagnierende Zeitlupenbewegung übergehen. Er hält solche Verstrickungen eher für den Normalfall und hat die Faktoren, die dazu beitragen, im Einzelnen untersucht.

Wie aus dem zuletzt beschriebenen Beispiel hervorgeht, erhält mit der Untersuchung der Gegenübertragung die Beachtung des Hier und Jetzt ein größeres Gewicht. Vieles von dem, was früher aus dem »Material« des Patienten, seinen »freien Assoziationen«, Erinnerungen usw. zugänglich schien, war jetzt nur noch durch eine genaue Untersuchung der therapeutischen Interaktion zu gewinnen. Übertragung und Widerstand konnten nicht mehr ohne ihren jeweiligen Bezug zur Gegenübertragung bewertet werden. Dadurch, dass die – von ichpsychologischer Seite (Greenson, 1967) noch bis in die späten 1960er-Jahre reklamierte – quasi-objektive Position des Analytikers nicht mehr zu halten war, war die Erforschung des Unbewussten komplizierter und schwieriger geworden. Zugleich gewann sie aber auch an Unmittelbarkeit und Tiefe. Dementsprechend wurden in den letzten Jahrzehnten des 20. Jahrhunderts verschiedene Versuche unternommen, die Bedeutung der analytischen Beziehung sowohl als Ausgangspunkt für die Erforschung des Unbewussten als auch als Medium der Veränderung neu zu konzeptualisieren.

6.2 Vergangenheitsunbewusstes und Gegenwartsunbewusstes: Die Theorie der Enactments als In-Szene-Setzen der unbewussten Phantasie

Entsprechende Ansätze hatte es bereits zuvor gegeben, als etwa J. Strachey (1934) die Wirkung »mutativer Deutungen« untersuchte, M. Balint (1968) seine Theorie des »Neubeginns« formulierte und in den Vereinigten Staaten H. Loewald (1960) auf die Bedeutung einer »neuen Objektbeziehung« als Ausgangspunkt von Veränderungen hinwies. In ähnliche Richtung führten die Überlegungen D. W. Winnicotts, der allerdings in seinem Spätwerk die Rolle der Deutungsarbeit für das Erreichen struktureller Veränderungen eher skeptisch beurteilte (vgl. Winnicott, 1969, S. 107).

Generell stand bereits seit längerem ein eher intrapsychisches Übertragungsparadigma – die Übertragung als »Wiederholung der vergessenen Vergangenheit« (Freud, 1914g, S. 130) – einem eher intersubjektiven Modell gegenüber, welches den Anteil des Analytikers an der Ausgestaltung der Übertragungsszene explizit einbezog. Die entsprechende Tradition nahm von den Arbeiten S. Ferenczis und O. Ranks (1924) ihren Ausgang, umfasste die verschiedenen Entwicklungslinien der psychoanalytischen Objektbeziehungstheorie (▶ Kap. 2) und fand in den interpersonellen (H. S. Sullivan) und sozial-konstruktiven Ansätzen in Nordamerika (Gill, 1982, Hoffman, 1991) neue Ausformulierungen (vgl. Herold & Weiß, 2000, Schwartz, 2012). Dennoch bedeutet es einen großen Unterschied, den prinzipiellen Einfluss des Analytikers auf die Übertragung anzuerkennen oder die konkreten Formen des Einbezogenwerdens im Detail zu untersuchen.

In Südamerika hatten M. und W. Baranger bereits 1961/62 eine »Feldtheorie« der analytischen Beziehung entworfen, in der sie deren prinzipielle Ambiguität, ihre raum-zeitliche Konfiguration und die sich darin entfaltende unbewusste Phantasie des »analytischen Paares« untersuchten. Ebenso beschrieben sie »Bastionen« innerhalb der psychischen Struktur, die der Aufrechterhaltung eines pathologischen Gleichgewichts dienten und nur außerordentlich schwer zu mobilisieren waren. Wir werden darauf im Zusammenhang mit dem Begriff der »seelischen Rückzugsorte« (Steiner, 1993) noch zurückkommen.

Etwa ab Anfang der 1970er-Jahre wurde von verschiedenen Seiten her der Versuch unternommen, die Verwicklung des Analytikers in bestimmte innere Szenarien des Patienten auch konzeptuell besser zu verstehen. Damit rückte das Hier und Jetzt von Übertragung und Gegenübertragung sowie das Feingewebe der Sitzung noch stärker in den Mittelpunkt. Wie bereits erwähnt, führte J. Sandler (1976) im Zusammenhang mit der Gegenübertragung den Begriff der »Rollenbereitschaft« (*role-responsiveness*) ein und sprach von der »Aktualisierung« einer Objektbeziehung. Ähnliches hatte L. Grinberg (1962) mit dem Konzept der »projektiven Gegenidentifizierung« intendiert und damit eine Vorstellung davon vermittelt, wie der Analytiker unbewusst auf die projektiven Identifizierungen des Analysanden reagiert.

Doch wie ließ sich dieses gegenwartsbezogene Verständnis mit der Theorie des Unbewussten als einer *zeitlosen* Organisation verbinden?

In ihrer Arbeit »Das Vergangenheits-Unbewusste, das Gegenwarts-Unbewusste und die Deutung der Übertragung«, unternahmen es J. und A. Sandler (1984) – in Reaktion auf M.M. Gills (1982) Analyse der Übertragungssituation –, dieses Problem unter Bezugnahme auf Freuds frühes topographisches Modell zu lösen: Sie ordneten das »Vergangenheits-Unbewusste« dem lebensgeschichtlich Verdrängten zu, welches in Zusammenhang mit aktuellen Situationen wieder aktiviert wird, wohingegen das »Gegenwarts-Unbewusste« – entsprechend Freuds »Vorbewusstem« – das psychische Gleichgewicht in der Gegenwart aufrecht erhält. Es ist nach ihrer Auffassung damit beschäftigt, die Impulse des Vergangenheits-Unbewussten so an die gegenwärtige Situation zu adaptieren und zu modifizieren, dass sie als weniger ich-dyston erlebt werden. Behandlungstechnisch bedeutet dies, dass der Analytiker einen Zugang zur »vergessenen Vergangenheit« (Freud) erst durch die Arbeit am »Gegenwarts-Unbewussten« gewinnt. Dieses wird auf verschiedenen Wegen in die analytische Beziehung eingeführt, unter denen reale Aspekte der analytischen Situation, Wiederholungsprozesse, objektbezogene Abwehrmechanismen (A. Freud, 1936), Externalisierungsvorgänge und projektive Prozesse eine zentrale Rolle spielen.

Die zuletzt genannten Vorgänge wurden unter dem Titel der »projektiven Identifizierung« seit Ende der 1940er-Jahren vor allem von den Nachfolgern M. Kleins intensiv untersucht. Gründend auf Kleins (1952) Vorstellung von der Übertragung als Gesamtsituation konnte B. Joseph (1971) am Beispiel der Analyse eines perversen Patienten zeigen, dass dieser seine »unbewussten Phantasien tatsächlich in der Analyse auslebte und dies für uns die einzige Möglichkeit war, sie wirklich zu verstehen.«

> Joseph berichtet, wie dieser Patient, der seit seiner Kindheit gummifetischistischen Phantasien und Ritualen anhing, ihr in einer sehr höflichen, aber distanzierten Weise begegnete. Oft erging er sich in wortreichen Erklärungen, um die Deutungen der Analytikerin mit Kommentaren wie »ja« oder »wie interessant« zu kommentieren. Dadurch löste er in ihr Neugierde und Frustration aus, wobei er sich nach kurzen Momenten des Kontakts wieder in langes Schweigen zurückzog.
>
> Joseph setzte sich mit den Gefühlen auseinander, die dadurch in ihr entstanden, und gelangte zu der Überzeugung, dass der Patient durch diese Art der Kommunikation auf subtile Weise eine sadomasochistische Beziehung herstellte und sich in die analytische Situation wie in einen erregenden Fetisch einhüllte. Obwohl er die Ausführungen der Analytikerin »interessant« fand, konnte er dadurch das Entstehen eines wirklichen emotionalen Kontakts immer wieder verhindern. Ihre Deutungen erlebte er unbewusst so, als könnte er in sie hineinschlüpfen, um von ihr erregt oder geschlagen zu werden und auf diese Weise seine eigene Bedürftigkeit und seinen eigenen Sadismus zu verstecken.

Joseph bezeichnete diesen Vorgang als »*Acting in*«, d.h. als Agieren innerhalb der Übertragung, wodurch sich der Patient mit dem Analytiker »verwickelt«. Zugleich betrachtete sie dieses Verhalten aber auch als Kommunikationsversuch, auf den der Analytiker reagieren müsse, indem er die subtilen Verwicklungen im Feingewebe der Sitzung registriert und sie zum Ausgangspunkt seiner Deutungen nimmt. Gerade bei schwer erreichbaren, pseudo-kooperativen oder passiven Patienten komme es deshalb darauf an, die Aufmerksamkeit nicht allzu sehr auf den Inhalt der Mitteilungen zu richten, sondern sich in erster Linie auf die Art des Sprechens, die Reaktionen auf Deutungen und die Atmosphäre innerhalb der Sitzung zu konzentrieren, wie sie vor allem durch die Wahrnehmung der Gegenübertragung zugänglich wird (Joseph, 1975, S. 116f.). Die Untersuchung des Feingewebes der analytischen Sitzung und die Beschreibung subtiler Formen der Verwicklung wurden in neuester Zeit vor allem durch die Arbeiten M. Feldmans (1997, 2009) weiter vertieft.

Mit ähnlicher Intention und fast gleichzeitig zu den Arbeiten Grinbergs, Sandlers und Josephs hatten im deutschen Sprachraum H. Argelander (1970) und A. Lorenzer (1970) das Konzept des »szenischen Verstehens« entwickelt. »Szenisch« meint hier, dass wesentliche Aspekte der Interaktion, die aus der symbolischen Kommunikation herausgefallen sind, erst über das unbewusste Beziehungsarrangement zugänglich werden. Genau diese »Szene« gelte es zu erfassen und dem Patienten zugänglich zu machen.

In Nordamerika führten Th. J. Jacobs (1986, 1993) und J.T. McLaughlin (1987, 1991) in ihren Arbeiten den Begriff des »*Enactment*« ein, der die Debatte in der Folgezeit nachhaltig beeinflusste. Den Autoren geht es dabei weniger um die offenkundigen, als um die subtilen Aspekte der Gegenübertragung, welche dem Patienten über mimische oder gestische Merkmale, den Klang der Stimme, die Verwendung von Deutungen usw. vermittelt werden. Auf diese unbewussten Mitteilungen des Analytikers »antwortet« wiederum der Patient, woraus bestimmte »Missverständnisse« und Gegenübertragungsverwicklungen entstehen (Jacobs, 2001).

Die Debatte um die Rolle dieser *Enactments* und den Umgang mit ihnen hat in der jüngsten Zeit zu einer kontroversen Diskussion geführt, z.B. inwiefern der Analytiker die in ihm entstandenen Gefühle dem Analysanden gegenüber »offenlegen« (vgl. Jacobs, 1997, Renik, 1995) oder lediglich für seine Selbstwahrnehmung zur Verfügung haben sollte, um sie zum Ausgangspunkt für seine Deutungen zu machen. Während erstere Haltung zu einer Symmetrisierung der Beziehung führt, hält letztere an der prinzipiellen Asymmetrie der analytischen Beziehung fest.

Nach dieser Auffassung ist es der Analytiker, dem die Aufgabe zufällt, aus seiner jeweiligen Verwicklung heraus wieder in eine »dritte«, beobachtende Position zurückzufinden. Das »analytische Dritte« wird hier nicht aus der gemeinsamen »Träumerei« von Patient und Analytiker entwickelt (Ogden, 1994) – so wie der »Vater« nicht aus der Verbindung von Mutter und Kind hervorgeht. Es entsteht vielmehr aus dem gleichzeitigen inneren Bezug des Analytikers zu einer »dritten Position«, die außerhalb der unmittelbaren Paarbeziehung liegt.

In dieser Debatte spiegeln sich letztlich unterschiedliche Auffassungen der psychoanalytischen Behandlungstechnik und der ödipalen Situation wider. Wir wollen diese, bis in die Gegenwart hineinreichende Kontroverse an dieser Stelle jedoch nicht weiterverfolgen, sondern an einem etwas ausführlicheren Beispiel noch einmal die klinische Bedeutung von *Enactments* illustrieren.

6.3 Klinisches Beispiel – die Deutung eines Traums

Am Beispiel einer Sitzungssequenz aus dem dritten Jahr einer psychoanalytischen Behandlung soll im Folgenden gezeigt werden, wie die Erzählung eines Traumes unbewusst dazu verwendet werden kann, das Gegenüber in ein komplexes Geschehen zu verwickeln. Der Traum dient dann weniger der Mitteilung einer unbewussten Bedeutung, sondern enthält gewissermaßen das »Skript« für eine Inszenierung, welches erst im Nachhinein »gelesen« und verstanden werden kann (vgl. Weiß, 2002; auch 2009, S. 133–150).

Biographie und Vorgeschichte
Die Patientin, eine Mitte 30-jährige Rechtsanwältin, hatte Trennungen und Verlustsituationen in ihrem Leben immer wieder als katastrophal erlebt. Sie hatte sich in Behandlung begeben, als ihre Ehe nach fünf Jahren auseinanderbrach. In der Angst, diese Situation nicht überstehen zu können, war sie davon überzeugt, ein Zusammenbruch stehe unmittelbar bevor. Ihr Mann, ein erfolgreicher Manager, hatte sich eine Freundin genommen und von der Patientin verlangt, diesen Zustand zu tolerieren, so wie er lange Zeit von ihr verlangt hatte, seine pornographischen Videos mit ihm anzusehen und die darin gestellten Szenen gemeinsam nachzuspielen. Ihrem Wunsch, eine Familie zu gründen, stand er ablehnend gegenüber und hatte sich stattdessen in Reiseaktivitäten und immer neue berufliche Aktivitäten zurückgezogen.

Die Patientin war als älteste von drei Geschwistern in einer besonderen Nähe zu ihrem strengen Vater aufgewachsen, während sie ihre Mutter als kalt, abweisend und bedrohlich erlebte. Trotz zahlreicher Kontakte zu Freundinnen und Bekannten war es ihr erst spät gelungen, sich aus dem Elternhaus zu lösen, während sie immer wieder erregte Beziehungen zu Männern einging, die oft in einer

Enttäuschung oder Katastrophe endeten. Als im Alter von 18 Jahren ein Theologiestudent ihre intensive Verliebtheit zurückwies, hatte sie einen kurzen psychotischen Zusammenbruch erlebt. Kurze Zeit später erkrankte ihr jüngster Bruder an Leukämie. Ihr vorübergehender Versuch, Medizin zu studieren, stellte einen verzweifelten Versuch dar, diesen Bruder zu retten. Schließlich entschied sie sich aber doch für das Jurastudium, an dessen Ende sie einen depressiven Einbruch erlebte. Nach mehreren Beziehungen zu älteren, meist verheirateten Männern, hatte sie dann ihren späteren Ehemann kennengelernt.

Behandlungsverlauf
Ihre Behandlung hatte die Patientin mit Enthusiasmus begonnen und in einem ihrer ersten Träume träumte sie, gemeinsam mit ihrem Therapeuten zu grundlegend neuen Erkenntnissen zu gelangen, welche die Psychoanalyse als Wissenschaft »revolutionierten«. Dieser fühlte sich von ihrer intensiven Übertragung überschwemmt, glaubte aber das, was in der Behandlung vorging, mehr oder weniger gut verstehen zu können. Bald hatte sich eine traumartig-erotisierte Atmosphäre eingestellt, die während der ersten längeren Unterbrechung zunehmend wahnhafte Züge annahm und zu einer psychotischen Krise führte.

Trotz dieser Schwierigkeiten hatte die Patientin nach zwei Jahren deutliche Fortschritte erzielt. Obwohl Trennungen immer noch bedrohliche Ängste in ihr auslösten, konnte sie das Scheitern ihrer Ehe allmählich akzeptieren. Nach einer längeren Zeit des Alleinseins hatte sie einen neuen Partner kennengelernt und zu diesem eine recht gute Beziehung entwickelt.

In der Analyse war immer wieder ein überheblicher, entwertender Teil ihrer Persönlichkeit hervorgetreten, der einen bedürftigen Teil ihres Selbst auf grausame Weise kontrollierte und für sie hilfreiche Beziehungen unterminierte. Gewann dieser Teil die Oberhand, so konnte sie ihren Analytiker z. B. in verführerischer Überlegenheit fragen: »Ich habe heute drei Träume zur Stunde mitgebracht, Nr. 1, Nr. 2 und Nr. 3. Sie dürfen sich auswählen, welchen Sie hören wollen!«

Die Sitzung, die im Folgenden beschrieben wird, fand unmittelbar vor einer erneuten Urlaubsunterbrechung statt. Die Patientin hatte sich zuvor mit positiven Aspekten in der Beziehung zu ihrem früheren Mann und ihren Eltern auseinandergesetzt.

»Schließlich«, so sagte sie, »sind sie meine Eltern und war es nicht nur eine Katastrophe, mit ihm verheiratet gewesen zu sein.« Sie erwähnte auch, dass sich die Beziehung zu ihrem jetzigen Freund verbessert habe, dass sie mehr füreinander sorgen und einander verzeihen könnten.

Dann hatte sie sich jedoch über eine ihrer Mandantinnen geärgert, die sich krankschreiben ließ und für diese Zeit einen Flug nach San Francisco gebucht hatte. Die nächste Stunde hatte sie ausfallen lassen, um ein verlängertes Wochenende mit ihrem Freund zu verbringen, an dem sie, wie sie berichtete, endlos miteinander Sex hatten. In einem Traum war sie von einer Anhöhe – möglicherweise dem überheblichen Teil ihrer Persönlichkeit – herabgestiegen, dann aber barfuß in einen Hörsaal eingedrungen, um ihrem Analytiker ihre Träume vor dem versammelten Publikum zu erzählen.

Material aus einer Sitzung
Die nächste Sitzung, die letzte vor dessen Urlaub, begann sie mit der Erwähnung eines weiteren Traumes, dessen Inhalt aber zu beschämend sei, als dass sie ihn erzählen könne. Deshalb wolle sie lieber über ein anderes Thema reden, das mehr ihren Wunsch nach Unabhängigkeit zum Ausdruck bringe – z. B. mit der Frage, warum sie manchmal so von ihren Gefühlen abgeschnitten sei, während der Behandlungsstunde mehr mit ihnen in Kontakt komme, dann aber zwischen den Sitzungen und während einer Unterbrechung den Kontakt wieder verliere.

Der Analytiker bemerkte, dass dies an ihre frühere Reaktion anlässlich von Unterbrechungen erinnere, als sie davon berichtet hatte, nur noch mechanisch wie ein Roboter weiterleben zu können, vielleicht weil die dann auftauchenden Gefühle zu beängstigend oder zu schmerzlich für sie seien. Er machte sie darauf aufmerksam, dass sie einen Traum erwähnt hatte, diesen aber nicht erzählen wollte, und fügte die Vermutung hinzu, dass beide Themen – der Traum und die Unterbrechung des Kontakts während seiner Abwesenheit – möglicherweise miteinander zu tun haben könnten.

Daraufhin berichtete sie von dem Chef ihrer Anwaltskanzlei, von dem sie einen Angriff erwartet hatte. Als dies nicht geschah, habe sie sich zunächst gefreut, dann aber sei sie einen Moment euphorisch geworden, als er die Kanzlei verließ.

Es folgte eine kurze Pause.

Dann sagte sie, mit der Erwähnung des Traums durch den Therapeuten habe sie sich von diesem verführt und manipuliert gefühlt, ihn doch zu erzählen ...

Dieser fühlte sich von ihrer Bemerkung betroffen und spürte, dass sie mit ihrer Andeutung hinsichtlich des Traumes tatsächlich seine Neugierde geweckt hatte. Vielleicht, so vermutete er, hatte sie mit der Bemerkung über ihren Chef darauf angespielt. Deshalb antwortete er, sie habe neben ihrer Sorge, wie sie während der Unterbrechung mit ihren Gefühlen von Trauer und Verlust zurechtkommen könne, ohne diese abzuschneiden, vielleicht auch gehofft, er möge sie nicht angreifen und manipulieren, ihren Traum zu erzählen. Er fügte hinzu, dass sich in die Angst vor der Unterbrechung auch ein euphorisches Gefühl gemischt haben könnte, wie es auftritt, wenn ein Verfolger weggeht.

Nachdem sie nichts erwiderte, verspürte er ein Bedürfnis, ihr zu erklären, warum er den Zusammenhang mit ihrer Furcht, den Traum zu erzählen, hergestellt hatte. Er sagte, es erscheine ihm wichtig zu sehen, dass sie sich in einer Situation befänden, in der sie sich entweder beide stillschweigend einig wären, den Traum nicht zu beachten, vielleicht weil die Auseinandersetzung mit seinem Inhalt zu peinlich wäre, oder aber sie an den Traum erinnert würde und sie sich dann verführt und manipuliert fühle.

Nach dieser Deutung schien die Patientin etwas erleichtert. Sie sagte, sie habe Angst gehabt, den Traum zu erzählen, da sein Inhalt sexuell und pornographisch und darüber hinaus mit Grausamkeit vermischt sei. Es falle ihr schwer zuzugeben, dass solche Gedanken und Gefühle von ihr ausgehen.

Dann erwähnte sie die drittletzte Sitzung, in der sie ebenfalls froh gewesen sei, das Ende der Stunde erreicht zu haben, so dass sie eine Phantasie, die sie während des Anatomiekurses in ihrem Medizinstudium gehabt hatte, nicht mehr erzählen konnte. Sie berichtete, dass sie damals den Kopf eines Leichnams habe präparieren müssen. Es sei furchtbar und schrecklich gewesen, die Haut abzulösen und das Gesicht zu zerstören. Doch sie habe gedacht, sie müsse dies tun und alles lernen, um ihren todkranken Bruder zu retten. Sie habe damals den Anatomie-Professor bewundert, der mit seinen Zeichnungen so wunderbar habe erklären können, und entdeckt, dass sie im Begriff gewesen sei, sich in ihn zu verlieben. Da sei in ihr die Phantasie entstanden, wie er das nur aushalten könne. Vielleicht sei er tagsüber ein netter Professor und in der Nacht pervers und nekrophil. Als sie diese Phantasie gegenüber einer Freundin erwähnt habe, sei diese erschreckt und über ihren Zustand besorgt gewesen.

Der Analytiker versuchte, die verschiedenen Elemente mit der aktuellen Situation zu verbinden und sagte, sie habe sich offenbar in einer Situation befunden, in der sie zwischen toten Körpern, schrecklichen Ängsten zu zerstören und ihrer Bewunderung für den Anatomie-Professor hin- und herschwankte. Daraus habe sie einen Ausweg gesucht, indem sie eine perverse Phantasie erschuf, in der sie sich fragte, ob man dem Professor trauen könne oder ob dieser selbst pervers sei. Dies schien zu dem Traum aus der vorausgegangenen Sitzung zu passen, in dem sie von einer Anhöhe heruntergestiegen und barfuß in den Hörsaal eingedrungen war, um ihrem Analytiker vor allen Hörern ihre Träume zu erzählen.

Er fügte hinzu, dass es sich in der Behandlung vielleicht ganz ähnlich verhalte: Eine Seite von ihr empfinde schreckliche Angst, während eine andere Seite den Analytiker bei seiner Arbeit bewundere. Die Lösung für diesen Konflikt liege möglicherweise in der Vorstellung, dieser habe ein perverses, voyeuristisches Interesse an ihren Träumen.

Daraufhin berichtete sie ihren Traum, wobei sie sich wunderte, warum es ihr anfangs so schwergefallen sei, ihn zu erzählen:

In diesem Traum befand sie sich in einem Raum zusammen mit anderen Paaren, wo sie einen Kuchen zubereitete. Da näherte sich ihr ein Mann, der bereits eine Partnerin hatte, mit einem Messer in der Hand und streichelte ihr Gesäß. Ihr gefiel das, obwohl sie dachte, es sei nicht in Ordnung. Dann ging sie in einen anderen Raum und schaute durch das Fenster in die Nacht hinaus. Vor einem Haus sah sie einige Punks herumlungern. Unter ihnen befand sich ein Paar, das auf ordinäre Weise miteinander sexuell verkehrte. In diesem Augenblick näherte sich erneut der Mann aus der vorherigen Szene und bemerkte: »Oh, Sie interessieren sich also dafür...!« Und sie dachte: »Warum kann er mich nicht alleine lassen?«

Nachdem sie den Traum erzählt hatte, wirkte die Patientin weniger ängstlich und weniger erregt. Der Analytiker griff das Motiv des Voyeurismus in ihrem Traum auf und erinnerte sie an die Wörter »manipuliert« und »verführt«. Sie habe offenbar das Gefühl gehabt, er sei neugierig und habe ein voyeuristisches Interesse daran, ihren Traum zu hören. Deshalb sei ihr Nicht-Erzählen-Wollen und die Art und Weise, wie sie seine Reaktion erlebte, vielleicht selbst eine subtile Reinszenierung des Traums gewesen.

Dies aufgreifend, berichtete die Patientin, wie schlecht sie sich gefühlt habe, wenn ihr Ehemann die Pornovideos mitbrachte. Noch schlimmer sei aber gewesen, dass sie es nicht nur geekelt, sondern sie auch selbst ein erregtes, gieriges Verlangen verspürt habe, diese verbotenen Dinge auszuführen.

Ihr eigentliches Problem, so fügte der Analytiker hinzu, habe deshalb für sie vielleicht darin bestanden, solche Phantasien auch bei sich selbst zu entdecken, anstatt sie nur bei ihrem Ehemann wahrzunehmen, woraufhin die Patientin erwiderte: »Ich habe diesen Traum erwähnt und nicht erzählen wollen und dadurch vielleicht Ihr Interesse erregt.«

Der Analytiker brachte seine Vermutung zum Ausdruck, die Patientin sei in dieser letzten Sitzung vor seinem Weggehen zwischen Verfolgungsgefühlen (der Chef, von dem sie eine Attacke befürchtete, der Anatomieprofessor) und Verlustängsten (dem Abgeschnittensein von schmerzlichen, traurigen Gefühlen) hin- und her geschwankt. Indem sie eine sexuelle Szene kreierte, habe sie dieses Problem zu lösen versucht, was allerdings dazu führte, dass sie sich wie im Traum – und wie früher bei ihrem Ehemann – in einer Falle fühlte.

Gegen Ende der Sitzung kam die Patientin auf ihre früheren Reaktionen anlässlich von Analyseunterbrechungen zu sprechen, einschließlich der katastrophalen Reaktion in ihrem ersten Analysejahr, als sie von psychotischen Ängsten überwältigt wurde. Sie wirkte jetzt nachdenklicher, traurig und bewegt.

Diskussion

Betrachten wir diese Sitzung im Zusammenhang mit den zuvor angestellten Überlegungen zum ›*Enactment*‹:

Die Neigung der Patientin, auf Trennungen mit katastrophalen Ängsten zu reagieren, hatte biographisch möglicherweise mit der schwierigen Beziehung gegenüber ihrer Mutter zu tun, von der sie sich schon als Kind abgelehnt und bedroht fühlte. Vor solchen Ängsten hatte sie sich zu schützen versucht, indem sie eine intensive, teilweise erotisierte Nähe zu ihrem Vater herstellte.

Im Verlauf der Behandlung waren ähnliche Ängste aufgetaucht, die während der ersten, längeren Urlaubsunterbrechung sogar zu einer psychotischen Krise führten. Trotz der Fortschritte, die die Patientin nach zwei Jahren erreicht hatte, stellten Unterbrechungen für sie auch weiterhin eine erhebliche Belastung dar

In den Sitzungen vor der letzten Stunde hatte sie sich mit guten und schlechten Erfahrungen in der Beziehung zu ihren Eltern, ihrem Ex-Ehemann und ihrem jetzigen Freund auseinandergesetzt. Dann aber hatte sie sich über eine ihrer Mandantinnen geärgert, die sich krankschreiben ließ und während dieser Zeit nach San Francisco geflogen war. Dies erschien wie ein Hinweis auf ihre Gefühle im Zusammenhang mit der bevorstehenden Unterbrechung.

Die darauffolgende Sitzung hatte sie ausfallen lassen, um ein erregtes sexuelles Wochenende mit ihrem Freund zu verbringen – vielleicht ein Versuch, ihre Gefühle von Ausgeschlossensein und Verlassenheit loszuwerden und in den Analytiker hineinzulegen, so dass dieser sich ausgeschlossen und »überflüssig« fühlte. Anschließend war sie im Traum in den Hörsaal eingedrungen, um ihm ihre Träume zu erzählen, was als verzweifelte Anstrengung verstanden werden kann, mittels projektiver Identifizierung in dessen Inneres einzudringen, um das unerträgliche Gefühl von Getrenntheit loszuwerden.

Die letzte Sitzung vor der Unterbrechung handelte dann von dem Traum, den sie nicht erzählen konnte. Indem sie ihn trotzdem erwähnte, erweckte sie die Neugierde des Analytikers und führte damit in gewisser Weise die in dem zuvor genannten Traum enthaltene Ankündigung aus: Sie drang in sein Inneres ein und machte sich zum Objekt einer öffentlichen Szene, in der der Analytiker neugierig am Inhalt ihres Traumes interessiert war – vielleicht eine Anspielung auf die Anfangszeit der Analyse, in der sie gehofft hatte, sie würde mit ihm die Psychoanalyse gemeinsam »revolutionieren«.

Aufgrund ihrer Erwähnung des Traums und der gleichzeitigen Mitteilung, sie *könne* ihn nicht erzählen, brachte sie ihn in ein Dilemma: Denn er konnte sich in dieser Situation nur »falsch« verhalten, d. h. er war im Sinne Money-Kyrles (1956) entweder mit einem Teil des Selbst oder mit einem inneren Objekt der Patientin identifiziert: Entweder würde er zustimmen, den Traum in dieser letzten Stunde nicht näher zu beachten und verhielte sich dann wie jemand, der ihre Ängste als zu bedrohlich empfand und deshalb einwilligte, sie auszublenden – oder aber er interessierte sich für ihren Traum und wurde dann zu jemandem, der ein perverses Interesse an ihren inneren Bildern hatte – wie der Mann im Traum, der von hinten an sie herantrat und bemerkte: »Oh, Sie interessieren sich also dafür!« Deshalb erlebte sie sich von ihm verführt und manipuliert.

Auf diese Weise wurde der Analytiker im Sinne der »Rollenübernahme« (Sandler, 1976) bzw. der »projektiven Gegenidentifikation« (Grinberg, 1962) in ein *Enactment* hineingezogen, welches es ihm schwer machte, seine analytische Funktion beizubehalten.

Die Patientin berichtete dann von dem befürchteten Angriff ihres Chefs und dem Triumph, den sie verspürte, als dieser das Büro verließ. Der Analytiker begann an den Motiven für sein Interesse an ihrem Traum zu zweifeln und glaubte deshalb, ihr eine *Erklärung* für seine Deutung geben zu müssen. Auch dies entsprach in diesem Moment wohl weniger einem Bemühen um Verstehen als einem Ausdruck von Schuldgefühlen und setzte damit das laufende *Enactment* fort. Erst als es gelang, die Verstrickung teilweise aufzulösen und die Gesamtsituation wieder in den Blick zu bekommen, in der das Dilemma deutlich wurde, fühlte sich die Patientin etwas erleichtert. Erst jetzt konnte sie die Szene mit dem Anatomieprofessor aus ihrem Studium erzählen.

Es lag nun nahe, diese Erinnerung mit der aktuellen Situation und mit biographischen Elementen zu verbinden: mit ihren Verfolgungs- und Vernichtungsängsten, mit ihrem verzweifelten Versuch, ein sterbendes Objekt (ihren Bruder) zu retten, mit ihrer Erotisierung und Spaltung des »Professors«... Vermutlich wurde ein solches Verstehen der Gesamtsituation erst möglich, nachdem das anfängliche *Enactment* bearbeitet war. Erst jetzt konnte die Patientin auch ihren Traum erzählen.

In der Deutung spielte der *Trauminhalt* zunächst keine wichtige Rolle. Es ging vielmehr darum, gemeinsam mit der Patientin zu verstehen, *wie der Traum innerhalb der Beziehung der Übertragungssituation bereits in Szene gesetzt worden war*, so dass er jetzt eher wie die nachträgliche Erläuterung zu einer Interaktion erschien, die bereits stattgefunden hatte. Möglicherweise wäre es aber auch wichtig gewesen, einzelne Elemente des Trauminhalts noch besser zu verstehen.

In der vorliegenden Situation hatte es die Deutung des *Acting-in* (vgl. Joseph, 1971, 1975) der Patientin erleichtert, ihre Projektionen zurückzunehmen. Dadurch musste sie ihren Analytiker nicht mehr wie einen perversen Partner wahrnehmen, der sie zu verführen trachtete, sondern konnte sich den Gefühlen von Trauer und Verlust annähern, die für sie im Zusammenhang mit der bevorstehenden Unterbrechung so schwer zu ertragen waren.

6.4 Behandlungstechnische Konsequenzen und neuere Ansätze: Die Theorie der pathologischen Organisationen bei H.A. Rosenfeld und J. Steiner

Behandlungstechnische Schwierigkeiten, wie sie in dem zuletzt beschriebenen Beispiel auftauchten, sind charakteristisch für Patienten mit Borderline-Problemen und komplexen inneren Abwehrorganisationen. In der Arbeit mit ihnen machten viele Analytiker die Erfahrung, dass ihre Deutungen relativ nutzlos blieben, solange es nicht gelang, die Art und Weise zu verstehen, in der bestimmte emotionale Erfahrungen missrepräsentiert wurden.

Diese »Missrepräsentationen« (Bion, 1962) bzw. »Misskonzeptionen« (Money-Kyrle, 1968) werden oftmals auf subtile Weise in die therapeutische Beziehung eingeführt. Das wesentliche Element der Deutung liegt dann darin, dass der Analytiker zu einem bestimmten Zeitpunkt in der Lage ist, seine Verwicklung in die innere Welt des Patienten zu erfassen. Gelingt dies, so werden durch die Interpretation »die beiden Welten, die intrapsychische und die interpersonale, zusammengeführt« (Gabbard, 1995, S. 499).

Ein spezielles behandlungstechnisches Problem ergibt sich dabei aus dem Umstand, dass bei diesen Patienten klassische Deutungen – d.h. Deutungen, die sich auf die innere Welt des Analysanden beziehen – oft so empfunden werden, als hätte der Analytiker etwas Eigenes in sie hineingelegt. J. Steiner (1993) schlug deshalb das Instrument der »analytikerzentrierten Deutung« vor. Diese untersucht zunächst nur das Bild, das der Patient zu einem bestimmten Zeitpunkt vom Analytiker generiert, um es erst in einem zweiten Schritt auf dessen eigene Gefühle zurückzubeziehen. Auf diese Weise wird dem Patienten ein Gefühl von »*Containment*« (Bion) vermittelt, wobei der Wechsel von analytikerzentrierten (»Sie erleben mich als jemanden, der ein neugieriges Interesse an Ihren Träumen hat …«) hin zu patientenzentrierten Deutungen (»…vielleicht auch deshalb, weil die bevorstehende Unterbrechung Angst und Verlassenheit in Ihnen aufkommen lässt«) dem Übergang von einem *passiven Verstandenwerden* hin zu einem *aktiven Verstehen* entspricht.

Steiners (1993, 2006) Untersuchungen zum Aufbau pathologischer Persönlichkeitsorganisationen haben in neuerer Zeit das Verständnis unbewusster Abwehrprozesse erweitert und vertieft. Eine »pathologische Organisation« kann dabei entweder als Ineinandergreifen von Abwehrmechanismen oder als komplexes Netzwerk von Objektbeziehungen verstanden werden, welches der Aufrechterhaltung eines prekären psychischen Gleichgewichts dient. Dieses Gleichgewicht kann durch Fragmentierungs- und Verfolgungsängste (paranoid-schizoide Ängste im Sinne M. Kleins) ebenso wie durch unerträgliche Trauer- und Schuldgefühle (depressive Ängste) gefährdet werden.

Steiner (1992, 1993) ordnet deshalb pathologische Organisationen einer dritten Position zu, welche sich mit den beiden von M. Klein (1946) beschriebenen Positionen in einem ständigen Austausch befindet. Er nennt diese Position »Borderline-Position« und ordnet sie klinisch seelischen Rückzugszuständen zu.

Die Borderline-Position führt in das Gleichgewicht PS ↔ D eine dritte Größe ein. Sie wird dann aufgesucht, wenn die Ängste der paranoid-schizoiden oder der depressiven Position überhand nehmen und das Individuum vor ihnen Zuflucht sucht. Sie kann deshalb auch als »Ort des seelischen Rückzugs« (*psychic retreat*) beschrieben werden. Klinisch macht sie sich oft in langen Phasen des Stillstands und der Stagnation bemerkbar, in denen scheinbar keine psychische Entwicklung mehr stattfindet und der Patient für den Analytiker schwer erreichbar ist.

Solche Rückzugszustände waren schon früh von Autoren wie K. Abraham (1919) und J. Rivière (1936) beschrieben worden. Rivière betrachtete sie als »Teil eines *hochorganisierten Abwehrsystems*« (Rivière, 1936, S. 138), wie es im Zusammenhang mit narzisstischen Widerständen und negativen therapeutischen Reaktionen in Erscheinung tritt. W. Reich (1933) sprach von einem »Charakterpanzer« und H. Deutsch (1942) prägte den Begriff der »Als-ob«-Persönlichkeit, womit sie eine besondere Form des angepassten Funktionierens ohne echten Kontakt mit den eigenen Gefühlen und der äußeren Wirklichkeit beschrieb (vgl. a. Riesenberg-Malcolm, 1990). Ähnliche Phänomene fasste später D.W. Winnicott (1960) unter dem Titel des »falschen Selbst« zusammen (▶ Kap. 2).

Diese Autoren stimmen darin überein, dass pathologische Organisationen weite Teile der Persönlichkeit durchdringen (vgl. Weiß & Frank, 2002). Häufig stellen sie Antworten auf schwierige, traumatisierende Bedingungen der frühen Kindheit dar, in denen sie als Versteck oder Zufluchtsort dienten. Im Verlauf der Zeit verwandeln sie sich jedoch in Gefängnisse, aus denen das Individuum keinen Ausweg mehr findet.

H.A. Rosenfeld (1964, 1971, 1983) beschrieb, wie Selbst- und Objektanteile in pathologischen Organisationen miteinander verbunden sind und betonte die Art und Weise, in der omnipotente und destruktive Regungen in sie einbezogen werden. Ihre Funktion verglich er mit der Tätigkeit einer innerpsychischen, »mafiaähnlichen Bande«: Dabei wird ein schwacher, bedürftiger Teil des Selbst zunächst mit falschen Versprechungen gelockt und später von einem omnipotenten Persönlichkeitsanteil in Verbindung mit destruktiven inneren Objekten grausam beherrscht und kontrolliert. In diesem Zusammenhang wies Rosenfeld darauf hin, dass gerade bei früh gestörten und traumatisierten Patienten destruktive Impulse idealisiert und erotisiert werden können, woraus eine süchtige Abhängigkeit von der pathologischen Struktur entsteht.

In ähnlicher Weise führte D. Meltzer (1968, 1973) aus, dass sich der destruktive Teil des Selbst dem schwachen, leidenden Selbst zunächst als Beschützer in der Not anbietet. In einem zweiten Schritt werde das leidende Selbst dann mit narzisstischer und sexueller Gratifikation verführt, bis die Organisation schließlich zunehmend Kontrolle über das Selbst gewinnt und es zwingt, ihre Methoden bedingungslos zu akzeptieren. Die Grausamkeit dieser Dominanz wird oft erst dann deutlich, wenn sich das Individuum aus der Macht der Organisation lösen will, was in der Behandlung nicht selten zu negativen therapeutischen Reaktionen führt. Wir werden dies noch an einem abschließenden klinischen Beispiel erläutern.

Obwohl die Struktur und Funktion pathologischer Organisationen oft unbewusst bleiben, werden sie in den Träumen und Tagesphantasien Patienten nicht selten bildhaft dargestellt. Steiner unterscheidet dabei zwei Darstellungsformen von seelischen Rückzugszuständen:

In *räumlicher Hinsicht* taucht der Rückzug z.B. in Bildern von Höhlen oder Räumlichkeiten auf, in denen der Patient Zuflucht findet. Manchmal werden diese Orte idealisiert und begegnen dann als »sicherer Hafen«, fernes Land oder einsame Insel, die »ewigen Frieden«, Sicherheit und Überfluss gewähren. Nach innen erscheinen sie als idyllische Enklaven (O'Shaughnessy, 1993), während ihr Abwehrcharakter als undurchdringliches Bollwerk nur nach außen hervortritt. Mitunter wird jedoch auch die depressive Qualität des Rückzugs deutlicher sichtbar und der Rückzugsort erscheint dann als Gefängnis, dunkler Keller oder karge Landschaft, in der Leben nur unter eingeschränkten Bedingungen möglich ist. Gemeinsam ist allen diesen Örtlichkeiten, dass sie Stabilität und Schutz vor bedrohlichen Veränderungen gewähren.

In der *interpersonalen Darstellungsform* treten Rückzugszustände z. B. als Geschäftsorganisationen, Sekten oder mafiaähnliche Banden in Erscheinung, welche dem Patienten Macht und Schutz versprechen, wenn er ihre Methoden bedingungslos akzeptiert. In diesem Fall sind die zugrunde liegende Grausamkeit und der sadomasochistische Charakter der Beziehungen oft nur wenig verhüllt. Auch hier kann die Organisation jedoch idealisiert werden und begegnet dann etwa als moralische Instanz, altruistische Gemeinschaft oder »richtige« Partei, die eine »Wende zum Besseren« verspricht.

Zeitlose Zustände können eine dritte Darstellungsform des seelischen Rückzugs bilden, der dann als romantische Sehnsucht, immerwährende Hoffnung, allwissende Verzweiflung oder allgemeiner: in Form von Utopien oder Dystopien in Erscheinung tritt. Gemeinsam ist allen diesen Verzerrungen des Zeiterlebens, dass sie die Gegenwart in einen statischen Zustand verwandeln und die Vergänglichkeit verleugnen, die allen menschlichen Erfahrungen zugrunde liegt (Weiß, 2012).

Die behandlungstechnischen Probleme, die Patienten mit ausgeprägten Rückzugszuständen bieten, bestehen zum einen darin, dass sie den Analytiker in den Rückzugszustand mit einbeziehen (vgl. Rosenfeld, 1987). Jede Veränderung wird deshalb zunächst als Bedrohung des bestehenden Gleichgewichts erlebt und es bleibt oft zunächst dem Analytiker überlassen, mit jenen Gefühlen des Ausgeschlossenseins, der Hilflosigkeit und Ohnmacht, aber auch der Furcht und Schuld umzugehen, von denen sich der Patient bedroht fühlt. Während pseudokooperative Haltungen nicht selten sind, werden wirkliche Veränderungen für den Patienten oft erst dann erreichbar, wenn es gelingt, den Aufbau und die Funktion der pathologischen Organisation innerhalb der therapeutischen Beziehung zu verstehen (vgl. O'Shaughnessy, 1981).

Wie bereits erwähnt, werden pathologische Organisationen oft vor dem Hintergrund früher, traumatischer Erfahrungen in dem Bestreben aufgebaut, vor Verwirrung und katastrophalen Ängsten Schutz zu finden. Diese Zuflucht verwandelt sich im Laufe der Zeit in ein Verließ, aus dem schließlich kein Weg mehr herausführt. Gelingt es im Verlauf der Therapie, jenes Labyrinth zu entwirren, in dem die psychische Entwicklung des Patienten steckengeblieben ist, so wird er beim Verlassen seines Rückzugsorts oft genau jenen Ängsten ausgesetzt, die ursprünglich zum Aufbau seiner pathologischen Organisation beitrugen. Mitunter wird die Behandlung jedoch auch selbst vorübergehend zu einem Ort des seelischen Rückzugs.

6.5 Klinisches Beispiel – Einblick in die behandlungstechnischen Schwierigkeiten einer Psychoanalyse

Das abschließende klinische Beispiel soll von diesen komplizierten Verhältnissen eine Vorstellung geben und zugleich einen Einblick in die behandlungstechnischen Schwierigkeiten vermitteln, die sich mit der allmählichen Veränderung einer Abwehrorganisation im Verlauf einer psychoanalytischen Behandlung ergeben.

> Die Patientin, eine 24-jährige, oft scheu und hilflos wirkende, dann wieder »korrekt« und damenhaft auftretende junge Frau hatte sich zwei Jahre nach dem frühen Tod ihres Vaters und wenige Monate, nachdem sie ihren Mann geheiratet hatte, in Analyse begeben. Sie hatte den Tod ihres Vaters nicht betrauern können und war überzeugt, die Ehe nicht »verdient« zu haben. So hatte sich ihr Zustand bereits kurze Zeit nach der Heirat verschlechtert: Sie nahm an Gewicht ab, fing wieder an, sich selbst zu verletzen, und war in Gedanken mit Unfällen, unheilbaren Krankheiten und der Vorstellung beschäftigt, dass ihr Mann sie bald verlassen würde.

Der Rückzugsort
Unter diesen Gedanken spielten Phantasien von einem »Turm« eine wichtige Rolle, der, wie sich im Verlauf der Behandlung herausstellte, der räumlichen Darstellung eines Orts des seelischen Rückzugs entsprach.

In diesen imaginären Turm zog sich die Patientin zurück, wann immer ihr das Leben in der Wirklichkeit unerträglich erschien. Im Inneren des »Turms« wurde sie von anonymen Männern gequält, denen sie sich solange unterwerfen musste, bis sie jeden eigenen Willen aufgab und schließlich in einen Zustand geriet, in dem sie »dazugehörte«. Dann war sie in ihrer Phantasie eng mit ihren Folterern verbunden und hoffte, unter ihrem Schutz völlige Sicherheit zu finden. Diese Vorstellung empfand sie als »Erleichterung«. Sie ließ sie oft in Tagträume abgleiten und diente ihr nachts, wenn sie alleine war, als Trost und Einschlafhilfe.

In der Behandlung dauerte es ein halbes Jahr, bis die Patientin erstmals über diese Gedanken sprechen konnte. Sie befürchtete, die Phantasie würde dadurch ihre Wirkung verlieren und die »Männer im Turm«, die sie ihre »Freunde« nannte, würden ihr ihren Schutz entziehen.

So stellte die Therapie einerseits eine Bedrohung ihrer Sicherheit dar. Andererseits wurde sie aber auch als machtlos empfunden, so dass der Analytiker zwar die einzige Person war, die von ihren Quälereien wusste, sie aber hilflos mit ansehen musste. Tatsächlich bildete die Vorstellung von einer Person, die alles weiß, aber nicht eingreifen kann, einen zentralen Bestandteil ihrer Phantasie.

Biographie und Vorgeschichte
Die Lebensgeschichte von Frau B. ließ den Rückzugsort, den sie in ihrem »Turm« gefunden hatte, besser verständlich werden: Als jüngere von zwei Schwestern war sie in einer desolaten Situation aufgewachsen mit einer Mutter, die die meiste Zeit betrunken oder abwesend war und einem von depressiven Gefühlen erdrückten Vater, der das häusliche Elend verleugnete und in seiner Hilflosigkeit manchmal die Kontrolle verlor. Wegen zahlreicher Betrugsdelikte war die Mutter bereits während der Kindheit der Patientin wiederholt inhaftiert worden, während die Familie verarmte und ihre Schulden nicht zurückzahlen konnte. Manchmal hätten sie und ihre ältere Schwester mehrere Tage ohne Essen in der Wohnung verbracht. Bereits in

ihrem zweiten Lebensjahr habe man sie »ausgetrocknet« in eine Klinik eingeliefert. Das gleiche wiederholte sich im Alter von 11 Jahren, als die Patientin nichts mehr aß und sterben wollte. Sie habe gehofft, dadurch die Mutter von der Last ihrer Existenz befreien zu können.

Wie im Verlauf der Behandlung deutlich wurde, hatte sich die Mutter nicht nur selbst prostituiert, sondern auch die Patientin über lange Zeit an pädophile Männer »ausgeliehen«. Aus diesen Misshandlungen gingen später »die Männer im Turm« hervor, die nun in ihrer Phantasie von Verfolgern zu Beschützern wurden.

Auf diese Weise war eine pathologische Organisation entstanden, die vor Verwirrung und Fragmentierungsängsten Schutz gewährte. Das Versprechen der Organisation bestand darin, Verfolgung in Sicherheit zu verwandeln, indem sie eine Identifikation mit grausamen, machtvollen Objekten herstellte, wenn die Patientin ihrerseits bereit wäre, sich deren Prinzipien zu unterwerfen und auf ein eigenes Leben zu verzichten. Das Verließ im Turm stellte dabei eine machtvolle Instanz dar, welche »Ordnung« anbot und um den Preis von Leiden die Befreiung von Schuldgefühlen in Aussicht stellte. Dieses »Leben in der Hölle«, so beschrieb es die Patientin später einmal, sei für sie lange Zeit die einzige Möglichkeit gewesen, um überleben zu können, und sie habe sich oft danach zurückgesehnt.

Nach der Scheidung der Eltern war sie bei ihrem Vater geblieben und hatte nach dem Auszug ihrer Schwester bereits in jungen Jahren die Führung des elterlichen Haushalts übernommen. Trotz all‹ dieser Belastungen gelang es ihr, ihre schulische Ausbildung abzuschließen und eine Anstellung als Sekretärin bei einer großen Sicherheitsorganisation zu finden. Dort war mittels Vorschriften und Dienstanweisungen alles bis ins kleinste Detail geregelt, was ihrem Bedürfnis nach Unterordnung und Disziplin entgegenkam. Sie traf ihren ersten Freund, der sie über Jahre hinweg erniedrigte, bis sie sich von ihm trennte und ihren späteren Ehemann kennenlernte. Die Beziehung zu ihrer Mutter hatte sie zu »löschen« versucht, befürchtete jedoch, eines Tages genauso wie die Mutter im Chaos zu versinken und von Gier und Grausamkeit überwältigt zu werden. Aus diesem Grund hatte sie es sich auch verboten, an eigene Kinder zu denken.

Bevor die Patientin in Analyse kam, hatte sie jahrelang in einem Zustand der »Betäubung« gelebt, war mit Neuroleptika, Antidepressiva, Tranquilizern und Verhaltenstherapie mehr oder weniger erfolglos behandelt worden. Ihre Selbstverletzungen reichten bis in ihre

Kindheit zurück und wechselten mit Essproblemen, quälender innerer Unruhe sowie dem immer schon bestehenden Wunsch, bald sterben zu können. Dass ihr Ehemann sie liebte, hatte sie aus ihrer Sicht nicht verdient. Dieser Zustand kam ihr ebenso unwirklich vor wie die Tatsache, dass es in der Analyse darum gehen sollte, ihre innere Not zu verstehen. Sie war überzeugt, *von Grund auf schlecht zu sein* und sah die einzige Berechtigung für ihre Existenz darin »zu überleben, um für andere zu funktionieren«. So erhoffte sich von der Behandlung zwar eine Verbesserung ihres Zustandes, aber eben in dem Sinne, dass sie so zu werden hätte, wie es sich ihr Analytiker von ihr vorstellte. Denn »Disziplin« und Unterordnung waren für sie oberstes Gebot.

Behandlungsverlauf
Die Entwicklung der pathologischen Organisation während der Behandlung kann – mit zahlreichen Überlappungen und Überschneidungen – vereinfacht in vier Phasen unterteilt werden:

- in eine *erste Phase*, in der sich die Patientin in absoluter Loyalität sowohl gegenüber ihren Unterdrückern als auch gegenüber ihrem Analytiker befand,
- in eine *zweite Phase*, in der sie in einen unlösbaren Loyalitätskonflikt geriet,
- in eine *dritte Phase*, in der sie sich aus der Vorherrschaft ihrer pathologischen Organisation herausbewegte, nun aber von Chaos und Verwirrung bedroht war und sich von der Therapie wie eine Marionette abhängig fühlte, und schließlich
- in eine *vierte Phase*, in der es ihr deutlich besser ging und in der es zu einer Art »Koexistenz« zwischen ihrer nun geschwächten pathologischen Organisation und der Analyse kam.

Diese vier Phasen und die daran anschließenden Entwicklungen sollen im Folgenden kurz dargestellt werden.

Phase 1: Unterwerfung
Da für die Patientin Disziplin und Kontrolle die beiden wichtigsten Lebensprinzipien waren, unterschieden sich ihre Vorstellungen zu Beginn der Behandlung sehr von denjenigen ihres Analytikers: Während dieser ihr einen Raum bieten wollte, um mit unerträglichen Gefühlen zurechtzukommen, vermisste sie von seiner Seite klare

Vorgaben und »Anweisungen«. Also versuchte sie, zwischen seinen Worten zu lesen und die an sie gerichteten Erwartungen herauszuhören.

Es war für sie z. B. klar, dass sie wieder »gesund« werden müsste und bei ihrer Arbeit zu »funktionieren« hätte, damit der Analytiker mit seiner Arbeit zufrieden wäre. Ferner nahm sie an, dass sie absolut pünktlich zu kommen hätte, weder eine Minute zu früh noch zu spät sein durfte, sich beim Warten auf dem Stuhl mit dem Rücken nicht anlehnen durfte und sehr schnell wieder »hinausgeworfen« werden könnte, wenn sie seinen Anforderungen nicht genügte.

Dem Analytiker fiel es schwer, die Rolle einer derart grausamen, gebieterischen Figur anzunehmen. Er bemerkte, wie er dieser Grausamkeit immer wieder auswich und stattdessen bestrebt war, der Patientin besonders mitfühlend zu begegnen. Frau B. schien dadurch zwar berührt. Zugleich aber verwirrte es sie. Denn diese Haltung erschien ihr unwirklich, und manchmal befürchtete sie, es könnte eine »Falle« sein, um sie abhängig zu machen und sie dann wieder fallenzulassen. Sie nahm ihre Stunden mit großer Ernsthaftigkeit wahr und reagierte traurig, wenn einzelne Termine ausfielen, so dass ihre Anhänglichkeit und ihr Vertrauen spürbar waren.

Dabei war allerdings nicht zu übersehen, dass diese Anhänglichkeit zu einem großen Teil auf Unterwerfung beruhte. Tatsächlich gab es viele Stunden, zu denen die Patientin, elegant und korrekt gekleidet, in fast militärischer Disziplin erschien. Dann waren ihre Schritte beim Herannahen stakkatoartig schon aus der Distanz zu hören. Bei der Begrüßung senkte sie den Blick, legte sich auf die Couch und berichtete dann pflichtgemäß von dem, wovon sie dachte, dass es erwartet würde. In ihrem Bemühen, nichts »falsch zu machen«, schien sie bestrebt, die Erwartungen des Analytikers zu erfüllen. In solchen Stunden konnte sie kühl, geschäftsmäßig und distanziert wirken, was jedoch ebenso schnell in eine verzweifelte Hilflosigkeit und Traurigkeit umschlug. Diese Momente, vor allem wenn sie während der Stunde ein Weinen nicht unterdrücken konnte, waren für sie »unverzeihlich«. Denn sie erlebte dies als »Jammern« und war überzeugt, dass man ihr solche »Schwäche« nicht verzeihen könnte.

Tatsächlich war es für sie ein Problem, dass ihr Gegenüber seine Erwartungen an sie nicht offenlegte. Für sie stand fest, dass der Analytiker einen Plan verfolgte, den sie zu erfüllen hätte. Dass er sie über diesen Plan im Unklaren ließ, schien einer besonders grausamen

Strategie zu entsprechen. Denn auf diese Weise konnte sie es nur »falsch machen« und war ihm trotzdem ausgeliefert. Wenn er auf ihre Traurigkeit, ihre Angst, ihm ausgeliefert zu sein und sie über seine Pläne im Unklaren zu lassen, zu sprechen kam, war sie berührt, vor allem aber verwirrt. Denn sie dachte, persönliche Gefühle dürften in der Therapie keine Rolle spielen und sie würde sicher sehr »professionell« behandelt, obwohl ihre Anhänglichkeit und Verletzlichkeit sehr spürbar waren.

Sie erzählte ihre Lebensgeschichte, von ihrer verheerenden Kindheit, dem kalten, mörderischen Hass gegenüber ihrer Mutter und von den Männern, die sie misshandelt hatten, so als wäre der Analytiker eine »neutrale« Person, die diese Informationen benötigte, um daraus seine therapeutischen Schlussfolgerungen zu ziehen. Dabei ging sie davon aus, er würde das, was sie ihm anvertraute, nicht gegen sie verwenden, obwohl die Ähnlichkeit zwischen der Behandlungssituation und den »fremden Männern«, denen sie ausgeliefert war, kaum zu übersehen war. Als sie einmal auf ihre Unruhe und ihr Unwirklichkeitsgefühl im Zusammenhang mit der Verlegung einer Stunde in einen anderen Raum angesprochen wurde, antwortete sie spontan: »Ich wusste nicht, was mich hinter dieser Tür erwartet.«

Oft entstand im Analytiker das Gefühl, es spiele sich zwischen ihm und seiner Patientin ein schreckliches Missverständnis ab: Während er für ihre weichen, anhänglichen und verletzlichen Seiten mehr Raum schaffen wollte, glaubte sie, er würde sie dafür verachten und dies als Mangel an »Disziplin« betrachten. Kritik an ihm war für sie gänzlich »verboten« und eigentlich undenkbar. Denn Sicherheit war nur durch völlige Übereinstimmung und vollständige Unterwerfung erreichbar. So war es ihr zum Beispiel gelungen, aus seinen Deutungen »Befehle« herauszuhören.

Als sie ihm dies eröffnete, reagierte er ziemlich konsterniert. Doch die Patientin erläuterte, im »Diensthandbuch« ihrer Organisation werde ein »Befehl« durch folgende drei Elemente definiert: erstens *Analyse der Situation*, zweitens *Erkundung von Handlungsalternativen* und drittens *Festlegung und Kontrolle der Durchführung*.

Es war nicht zu leugnen, dass seine Deutungen alle diese Elemente enthielten. Dabei tröstete er sich mit dem Gedanken, dass die Sicherheitsorganisation, für die sie arbeitete, wahrscheinlich weniger pathologisch aufgebaut war als das grausame Über-Ich, das sie innerlich beherrschte und quälte. Also, dachte er, könnten ihr seine

Deutungen/»Befehle« womöglich helfen, innere Katastrophen besser zu überstehen.

Phase 2: ein unlösbarer Loyalitätskonflikt
Diese Vorstellung war jedoch insofern gutgläubig, als der Analytiker nach wie vor hoffte, nicht selbst Teil der grausamen Organisation zu werden, die sie innerlich beherrschte. Als sie zum ersten Mal von ihren Tagträumen von den »Männern im Turm« berichtete, war dies für sie mit erheblicher Angst verbunden. Zu dieser Phantasie gehörte auch die Vorstellung von einer Person außerhalb des Turms, die »alles weiß«, aber hilflos zuschauen muss.

Der Analytiker teilte ihr seine Vermutung mit, dass diese machtlose dritte Person außerhalb des Turmes wahrscheinlich die Analyse repräsentiere und sie reagierte sofort beunruhigt und mit heftigen Schuldgefühlen.

Er erklärte ihr daraufhin, dass sie seine Bemerkung womöglich als harsche Kritik verstanden hätte, so als hätte sie ihn zu einer schwachen, hilflosen Figur gemacht, die alles mit ansehen müsse, ohne eingreifen zu können, und fügte hinzu, sie befürchte womöglich, dafür bestraft oder sogar aus der Analyse »hinausgeworfen« zu werden.

Die Patientin sah sich nun in einer prekären Situation, in der sie Angst hatte, alles zu verlieren: Auf der einen Seite die Stunden und damit ihre Hoffnung auf Veränderung; auf der anderen Seite die »Männer im Turm«, die ihr diese Illoyalität niemals verzeihen würden, sie noch härter bestrafen oder ihr ihren Schutz entziehen würden. Denn die Grausamkeiten, denen sie ausgesetzt war, beinhalteten als zentralen Gedanken die Idee eines *Überlebens durch »Disziplin«*.

Dass sie in der Therapie von diesem Geheimnis erzählt hatte, brachte sie in einen Loyalitätskonflikt mit ihrer inneren Organisation. Tatsächlich begann die »Phantasie«, die ihr bis dahin immer zur Verfügung stand, nun allmählich ihre beruhigende Wirkung zu verlieren, und wurde sie nach den Sitzungen manchmal gedemütigt und beschimpft.

Eine innere Stimme, die sie als »Polizisten« identifizierte, schrie sie an und machte sich über sie lustig: Sie sei niederträchtig und wertlos. Sie habe wiederum eine Stunde nur mit »Jammern« verbracht. Man werde jetzt noch schlechter über sie denken. Beim Weggehen von der Stunde dürfe sie nicht aufblicken. Denn nun würde es ja jeder wissen... So war der Weg bis zu ihrem Auto eine einzige öffentliche

Erniedrigung. Erst als sie die Türe hinter sich verschlossen hatte, sagte die Stimme, sie könne sich jetzt wieder aufrichten, ihre Schultern durchstrecken. Sie solle ihre »Uniform« anlegen und zur Arbeit gehen. Und sie gehorchte, ging zu ihrer Arbeit und »funktionierte«.

Dies war die Stunde, in der sie zum ersten Mal von den Quälereien ihrer Kindheit berichtet hatte. Die Vermutung, die »Freunde im Turm« seien aus einer allmählichen Umwandlung jener Männer hervorgegangen, die sie in der Kindheit missbraucht hätten, ließ sofort ein Schuldgefühl in ihr aufkommen. Wenn dem so sei, so sagte sie, sei sie ja mitschuldig und deren »Komplizin«.

Diese Reaktion illustrierte etwas von der Schwierigkeit, irgendetwas zu sagen, bei dem sich die Patientin nicht schuldig fühlte. Dennoch enthielt der Gedanke, sie sei im Laufe der Zeit zur »Komplizin« geworden, auch eine wichtige Einsicht.

Material aus einer Sitzung
Zur nächsten Stunde erschien sie mit dem Eingeständnis, sie habe diese Stunde innerlich bereits vorbereitet und fühle sich schuldig, den Therapeuten auf diese Weise zu »kontrollieren«. In ihrer Vorstellung würde er von ihr verlangen, sie müsse noch mehr über den Missbrauch ihrer Kindheit erzählen, dieser würde zum einzigen Thema, ja zum Mittelpunkt der Therapie, er sei überhaupt das einzig Interessante an ihr... Und wenn sie dem nicht nachkomme, würde dies vom Analytiker als »Sabotage« gewertet werden.

Dieser antwortete, sie fürchte offenbar, von ihm missbraucht zu werden. Sie habe Angst, er könnte ein neugieriges Interesse an ihren schlimmsten Erfahrungen entwickeln und sie erneut der Beschämung und Erniedrigung aussetzen.

Sie war über diese Deutung geschockt; denn diese bedeute ja, der Missbrauch könne sich auch hier abspielen. Dann schwieg sie eine Weile und wurde sehr traurig. Vergeblich versuchte sie, gegen ein Weinen anzukämpfen, und sagte, sie müsse nach der Stunde ihren Kopf mit »Watte« füllen, um diese Gefühle wieder loszuwerden.

Nach einer Pause fügte sie hinzu, sie habe manchmal versucht, etwas von ihren schlimmen Erfahrungen anzudeuten, aber es sei immer schief gegangen. Ihr früherer Freund habe sie noch mehr gedemütigt, ihr Ehemann habe nicht gewusst, wie er reagieren sollte, was sie ihm als Gleichgültigkeit auslegte, und neulich, als eine Freundin sie darauf ansprach, sei sie völlig verzweifelt gewesen.

Der Analytiker versuchte zusammenzufassen, sie habe ein Skript für die heutige Stunde entworfen, offenbar in der Befürchtung, es könne auch hier etwas schief gehen: Er würde sie entweder weiter demütigen, indem er »alles wissen« wollte; er könnte – wie ihr Ehemann – hilflos oder gleichgültig reagieren, oder es würde eine solche Traurigkeit in ihr aufkommen, dass sie aus lauter Verzweiflung ihren Kopf mit »Watte« füllen müsste.

Sie weinte und sagte, sie denke zum ersten Mal traurig an ihre Mutter. Was sei mit ihr losgewesen? Wie habe sie das ihren Kindern nur antun können? Diese Gedanken brächten sie jedoch durcheinander. Bisher habe sie nur voller Hass oder in »disziplinierter Gleichgültigkeit« an sie denken können. Und jetzt sei sie völlig verwirrt...

Diese Verwirrung und Hilflosigkeit waren deutlich zu spüren, als sie sich verabschiedete und den Raum verließ.

Diskussion

Solche Stunden stellten trotz der Schwierigkeiten, die in ihnen auftauchten, einen Fortschritt dar. Sie zeigten einerseits, wie die Patientin innerhalb der Sitzung sofort einen neuen »Turm« errichtete, indem sie den Analytiker einlud, sie zu demütigen und ein voyeuristisches Interesse an ihren Missbrauchserfahrungen zu entwickeln. Wenn er sich darauf nicht einließ, blieb ihm nur die Rolle des hilflosen Zuschauers, der alles mit ansehen und mitleiden musste, ohne eingreifen zu können. Auch dies war natürlich eine ziemlich unerträgliche Position, so dass in ihm manchmal Rettungsphantasien auftauchten, die einzig gute Figur in ihrem Leben zu sein, die sie aus ihrer sadistischen Organisation herausholen und befreien würde. Dabei stellte die Evokation solcher Gegenübertragungsphantasien letztlich nur eine andere Weise dar, den Status quo aufrecht zu erhalten und Kontrolle auszuüben.

Trotzdem gab es Momente, in denen die Patientin ihre Kontrolle verlor und dann hilflos und anhänglich wirkte. Es waren diese Momente, in denen sie ihre eiserne Disziplin und Gefügigkeit – ihren »Schutz- und Abwehrpanzer«, wie sie ihn selbst nannte – vorübergehend aufgab und von Traurigkeit überwältigt wurde.

Anfangs waren solche Bewegungen begrenzt und schlugen schnell in erneute Demütigung und Erniedrigung um. Die Organisation betrachtete diese Veränderungen mit äußerstem Misstrauen, verhöhnte und verspottete sie. Dies gab immer wieder Anlass zu Rückzugszuständen und negativen therapeutischen Reaktionen und sorgte dafür, dass ihre

Traurigkeit rasch in Verwirrung, Chaos und in ein Gefühl der Unwirklichkeit umschlug.

Phase 3: Chaos und Verwirrung
Ein Grund hierfür lag in dem Umstand, dass im Erleben der Patientin nur *schlechte Erfahrungen wirkliche Erfahrungen* waren. Sie war der Auffassung, dass *nur das Schlechte wirklich sein konnte*, was umgekehrt bedeutete, *dass die Wirklichkeit schlecht und das Gute unwirklich war*. Insofern die Analyse also Hoffnung auf Veränderung beinhaltete, gehörte sie zu den guten, aber »unwirklichen« Erfahrungen.

Darüber hinaus war sie davon überzeugt, dass ihr nur die *eigene Schlechtigkeit ein Gefühl von Identität vermitteln konnte*, während das Auffinden von etwas Gutem in ihr Verwirrung, Verfolgung und unerträgliche Schuldgefühle auslöste. Diese Art von Spaltung bedeutete für die therapeutische Arbeit ein erhebliches Problem. Denn sie brachte es mit sich, dass die Patientin immer wieder in Zustände der »Auflösung« geriet, wenn sie versuchte, etwas Gutes in sich aufzunehmen. Die Analyse stellte deshalb für ihr Identitätsgefühl auch eine Bedrohung dar. Andererseits vermittelte sie den Eindruck, verzweifelt auf die Behandlung angewiesen zu sein, so als bräuchte sie die Stunden, um darin etwas Gutes unterzubringen und es vor neidischen inneren Objekten schützen zu können.

Wie bedrohlich diese zerstörerischen Kräfte waren, zeigte sich im zweiten Analysejahr, als sich in ihrem Leben eine Reihe schmerzhafter Veränderungen einstellten und in dieser schwierigen Situation ihre »alte Ordnung« – vertreten durch die eiserne Disziplin und die »Männer im Turm« – nicht mehr zuverlässig funktionierte.

Zunächst war ihre Großmutter väterlicherseits – vielleicht die einzige »gute« Figur ihrer Kindheit – schwer erkrankt und schließlich verstorben. Sie versuchte, sich um sie zu kümmern und musste wegen der langen Fahrten zu der weit entfernt lebenden Großmutter einzelne Behandlungsstunden absagen. Eigentlich hatte sie gehofft, diesen Verlust und die Bestattung auf die gleiche Weise bewältigen zu können wie zuvor den Tod ihres Vaters. Aber jetzt kamen Trauergefühle in ihr auf, die sie nicht mehr aufhalten konnte und die sie an ihren Vater erinnerten.

Zugleich fand sie Befürchtungen bestätigt, ihr Mann könnte ein »Doppelleben« führen, was das Bild ihrer Ehe – und ihrer Analyse –

als eine jener »guten«, aber »unwirklichen« Erfahrungen bestätigte. Er hatte sehr viel mehr Alkohol getrunken, als er zugab, bei Spielwetten Geld verloren und über das Internet Kontakte zu anderen Frauen gesucht. All dies fand sie heraus, als er eines Tages betrunken zuhause zusammenbrach und ihre Illusionen mit dem Glastisch, auf den er gestürzt war, zersplitterten. Sie brachte ihn ins Krankenhaus, versuchte mit ihm zu reden. Vieles von dem, was vorgefallen war, erinnerte sie an ihre Mutter. Am schlimmsten war es für sie aber, dass sie sich auf ihn angewiesen fühlte und sie seinen Beteuerungen, er würde sie lieben, nicht mehr glauben konnte. Sie verlangte von ihm, er solle »ehrlich« zu ihr sein, wusste aber nicht, wie es weitergehen sollte.

In dieser Situation schien alles ins Wanken zu geraten. Sie nahm an Gewicht ab, entwickelte Magen- und Darmbeschwerden, verletzte sich wieder, ging mehrere Wochen lang nicht zur Arbeit und versäumte einzelne Sitzungen. Den Versuch, diesen Rückzug zu deuten, erlebte sie als heftige Anklage und war überzeugt, ihren Therapeuten so enttäuscht zu haben, dass dieser sie nicht mehr sehen wolle.

Alles schien jetzt unterzugehen. In den Behandlungsstunden wirkte sie wie »betäubt«, verwirrt und innerlich abwesend. Am meisten beunruhigte sie, dass ihr die »Männer im Turm« nicht mehr zur Verfügung standen. Sie sagte, die Analyse habe ihr ihren »Schutz- und Abwehrpanzer« weggenommen, auf den sie sich früher verlassen konnte und der ihr geholfen habe, gerade in solchen Situationen zu »überleben«.

Jetzt drohte alles zusammenzubrechen. Ihr eisernes Motto des *»Du kannst, Du sollst und Du musst!«* schien nicht mehr zu funktionieren. Sie war erfüllt von Todessehnsucht und fühlte sich überschwemmt von zerstörerischen Gefühlen, in denen sie ein starkes Bedürfnis verspürte, »alles kaputt zu machen« und sich selbst zu verletzen. Den Versuch, diese Zerstörungswünsche auch auf die Behandlung zu beziehen und mit dem gierigen, neidischen und zerstörerischen Bild ihrer Mutter in Verbindung zu bringen, erlebte sie zugleich als verheerende Anklage und als Bestätigung ihrer schlimmsten Befürchtungen – nämlich genauso zu sein wie ihre Mutter. Doch auch der Analytiker fühlte sich angesichts ihres Wegbleibens und ihrer Zerstörungssucht manchmal ähnlich ausgeliefert und hilflos, wie sie es – wahrscheinlich in sehr viel schlimmerer Form – in ihrer Kindheit erlebt haben musste.

In einem Traum stand sie vor ihrer früheren Schule, in der ein Feuer ausgebrochen war. Die Feuerwehr war zu spät gekommen und sie sah die immense Zerstörung. Ihre Klassenkameraden saßen mit verkohlten Körpern auf ihren Stühlen und sie wünschte sich, sie hätte mit ihnen sterben und verbrennen können.

Angesichts der sengenden Zerstörung fühlte sich der Analytiker ohnmächtig und »zu spät gekommen« wie die Feuerwehr – vielleicht sogar mitverantwortlich für den verheerenden Brand, der in ihr ausgebrochen war.

Erst jetzt wurde deutlich, wie viel von ihren eigenen destruktiven Kräften in der pathologischen Organisation gebunden war, und es war zweifelhaft, ob die Behandlung das Feuer, das sie entfacht hatte, jemals wieder löschen könnte. Diese Gefahr war sehr real und trotzdem war die schwierige Situation, in die die Behandlung geraten war, wahrscheinlich unvermeidlich, wenn sich wirklich etwas ändern sollte.

Frau B. schien diesen Rest an Zuversicht in ihrem Analytiker zu spüren. Sie fragte ihn, was ihn eigentlich an der Behandlung festhalten ließ, und brachte zugleich zum Ausdruck, dass sie sich wie nie zuvor auf die Sitzungen angewiesen fühlte. Bei einer Gelegenheit brachte sie dies in dem Bild zum Ausdruck, dass sie sich »wie eine Marionette« von der Therapie abhängig fühle. In einer anderen Stunde fügte sie hinzu, es gebe nun kein »Zurück« mehr und sie hoffe, *der Therapeut wisse, was er tue.* Dieser spürte die Verantwortung, die sie ihm übertrug, war aber voller Zweifel und unsicher, wie es weitergehen sollte.

Phase 4: Koexistenz
Aus dieser schwierigen Lage entwickelte sich in den folgenden Monaten eine neue Situation: Die Patientin kehrte zu ihrer Arbeit zurück, funktionierte dort aber nicht mehr so »perfekt« und unpersönlich wie zuvor. Sie begann zu einer älteren Kollegin und zu einem ihrer Vorgesetzten eine vertrauensvollere Beziehung zu entwickeln. Erstmals gestattete sie es sich, während der Arbeit kleinere Mahlzeiten zu sich zu nehmen – zuvor hatte sie sich die Regel auferlegt, tagsüber mindestens 17 Stunden lang nichts zu essen. Und auch in der Analyse schien sie mehr von den Deutungen aufnehmen zu können und sie nicht mehr ausschließlich als Kritik oder »Befehle« zu erleben.

Dieser etwas freiere Umgang mit ihrem Leben spiegelte sich darin wider, dass sie oft einige Minuten zu früh oder in Freizeitkleidung zu ihren Stunden kam (zuvor war sie fast stets in ihrer Dienstkleidung, die sie ihre »Uniform« nannte, erschienen), sich beim Warten mit dem Rücken an den Stuhl anlehnte oder die Sitzung einfach damit begann, dass sie sich heute über etwas gefreut hätte, traurig sei oder nicht wisse, was sie sagen würde. Sie schien weniger mit dem beschäftigt, was von ihr erwartet wurde und dies schien eine freiere Atmosphäre auszudrücken.

Trotz der Schwierigkeiten in ihrer Ehe hatte sie sich entschieden, bei ihrem Mann zu bleiben. Sie ermutigte ihn, eine Therapie aufzunehmen und im Verlauf dieser Therapie kamen sie sich wieder näher. Bereits vor längerer Zeit hatten sie zwei kleine Katzen aufgenommen und teilten sich die Verantwortung für diese beiden »Katzenkinder«.

Trotzdem waren die »Männer im Turm« als strenge Figuren im Hintergrund immer noch präsent. Sie ermahnten sie, nicht »zu weit« zu gehen, erinnerten sie an ihre »Pflichten«, gestanden ihr jedoch die Analyse zu, um zu einem »besseren Menschen« zu werden. Umgekehrt hatte sie aber auch nicht mehr das Gefühl, die Therapie würde auf einem völligen Verzicht auf diese Kontakte bestehen und ihr andernfalls nicht mehr zur Verfügung stehen.

So hatte sich eine merkwurdige Art von *Kompromiss* gebildet, in dem Reste der pathologischen Organisation weiterbestanden, die Patientin die Analyse aber besser für ihr Leben nutzen konnte. Diese Koexistenz gestattete ihr, kleine Freiheiten in Anspruch zu nehmen, eine Freundin einzuladen, mit ihrem Mann auszugehen oder Kochrezepte auszuprobieren, die ihr kurze Momente einer bis dahin unbekannten Lebensfreude vermittelten. Denn die einzige Rechtfertigung für ihre Existenz hatte bisher darin bestanden, »zu überleben, um für andere zu funktionieren«.

Diese kleinen Freiheiten waren nun »gut« und »wirklich«, so wie auch die Veränderungen, die sie mit Hilfe der Analyse erreicht hatte, sehr begrenzt, aber real waren. Die Spaltungen zwischen »gut« und »wirklich«, »schlecht« und »unwirklich«, waren dadurch in Frage gestellt. Denn es gab Erfahrungen, die gute *und* schlechte Aspekte hatten und trotzdem »wirklich« waren. Dadurch konnte sie in kleinen Schritten auch mehr Verantwortung, sowohl für das Gute als auch für das Schlechte in sich übernehmen, anstatt es für unwirklich zu erklären, in verheerende Selbstanklagen zu verwandeln oder in Form von Selbstverletzungen zu agieren. Die Patientin hatte den Eindruck von Veränderungen, die nicht mehr rückgängig zu machen waren. Aber diese Veränderungen waren immer noch sehr instabil und im Hinblick auf die Freiheiten, die sie ihr gewährten, tatsächlich auch sehr begrenzt.

Weitere Veränderungen
Trotzdem schien es, dass sie die Analyse nun besser nutzen konnte. Sie entwickelte eine spürbare Anhänglichkeit und Dankbarkeit gegenüber den Stunden, welche nicht mehr allein auf Unterwerfung beruhte. Trotzdem hatte sie Angst, es könne etwas »passieren«, sie könnte alles, wofür sie gearbeitet hatte, wieder verlieren – z. B. wenn der Therapeut weggehe oder ihm etwas zustieße. Einmal glaubte sie bei der Begrüßung einen traurigen Ausdruck auf seinem Gesicht erkannt zu haben und sprach ihn offen darauf an. Ein andermal sah sie seinen Schlüssel an einem anderen Platz als üblich liegen und hatte Angst, er würde nach der Stunde weggehen und nie mehr wiederkommen... Schließlich äußerte sie ihre Angst und Beunruhigung angesichts einer bevorstehenden Unterbrechung und nahm dankbar dessen Angebot an, sie könne sich während seiner Abwesenheit mit einer Kollegin in Verbindung setzen.

Alle diese Erfahrungen deuteten an, wie sehr die Behandlung für sie zu einer wichtigen und *realen* Erfahrung geworden war. Die Stimmen in ihrem Inneren denunzierten sie jetzt nicht mehr als »Luxus«, der ihr nicht zustehe, und die Tagträume von den Quälereien im Turm traten in den Hintergrund. Dafür tauchten Träume mit einzelnen Begebenheiten aus ihrer Kindheit auf, die sie mit heftigen Gefühlen überschütteten. Sie sprach von diesen Träumen als »Erinnerungen in Gefühlen«.

Ihre Lebensgeschichte erschien ihr jetzt nicht mehr wie ein unwirklicher Film. Vielmehr tauchten einzelne Erinnerungen auf, die mit heftiger Trauer, Angst, aber auch mit mörderischem Hass verbunden waren. Erst jetzt war ihr offenbar ein Erinnern mit Gefühl und Bedeutung möglich, und auch das Bild ihrer Mutter schien nicht mehr völlig gelöscht: Sie begegnete ihr in ihren Gedanken als »Chaosmonster«, als »böse Königin« oder auch als sich grenzenlos erniedrigende, selbstzerstörerische Frau, der sie nicht mehr helfen konnte.

Sie berichtete, dass auch ihr Vater Verhältnisse mit anderen Frauen hatte, wobei sich die gewalttätigen und promiskuitiven Beziehungen beider Eltern zum Teil vor den Augen der Kinder abspielten. Die Ereignisse im »Turm« konnten nun als Teil einer grausamen Urszenenphantasie verstanden werden, in der sie nicht nur das Opfer perverser Männer, sondern auch selbst die ausgeschlossene Dritte war, die zwar »um alles wusste«, aber nicht eingreifen konnte. Diese Erinnerungen deuteten Schritte in Richtung einer besseren Integration ihrer Lebensgeschichte an, ohne in dauernden Wiederholungszyklen gefangen zu sein. Dennoch hatte sie weiterhin Sorgen, das, was sie erreicht hatte, jederzeit wieder verlieren zu können und erneut im Chaos zu versinken.

Diskussion
Vor dem Hintergrund der Theorie der pathologischen Organisationen (Steiner, 1993) lassen sich die Phantasien der Patientin über den »Turm« als Suche nach einem psychischen Rückzugsort verstehen. In der verheerenden Situation ihrer Kindheit hatte sie nach einer Überlebensstrategie gesucht, aus der eine komplexe Abwehrorganisation hervorging. In dieser waren ihre Verfolger zu ihren »besten Freunden« geworden, die ihr Beistand und Sicherheit gewährten, wenn sie nur bereit wäre, sich ihren Quälereien zu unterwerfen und auf ein eigenes Leben zu verzichten.

Der Preis, den sie dafür zu bezahlen hatte, war hoch. Doch solange sie sich den Forderungen der Organisation beugte, war sie vor Verfolgung und Verlassenheit geschützt. Zugleich konnte sie in der pathologischen Struktur ihre eigene Angst vor Destruktivität ebenso wie unerträgliche Schuldgefühle unterbringen. Dadurch entstand eine suchtartige Abhängigkeit von idealisierten destruktiven Objekten (Meltzer, 1968, Rosenfeld, 1971), die weite Teile ihres Lebens durchdrang.

Mit der gleichen inneren Haltung hatte sie ihre Analyse begonnen, so dass Deutungen auf sie zunächst wie »Befehle« wirkten. Ihnen hatte sie sich zu unterwerfen, um genau so zu werden, wie es ihr Analytiker vermeintlich von ihr verlangte und wie sie es sich selbst zum Ziel gesetzt hatte – d. h. »zu überleben, um zu funktionieren.« Auf diese Weise errichtete sie innerhalb der Analyse einen neuen »Turm«.

Der Analytiker hatte Schwierigkeiten, die Rolle einer derart grausamen Figur anzunehmen. Doch solange er nur »gut« sein wollte, blieb die Analyse eine unwirkliche Erfahrung in einer trostlosen und zerstörten Welt.

In einem zweiten Behandlungsabschnitt kam es zu einem Loyalitätskonflikt zwischen der Analyse und den »Männern im Turm«. Beide schienen gegeneinander anzukämpfen und um die Vorherrschaft zu ringen. Dadurch wurden in der Behandlung Rettungsphantasien geweckt, die Patientin aus ihrem grausamen Verließ zu befreien. In anderen Momenten fühlte sich der Analytiker hingegen wie die wissende Person außerhalb des Turms, die alles mit ansehen musste, aber nicht eingreifen durfte. Ihre »Freunde«, die ihr immer zur Verfügung standen, erschienen ihm sehr überlegen und er fühlte sich ohnmächtig und hilflos. In diesem Behandlungsabschnitt erlebte die Patientin einen quälenden inneren Konflikt.

In Zusammenhang mit inneren und äußeren Veränderungen kam es dann zu einem vorübergehenden Zusammenbruch ihrer Abwehrorganisation: Ihre eiserne Disziplin – ihr »Schutz- und Abwehrpanzer« – funktionierte nicht mehr und die »Männer im Turm« standen ihr nicht mehr zur Verfügung. In dieser Phase fühlte sie sich von Chaos und Verwirrung heimgesucht – ähnlich jenem »Chaosmonster«, welches sie von innen her terrorisierte. Sie empfand eine starke Zerstörungssucht, hatte Angst, verrückt zu werden, und fühlte sich verzweifelt auf die Analyse angewiesen. In diesem Zustand der Desintegration drohte alles unterzugehen und die Patientin äußerte gegenüber ihrem Analytiker einmal, sie hoffe, er wisse, was er tue.

In einer vierten Phase schließlich schienen sich Reste ihrer pathologischen Organisation neu zusammenzufügen. In diesem Zustand kam es zu einer Art »Koexistenz« zwischen der Organisation und der Analyse: Die Organisation gestand ihr die Behandlung zu, um zu einem »besseren Menschen« zu werden, wenn diese ihrerseits darauf verzichtete, von ihr allzu radikale Veränderungen zu verlangen. Man kann diese Politik als »Appeasement« verstehen. Doch wurden durch sie kleine Freiheiten möglich, die »wirklich« und »gut« waren und damit die pathologische *Spaltung* zwischen Realität und Moralität unterminierten.

Die Fortschritte, die dadurch zustande kamen, gestatteten psychische Entwicklung. Das durch die »Männer im Turm« repräsentierte, archaische Über-Ich schien nun durch eine weniger pathologische Struktur ersetzt zu werden, welche eine Orientierung an der Wirklichkeit ermöglichte. Hierdurch wurden kleine Veränderungen möglich, wobei die Angst, alles könnte wieder zusammenbrechen und sie müsste wieder von vorne anfangen, nie ganz verschwand.

Literatur zur vertiefenden Lektüre

Bohleber, W., Fonagy, P., Jiménez, J.P., Scarfone, D., Varvin, S. & Zysman, S. (2013): Für einen besseren Umgang mit psychoanalytischen Konzepten, modellhaft illustriert am Konzept »Enactment«. Psyche – Z Psychoanal, 67, 1212–1250.
Sandler, A.-M. & Davies, R. (Hrsg.) (2003): Psychoanalyse in Großbritannien. Göttingen. Vandenhoeck & Ruprecht.
Sandler, A.-M. & Sandler, J. (1985): Vergangenheits-Unbewußtes, Gegenwarts-Unbewußtes und die Deutung der Übertragung. Psyche – Z Psychoanal, 39, 800–829.
Segal, H. (1991): Traum, Phantasie und Kunst. Über die Bedingungen menschlicher Kreativität. Stuttgart: Klett-Cotta, 1996.
Steiner, J. (1993): Orte des seelischen Rückzugs. Pathologische Organisationen bei psychotischen, neurotischen und Borderline-Patienten. Stuttgart: Klett-Cotta, 1998.
Weiß, H. (2002): Reporting a dream accompanying an enactment in the transference situation. International Journal of Psychoanalysis, 83, 633–645.

7 Zusammenfassung und Schluss

Nach einem Problemaufriss in der Einleitung dieses Buches versuchten wir in Teil I – ausgehend von einem ausführlichen Fallbeispiel – zu illustrieren, welche Vorteile für das Verstehen komplexer klinischer Phänomene der heutige Pluralismus von Theorien zum Unbewussten bietet. Wie beim Blick durch ein Kaleidoskop werden für den Kliniker, je nach Wahl der theoretischen Optik, immer wieder neue Informationsgestalten erkennbar und eröffnen sich – gemeinsam mit dem Patienten – dem Verstehen unbewusster Phantasien und Konflikte in der analytischen Situation (▶ Kap. 2). Zugleich wurde auch auf die Gefahren des theoretischen Pluralismus für die Psychoanalyse als wissenschaftliche Disziplin hingewiesen. Immer wieder sind integrative Bemühungen notwendig, um die Gemeinsamkeit der Psychoanalyse – trotz aller vorhandenen unterschiedlichen Konzeptualisierungen des Unbewussten – im Blick zu behalten. Anhand von zwei exemplarischen Beispielen wurden solche theoretischen Neuintegrationen vorgestellt (▶ Kap. 3).

In Teil II erörterten wir einige wissenschaftshistorische Gründe für die Entwicklung des Theorienpluralismus. Auch hier werden neuere, innovative Integrationsbemühungen diskutiert. So beschreiben z. B. Theorien wie das Konzept der »pathologischen Organisationen« unbewusste Abwehrmechanismen, die auf komplexe Weise miteinander verflochten sind. Sie lassen sich auf intrapsychische Vorgänge – wie etwa die Entstehung von Persönlichkeitsstörungen – ebenso anwenden wie auf gruppendynamische, institutionelle und gesellschaftliche Phänomene. Dadurch werden Verbindungen zwischen der Psychoanalyse und den Sozialwissenschaften hergestellt, welche ihrerseits geeignet sind, das Verständnis unbewusster Strukturen zu vertiefen. »Unbewusst« meint dabei weniger den Inhalt der Phantasien als vielmehr ihre Gestaltungsprinzipien sowie die vielfältigen Funktionen, die sie beim Aufbau von Objektbeziehungen und der Aufrechterhaltung eines psychischen Gleichgewichts übernehmen.

Zugleich können durch solche Ansätze auch die Folgewirkungen traumatischer Erfahrungen besser erfasst werden. Denn diese bilden nicht nur Fremdkörper, die unverstanden und körpernah (vgl. Teil 1 zum Konzept der »embodied memories«) in der Seele liegen bleiben, sondern werden oft auf komplexe Weise organisiert, um sich zu einer »traumatischen Abwehrorganisation« (Brown, 2006) zusammenzufügen. Als solche kann sie zwar vorübergehend Ordnung und Zusammenhalt gewähren. Auf der anderen Seite werden durch die Rigidität der Organisation Veränderung und psychische Entwicklung aber oft dauerhaft erschwert.

Wie in den vorausgegangenen Kapiteln in Teil II dargestellt, hat die Erweiterung der Theorie des Unbewussten gegen Ende des 20. Jahrhunderts und zu Beginn des 21. Jahrhunderts zu einem vertieften Verständnis von Symbolisierungsvorgängen und intersubjektiven Prozessen geführt. Auch wenn diesbezüglich gegenwärtig ein Pluralismus von Theorien vorherrscht, so scheint in der Analyse der Objektbeziehungen, der intersubjektiven Matrix und der in ihr wirksam werdenden unbewussten Phantasien doch ein gemeinsamer Ausgangspunkt zu liegen.

Wir haben im vorliegenden Band nicht alle diese Verzweigungen ausführlich darstellen können, sondern lediglich einige wichtige Hauptstränge herausgegriffen. Sie verdeutlichen die Weiterentwicklung, die das Konzept des Unbewussten seit der Formulierung von Freuds Strukturtheorie genommen hat: einerseits in Hinblick auf sprachanaloge Formationen, die der psychischen Strukturbildung zugrunde liegen, andererseits im Hinblick auf »primitive« Phantasien und präsymbolische Prozesse, die bereits in den frühesten Beziehungen des Säuglings und Kleinkindes zu seiner Umwelt wirksam werden. Sie bilden die Grundlagen für alle weiterführenden Entwicklungsschritte, aber auch für komplexe Abwehrprozesse, welche die Entfaltung der Persönlichkeit erschweren.

Die zunächst aufgrund klinischer Erfahrungen formulierte Annahme, Objektbeziehungen bestünden bereits am Anfang des menschlichen Lebens, hat durch die empirische Säuglings- und Kleinkindforschung Bestätigung gefunden. Zugleich lassen sich durch die Ergebnisse moderner neurophysiologischer Forschung Korrelate gelingender und gestörter psychischer Entwicklung angeben. Diese können jedoch die in der analytischen Situation auf der Grundlage der Analyse von Übertragung und Gegenübertragung gewonnen Erkenntnisse nicht ersetzen und haben sich nur in begrenztem Umfang auf die Entwicklung der klinischen Theorie und der psychoanalytischen Behandlungstechnik ausgewirkt. Insofern beruht die von Freud gegen Ende seines Lebens geäußerte Vermutung, die Zukunft möge »lehren, mit besonderen chemischen Stoffen die Energiemengen und deren Verteilungen im seelischen Apparat direkt zu beeinflussen« (1940a, S. 108) möglicherweise auf einem Missverständnis: Denn intentionale Begriffe wie »Wunsch«, »Motiv«, »Abwehr«, »Widerstand« und »Konflikt« lassen sich nicht durch die Kenntnis von neuronalen Strukturen, Erregungsabläufen und den an ihnen beteiligten Transmittersubstanzen ersetzen. Und so hat der Erkenntnisfortschritt der Neurobiologie die Psychoanalyse als Therapieverfahren keinesfalls überflüssig gemacht.

Insofern therapeutische Veränderungen nur innerhalb komplexer Beziehungsvorgänge verständlich werden, lassen sich Weiterentwicklungen der Theorie des Unbewussten auch nur auf der Grundlage klinischer Erfahrungen formulieren (▶ Kap. 1.5 und 4). Sie bilden die Basis und den spezifischen Erkenntnisgegenstand der Psychoanalyse.

Die wachsende Bedeutung extraklinischer und naturwissenschaftlicher Forschung verweist hingegen darauf, die in der Behandlung ablaufenden Prozesse auch mithilfe empirischer Forschung zu erfassen, zu überprüfen und dem Austausch mit anderen Methoden und wissenschaftlichen Disziplinen zugänglich zu machen. Der Einsatz differenzierter, qualitativer Forschungsansätze ermöglicht dabei Annäherungen an die spezifischen Erkenntnisbedingungen der psychoanalytischen Situation, ohne die Methodenentwicklung in den Nachbardisziplinen aus den Augen zu verlieren. Dabei können die Erkenntnisfortschritte in den Nachbarwissenschaften ihrerseits im Sinne der Modellbildung für die Weiterentwicklung der psychoanalytischen Theorie fruchtbar werden. Dies gilt allerdings nicht nur für die Naturwissenschaften als gegenwärtig vorherrschendes Paradigma »wissenschaftlichen« Denkens, sondern ebenso sehr für die Philosophie, die Mathematik, die Soziologie, die Sprach- und Geschichtswissenschaften oder die Ethnologie.

Vielleicht mehr als andere Wissenschaften ist die psychoanalytische Theorie zeit- und kulturabhängig. Dies unterscheidet sie von den Naturwissenschaften, aber auch von der empirischen Psychologie, deren Methodenkanon einen scheinbar »objektiven« Forschungsgegenstand formuliert. Die Nähe zu den Geistes- und Kulturwissenschaften ermöglicht es der Psychoanalyse auch, Ausdrucksformen des Unbewussten zu

7 Zusammenfassung und Schluss

untersuchen, die in der sich rasch wandelnden Welt der »Postmoderne« anderen Kodierungen unterliegen. Ihre Erscheinungsformen zu entschlüsseln, sie theoretisch zu konzeptualisieren und zur individuellen und kollektiven Pathologie in Beziehung zu setzen, bildet auch in der Zukunft eine Herausforderung für die Psychoanalyse.

Literatur

Abraham, K. (1919): Über eine besondere Form des neurotischen Widerstandes gegen die psychoanalytische Methodik. In: Abraham, K.: Psychoanalytische Studien, Bd. 2. Frankfurt a. M.: S. Fischer, 1971, 254–261.

Abraham, K. (1924): Versuch einer Entwicklungsgeschichte der Libido auf Grund der Psychoanalyse seelischer Störungen. In: Abraham, K.: Psychoanalytische Studien, Bd. 1. Frankfurt a. M.: S. Fischer, 1971, 113–183.

Abraham, K. (1925): Psychoanalytische Studien zur Charakterbildung. In: Abraham, K.: Psychoanalytische Studien, Bd. 1. Frankfurt a. M.: S. Fischer, 1971, 184–226.

Abraham, N., Torok, M. (1979): Kryptonymie. Das Verbarium des Wolfsmanns. Frankfurt/Berlin/Wien: Ullstein.

Abrams, M.S. (1999): Intergenerational transmission of trauma. American Journal of Psychotherapy, 53, 225–231.

Ahumada, J.L., Doria-Medina, R. (2009): Über Forschung. Ein kontrapunktischer Dialog. In: Leuzinger-Bohleber, M., Canestri, J., Target, M. (Hg.) (2009): Frühe Entwicklung und ihre Störungen. Klinische, konzeptuelle und empirische psychoanalytische Forschung. Kontroversen zu Frühprävention, Resilienz und ADHS. Frankfurt a. M.: Brandes & Apsel, 204–215.

Argelander, H. (1970): Das Erstinterview in der Psychoanalyse. Darmstadt: Wissenschaftliche Buchgesellschaft.

Arlow, J.A., Brenner, C. (1964): Psychoanalytic concepts and the structural theory. New York: International Universities Press.

Auchter, T. (1994): Aggression als Zeichen der Hoffnung oder: der entgleiste Dialog. Wege zum Menschen, 46, 53–72.

Bacal, H.A., Newman, K.M. (1990): Objektbeziehungstheorien – Brücken zur Selbstpsychologie. Stuttgart-Bad Canstatt: Frommann-Holzboog, 1994.

Balint, M. (1939): Übertragung und Gegenübertragung. In: Balint, M.: Die Urformen der Liebe und die Technik der Psychoanalyse. Bern/Stuttgart: Huber, Klett, 1966, 232–245.

Balint, M. (1949): Wandlungen der therapeutischen der therapeutischen Ziele und Techniken in der Psychoanalyse. In: Balint, M.: Die Urformen der Liebe und die Technik der Psychoanalyse. Bern/Stuttgart: Huber, Klett, 1966, 255–271.

Balint, M. (1965): Die Urformen der Liebe und die Technik der Psychoanalyse. Bern/Stuttgart: Huber, Klett, 1966.

Balint, M. (1968): Therapeutische Aspekte der Regression. Die Theorie der Grundstörung. Stuttgart: Klett, 1970.

Baranger, M., Baranger, W. (1961–62): The analytic situation as a dynamic field. International Journal of Psychoanalysis, 89, 2008, 795–826.
Beebe, B. (2006): Mother-infant communication disturbances. Research and implications for infant and adult treatment. Unveröff. Vortrag auf der Internationalen Conference »Mother-Infant Communication Disturbances. Research and Implications for Infant and Adult Treatment«, Frankfurt a. M., 20./21.5.2006.
Beebe, B., Lachmann, F. (2002): Säuglingsforschung und die Psychotherapie Erwachsener. Wie interaktive Prozesse entstehen und zu Veränderungen führen. Stuttgart: Klett-Cotta, 2004.
Beebe, B., Lachmann F., Jaffe J. (1997): Mother-infant interaction: Structures and presymbolic self- and object representations. Psychoanalytic Dialogues, 7, 133–182.
Beeghly, M., Cicchetti, D. (1994): Child maltreatment, attachment, and the self system: Emergence of an internal state lexicon in toddlers at high social risk. Development and Psychopathology, 6, 5–30.
Benjamin, J. (1997): Der Schatten des Anderen. Intersubjektivität, Gender, Psychoanalyse. Frankfurt a. M.: Stroemfeld, 2002.
Benjamin, J. (2004): Beyond doer and done to: An intersubjective view of thirdness. Psychoanalytic Quarterly, 73, 5–46.
Bion, W.R. (1957): Zur Unterscheidung von psychotischen und nicht-psychotischen Persönlichkeiten. In: Bott Spillius, E. (Hg.): Melanie Klein heute. Entwicklungen in Theorie und Praxis, Bd. 1. Stuttgart: Klett-Cotta, 2002, 75–99.
Bion, W.R. (1959): Angriffe auf Verbindungen. In: Bott Spillius, E. (Hg.): Melanie Klein heute. Entwicklungen in Theorie und Praxis, Bd. 1. Stuttgart: Klett-Cotta, 2002, 110–129.
Bion, W.R. (1962a): Lernen durch Erfahrung. Frankfurt a. M.: Suhrkamp, 1990.
Bion, W.R. (1962b): Eine Theorie des Denkens. Psyche – Z Psychoanal, 17, 1963, 426–435.
Bion, W.R. (1963): Elemente der Psychoanalyse. Frankfurt a. M.: Suhrkamp, 1992.
Bion, W.R. (1965): Transformationen. Frankfurt a. M.: Suhrkamp, 1997.
Bion, W.R. (1970): Attention and interpretation. London: Tavistock Publications.
Blanck, R., Blanck, G. (1986): Jenseits der Ich-Psychologie. Eine Objektbeziehungstheorie auf der Grundlage der Entwicklung. Stuttgart: Klett-Cotta, 1989.
Boesky, D. (2002): Why don't our institutes teach the methodology of clinical psychoanalytic evidence? Psychoanalytic Quarterly, 71, 445–475.
Boesky, D. (2005): Psychoanalytic controversies contextualized. Journal of the American Psychoanalytic Association, 53, 835–863.
Bohleber, W. (1989): Fortwirken des Nationalsozialismus in der zweiten und dritten Generation nach Auschwitz. Unveröffentl. Vortrag anlässlich der Ausstellung »Gezeichnet in Auschwitz«. Dominikanerkloster Frankfurt a. M., 26.3.1989.
Bohleber, W. (1992): Identität und Selbst. Die Bedeutung der neueren Entwicklungsforschung für die psychoanalytische Theorie des Selbst. In: Bohleber, W. (Hg.) (1996): Adoleszenz und Identität. Stuttgart: Verlag Internationale Psychoanalyse, 268–302.

Bohleber, W. (1996a): Einführung in die psychoanalytische Adoleszenzforschung: In: Bohleber, W. (Hg.): Adoleszenz und Identität. Stuttgart: Verlag Internationale Psychoanalyse, 7–40.
Bohleber, W. (Hg.) (1996b): Adoleszenz und Identität. Stuttgart: Verlag Internationale Psychoanalyse.
Bohleber, W. (2000): Editorial. Psyche – Z Psychoanal, 54, 795–796.
Bohleber, W. (2005): Vorwort zu: Ferro, A. (1996): Im analytischen Raum. Emotionen, Erzählungen, Transformationen. Gießen: Psychosozial-Verlag, 7–9.
Bohleber, W. (2007): Erinnerung, Trauma und kollektives Gedächtnis – Der Kampf um die Erinnerung in der Psychoanalyse. Psyche – Z Psychoanal, 61, 293–321.
Bohleber, W. (2010a): Destructiveness, intersubjectivity and trauma: The identity crisis of modern psychoanalysis. London: Karnac.
Bohleber, W. (2010b): Die Entwicklung der Psychoanalyse in Deutschland nach 1950. Psyche – Z Psychoanal, 64, 1243–1267.
Bohleber, W. (2011): Response by Werner Bohleber (Major panel: The unconscious, 47th IPA Congress, Mexico City, 2011). International Journal of Psychoanalysis, 92, 285–288.
Bohleber, W. (2012): Editorial. Neue Befunde zum Traum und seiner Deutung. Psyche – Z Psychoanal, 66, 769–775.
Bohleber, W. (2013): Editorial: Der psychoanalytische Begriff des Unbewussten und seine Entwicklung. Psyche – Z Psychoanal, 67, 807–817.
Bohleber, W., Drews, S. (Hg.) (2001): Die Gegenwart der Psychoanalyse – Die Psychoanalyse der Gegenwart. Stuttgart: Klett-Cotta.
Bokanowski, T. (2005): Variations on the concept of traumatism: Traumatism, traumatic, trauma. International Journal of Psychoanalysis, 86, 251–265.
Bollas, C. (1987): The shadow of the object: Psychoanalysis of the unthought known. London: Free Association Books.
Bollas, C. (1989): Forces of destiny: Psychoanalysis and self experience. New York: Hill and Wang.
Bollas, C. (1995): Cracking up: The work of unconscious experience. London: Routledge.
Bormann, C. v., Kuhlen, R., Oeing-Hanhoff, L. (1972): Denken. In: Ritter, J. (Hg.): Historisches Wörterbuch der Philosophie, Bd. 2. Darmstadt: Wissenschaftliche Buchgesellschaft, 60–102.
Brentano, F. (1874): Psychology from an empirical standpoint. London: Routledge and Kegan Paul, 1973.
Britton, R. (1998): Glaube, Phantasie und psychische Realität. Psychoanalytische Erkrankungen. Stuttgart: Klett-Cotta, 2001.
Britton, R. (2003): Sexualität, Tod und Über-Ich. Psychoanalytische Erkundungen. Stuttgart: Klett-Cotta, 2006.
Britton, R. (2009): Mentalisierung und Symbolisierung. Unveröff. Vortrag bei der Arbeitstagung der DPG, der DPV und der Abteilung für Psychosomatische Medizin am Robert-Bosch-Krankenhaus »Symbolisierung und Mentalisierung – Kongruenzen und Divergenzen«. Stuttgart, 13.1.2009.
Britton, R., Feldman, M., Steiner, J. (1997): Groll und Rache in der ödipalen Situation. Beiträge zur Westlodge-Konferenz, 1996. Tübingen: Edition diskord.

Brom, D., Cohen, M., Dasberg, H. (2001): Child survivors of the Holocaust. Israel Journal of Psychiatry, 38, 27–35.
Brothers, L. (2002): The trouble with neurobiological explanations of mind. Psychoanalytic Inquiry, 22, 857–870.
Brown, L.J. (2006): Julie's museum: The evolution of thinking, dreaming and historicization in the treatment of traumatized patients. International Journal of Psychoanalysis, 87, 1569–1587.
Brown, L.J. (2011): Intersubjective processes and the unconscious: An integration of Freudian, Kleinian and Bionian perspectives. London/New York: Routledge.
Buchholz, M.B. (Hg.) (1993): Metaphernanalyse. Göttingen: Vandenhoeck & Ruprecht.
Buchholz, M.B., Gödde, G. (Hg.) (2005a): Macht und Dynamik des Unbewussten. Auseinandersetzung in Philosophie, Medizin und Psychoanalyse. Gießen: Psychosozial-Verlag.
Buchholz, M.B., Gödde, G. (Hg.) (2005b): Das Unbewusste in aktuellen Diskursen. Anschlüsse. Gießen: Psychosozial-Verlag.
Buchholz, M.B., Gödde, G. (Hg.) (2006): Das Unbewusste in der Praxis. Erfahrungen verschiedener Professionen. Gießen: Psychosozial-Verlag.
Cassidy, J., Shaver, P.R. (eds.) (2008): Handbook of attachment: Theory, research, and clinical applications. 2nd ed. London: The Guilford Press.
Cavell, M. (2006): Becoming a subject: Reflections in philosophy and psychoanalysis. Oxford: Oxford University Press.
Chaitin, J. (2002): Issues and interpersonal values among three generations in families of Holocaust survivors. Journal of Social and Personal Relationships, 19, 379–402.
Chiesa, M. (2005): Can psychoanalytic research integrate and improve knowledge for clinical practice? Some reflections and an example. Scandinavian Psychoanalytic Review, 28, 31–39.
Chodorow, N.J. (1999): Die Macht der Gefühle. Subjekt und Bedeutung in Psychoanalyse, Geschlecht und Kultur. Stuttgart/Berlin/Köln: Kohlhammer, 2001.
Chomsky, N. (1968): Sprache und Geist. Frankfurt a. M.: Suhrkamp, 1989.
Civitarese, G. (2011): Exploring core concepts: Sexuality, dreams and the unconscious. International Journal of Psychoanalysis, 92, 277–280.
Cohen, J. (1985): Trauma and repression. Psychoanalytic Inquiry, 5, 163–189.
Colombo, D., Michels, R. (2007): Can (should) case reports be written for research use? Psychoanalytic Inquiry, 27, 640–649.
Cooper, A. (1986): Toward a limited definition of psychic trauma. In: Rothstein, A. (ed.): The reconstruction of trauma: Its significance in clinical work. Madison: International Universities Press, 41–56.
Cooper, A. (1991): Evaluation of the 37th IPA Congress, Buenos Aires, 2. August 1991, unveröff.
Cournut, J. (1988): Ein Rest, der verbindet. Das unbewußte Schuldgefühl, das Entlehnte betreffend. Jahrbuch der Psychoanalyse, 22, 67–99.
Dahmer, H. (1990): Derealisierung und Wiederholung. Psyche – Z Psychoanal, 44, 133–144.

Dasberg, H. et al. (2001): Narrative group therapy with aging child survivors of the Holocaust. Israel Journal of Psychiatry and Related Sciences, 38, 27–35.
Delourmel, C. (2012): An introduction to the work of André Green. International Journal of Psychoanalysis, 93 (im Druck).
Dennett, D.C. (1978): Beliefs about beliefs. Behaviour and Brain Sciences, 4, 568–570.
Deutsch, H. (1934): Über einen Typus mit Pseudoaffektivität (»Als ob«). Internationale Zeitschrift für Psychoanalyse, 20, 323–335.
Dolto, F. (1971): Psychoanalyse und Kinderheilkunde. Frankfurt a. M.: Suhrkamp, 1973.
Dornes, M. (1993): Der kompetente Säugling. Frankfurt a. M.: S. Fischer.
DSM-IV (1998): Diagnostisches und Statistisches Manual Psychischer Störungen. Übersetzt nach der vierten Auflage des Diagnostic and Statistical Manual of Mental Disorders der American Psychiatric Association. Deutsche Bearbeitung: H. Saß, H.-U. Wittchen, M. Zaudig. 2. Aufl. Göttingen: Hogrefe.
Eagle, M. (1994): Psychoanalysis and the sciences, by André Haynal. London: Karnac, 1993. International Journal of Psycho-Analysis, 75, 1286–1289.
Eckstaedt, A. (1989): Nationalsozialismus in der »zweiten Generation«. Psychoanalyse von Hörigkeitsverhältnissen. Frankfurt a. M.: Suhrkamp.
Egle, U., Hoffmann, S., Joraschky, P. (Hg.) (1997): Sexueller Missbrauch, Misshandlung, Vernachlässigung. Stuttgart: Schattauer.
Eitinger, L. (1990): KZ-Haft und psychische Traumatisierung. Psyche – Z Psychoanal, 44, 118–133.
Ellman, S. (2010): When theories touch: A historical and theoretical integration of psychoanalytic thought. London: Karnac.
Ellman, S., Antrobus, J. (1991): The mind in sleep: Psychology and psychophysiology. New York: Wiley.
Ellman, S., Weinstein, L. (1991): REM sleep and dream formation: A theoretical integration. In: Ellman, S., Antrobus, J.: The mind in sleep: Psychology and psychophysiology. New York/London: Wiley, 466–488.
Emde, R., Leuzinger-Bohleber, M. (eds.) (2012): Early parenting and the prevention of disorders: Interdisciplinary research. London: Karnac, in press.
Erikson, E.H. (1957): Kindheit und Gesellschaft. Zürich: Pan-Verlag, 1971.
Erikson, E.H. (1959): Identität und Lebenszyklus. Drei Aufsätze. Frankfurt a. M.:Suhrkamp, 1966.
Faimberg, H. (1987): Das Ineinanderrücken der Generationen. Zur Genealogie gewisser Identifizierungen. Jahrbuch der Psychoanalyse, 20, 114–143.
Fairbairn, W.R.D. (1944): Endopsychic structure considered in terms of object-relationships. International Journal of Psychoanalysis, 27, 70–93.
Fairbairn, W.R.D. (1946): Object-relationships and dynamic structure. International Journal of Psychoanalysis, 27, 30–37.
Fairbairn, W.R.D. (1952a): An object-relations theory of personality. New York: Basic Books.
Fairbairn, W.R.D. (1952b): Psycho-analytic studies of the personality. London: Tavistock and Routledge.
Faye, E. (2001): Missing the »real« trace of trauma. American Imago, 58, 525–544.

Feldman, M. (1997): Projektive Identifizierung: Die Einbeziehung des Analytikers. Psyche – Z Psychoanal, 51, 991–1014.
Feldman, M. (2009): Doubt, conviction and the analytic process. In: Selected papers of Michael Feldman. Ed. by B. Joseph. London/New York: Routledge.
Feldmann, R. (2012): The neurobiological basis of intersubjectivity: Oxytocin, brain, and interactive synchrony. Vortrag bei der Joseph Sandler Psychoanalytic Research Conference, Frankfurt a. M., 2.3.2012.
Ferenczi, S. (1909): Introjektion und Übertragung. In: Ferenczi, S.: Schriften zur Psychoanalyse, Bd. 1. Frankfurt a. M.: S. Fischer, 1970, 12–47.
Ferenczi, S. (1911): Brief an Sigmund Freud vom 7.2.1911. In: Sigmund Freud – Sandor Ferenczi. Briefwechsel, Bd. I/1. Hg. von E. Brabant, E. Falzeder, P. Gampieri-Deutsch. Wien/Köln/Weimar: Böhlau, 1993, 350–351.
Ferenczi, S., Rank, O. (1924): Entwicklungsziele der Psychoanalyse. Zur Wechselbeziehung von Theorie und Praxis. Wien: Internationaler Psychoanalytischer Verlag.
Ferro, A. (1996): Im analytischen Raum. Emotionen, Erzählungen, Transformationen. Gießen: Psychosozial-Verlag, 2005.
Ferro, A., Basile, R. (ed.) (2009): The analytic field: A clinical concept. London: Karnac.
Fischer, G., Riedesser, P. (1998): Lehrbuch der Psychotraumatologie. München: Reinhardt.
Fischmann, T., Leuzinger-Bohleber, M., Kächele, H. (2012): Traumforschung in der Psychoanalyse: Klinische Studien, Traumserien, extraklinische Forschung im Labor. Psyche – Z Psychoanal, 66, 833–861.
Fliess, R. (1942): The metapsychology of the analyst. Psychoanalytic Quarterly, 11, 211–227.
Fonagy, P. (2001): Bindungstheorie und Psychoanalyse. Stuttgart: Klett-Cotta, 2003.
Fonagy, P. (2007). Violent attachment. Unveröff. Vortrag bei der Tagung »In Gewalt verstrickt – psychoanalytische, pädagogische und philosophische Erkundungen«, Universität Kassel, 9./10.2.2007.
Fonagy,P., Levinson, A. (2004): Offending and attachment: The relationship between interpersonal awareness and offending in a prison population with psychiatric disorder. Canadian Journal of Psychoanalysis, 12, 225–251.
Fonagy, P., Target, M. (1997a): Attachment and reflective function: Their role in self-organization. Development and Psychopathology, 9, 679–700.
Fonagy, P., Target, M. (1997b): The recovered memory debate. In: Sandler, J., Fonagy, P. (eds.): Recovered memories of abuse: True or false? London: Karnac, 183–217.
Fonagy, P., Target, M. (2003): Psychoanalyse und die Psychopathologie der Entwicklung. Stuttgart: Klett-Cotta, 2006.
Fonagy, P., Gergeley, G., Jurist, E. L., Target, M. (2002): Affektregulierung, Mentalisierung und die Entwicklung des Selbst. Stuttgart: Klett-Cotta, 2004.
Fonagy, P., Kächele, H., Krause, R., Jones, E., Perron, R. (eds.) (1999): An open door review of outcome studies in psychoanalysis. London: IPA.

Fonagy, P., Kächele, H., Krause, R., Jones, E., Perron, R., Clarkin, J.A., Gerber, J., Allison, E. (eds.) (2002): An open door review of outcome studies in psychoanalysis. London: IPA.
Forte, D. (1999): Das Haus auf meinen Schultern. Frankfurt a. M.: S. Fischer.
Frank, C. (1999): Melanie Kleins erste Kinderanalysen – die Entdeckung des Kindes als Objekt sui generis von Heilen und Forschen. Stuttgart-Bad Cannstatt: Frommann-Holzboog.
Frank, C., Weiß, H. (Hg.) (2003): Normale Gegenübertragung und mögliche Abweichungen. Zur Aktualität von R. Money-Kyrles Verständnis des Gegenübertragungskonzeptes. Tübingen: Edition diskord.
Frank, C., Weiß, H. (Hg.) (2007): Projektive Identifizierung. Ein Schlüsselkonzept der psychoanalytischen Therapie. Stuttgart: Klett-Cotta.
Freud, A. (1927): Einführung in die Technik der Psychoanalyse. Wien: Internationaler Psychoanalytischer Verlag.
Freud, A. (1936): Das Ich und die Abwehrmechanismen. In: Die Schriften der Anna Freud, Bd. 1. München: Kindler, 1980, 193–364.
Freud, A. (1936): Das Ich und die Abwehrmechanismen. Wien: Internationaler Psychoanalytischer Verlag.
Freud, A., Burlingham, D. (1951): Heimatlose Kinder. Zur Anwendung psychoanalytischen Wissens auf die Kindererziehung. Frankfurt a. M.: S. Fischer, 1971.
Freud, S. (1896c): Zur Ätiologie der Hysterie. GW 1, 425–459.
Freud, S. (1900a): Die Traumdeutung. GW 2/3.
Freud, S. (1905e): Bruchstück einer Hysterie-Analyse. GW 5, 161–286.
Freud, S. (1911b): Formulierungen über die zwei Prinzipien des psychischen Geschehens. GW 8, 230–238.
Freud, S. (1912e): Ratschläge für den Arzt bei der psychoanalytischen Behandlung. GW 8, 376–387.
Freud, S. (1914c): Zur Einführung des Narzissmus. GW 10, 137–170.
Freud, S. (1914g): Weitere Ratschläge zur Technik der Psychoanalyse II: Erinnern, Wiederholen und Durcharbeiten. GW 10, 126–136.
Freud, S. (1915c): Triebe und Triebschicksale. GW 10, 210–232.
Freud, S. (1915d): Die Verdrängung. GW 10, 248–261.
Freud, S. (1915e): Das Unbewußte. GW 10, 264–303.
Freud, S. (1917a): Eine Schwierigkeit der Psychoanalyse. GW 12, 3–12.
Freud, S. (1920g): Jenseits des Lustprinzips. GW 13, 1–69.
Freud, S. (1921c): Massenpsychologie und Ich-Analyse. GW 13, 71–161.
Freud, S. (1923b): Das Ich und das Es. GW 13, 237–289.
Freud, S. (1924b): Neurose und Psychose. GW 13, 387–391.
Freud, S. (1924e): Der Realitätsverlust bei Neurose und Psychose. GW 13, 363–368.
Freud, S. (1925h): Die Verneinung. GW 14, 11–15.
Freud, S. (1926d): Hemmung, Symptom und Angst. GW 14, 111–205.
Freud, S. (1927a): Nachwort zur »Frage der Laienanalyse«. GW 14, 287–296.
Freud, S (1927e): Fetischismus. GW 14, 311–317.
Freud, S. (1933a): Neue Folge der Vorlesungen zur Einführung in die Psychoanalyse. GW 15.

Literatur

Freud, S. (1937c): Die endliche und die unendliche Analyse. GW 16, 59–99.
Freud, S. (1940a): Abriss der Psychoanalyse. GW 17, 63–138.
Freud, S. (1940e): Die Ichspaltung im Abwehrvorgang. GW 17, 59–62.
Freud, S. (1950c [1895]): Entwurf einer Psychologie. GW Nachtragsband, 375–486.
Gabbard, G.O. (1995): Gegenübertragung: Die Herausbildung einer gemeinsamen Grundlage. Psyche – Z Psychoanal, 53, 1999, 972–990.
Gadamer, H.-G. (1960): Wahrheit und Methode. Grundzüge eine philosophischen Hermeneutik. Tübingen: Mohr, 1975.
Garlichs, A., Leuzinger-Bohleber, M. (1999): Identität und Bindung. Die Entwicklung von Beziehungen in Familie, Schule und Gesellschaft. (Erziehung im Wandel 2). Weinheim: Juventa-Verlag
Gill, M.M. (1992): Analysis of the transference, vol. 1: Theory and technique. New York: International Universities Press.
Gitelson, M. (1952): The emotional position of the analyst in the psychoanalytic situation. International Journal of Psychoanalysis, 33, 1–10.
Goldberg, A. (1978): Self psychology: A casebook. New York: International Universities Press.
Green, A. (1973): Le discours vivant. La conception psychanalytique de l'affect. Paris: Presses Universitaires de France.
Green, A. (1975): Analytiker, Symbolbildung und Abwesenheit im Rahmen der psychoanalytischen Situation. Psyche – Z Psychoanal, 29, 503–541.
Green, A. (1980): Die tote Mutter. Psyche – Z Psychoanal, 47, 1983, 205–240.Green, A. (1980): Die tote Mutter. Psyche – Z Psychoanal, 47, 1983, 205–240.
Green, A. (1983): Narcissisme de vie, narcissisme de mort. Paris: Editions de Minuit.
Green, A. (1990): Geheime Verrücktheit. Grenzfälle der psychoanalytischen Praxis. Gießen: Psychosozial-Verlag, 2000.
Green, A. (1993): Le travail du negative. Paris: Editions de Minuit.
Green, A. (2000a): Le temps eclaté. Paris: Editions de Minuit.
Green, A. (2000b): La diachronie en psychanalyse. Paris: Editions du Minuit.
Greenberg, J.R, Mitchell, S.A. (1983): Object relations in psychoanalytic theory. Cambridge: Harvard University Press.
Greenberg, R., Pearlman, C. (1975): A psychoanalytic dream continuum: The source and function of dreams. International Review of Psycho-Analysis, 2, 441–448.
Greenberg, R., Pearlman, C., Blacher, R., Katz, H., Sashin, J., Gottlieb, P. (1990): Depression: Variability of intrapsychic and sleep parameters. Journal of the American Academy of Psychoanalysis, 18, 233–246.
Greenson, R. (1967): Technik und Praxis der Psychoanalyse. Stuttgart: Klett, 1973.
Grinberg, L. (1962): On a specific aspect of counter-transference due to the patient's projective identification. International Journal of Psychoanalysis, 43, 436–440.
Grosskurth, P. (1986): Melanie Klein. Ihre Welt und ihr Werk. Stuttgart: Verlag Internationale Psychoanalyse, 1993.

Grossmann, K.E., Grossmann, K. (1995): Frühkindliche Bindung und Entwicklung individueller Psychodynamik über den Lebenslauf. Familiendynamik, 20, 171–192.
Grotstein, J.S. (ed.) (1981): Do I dare disturb the universe? A memorial to W.R. Bion. London: Karnac, 191–209.
Grotstein, J.S. (2005): Projective transidentification: An extension of the concept of projective identification. International Journal of Psychoanalysis, 85, 1051–1069.
Grotstein; J.S. (2007): A beam of intense darkness: Wilfred Bion's legacy to psychoanalysis. London: Karnac.
Grotstein, J.S. (2009): But at the same time and on another level, vol. 1: Psychoanalytic theory and technique in the Klein/Bionian mode. London: Karnac.
Gullestad, S. (2008): Die Dynamik der Dissoziation am Beispiel der Multiplen Persönlichkeitsstörung. In: Leuzinger-Bohleber, M., Roth, G., Buchheim, A. (Hg.): Psychoanalyse – Neurobiologie – Trauma. Stuttgart: Schattauer, 55–66.
Guntrip, H. (1961): Personality structure and human interaction. New York: International Universities Press.
Guntrip, H. (1968): Schizoid phenomena: Object relations and the self. London: Hogarth Press.
Habermas, J. (1968). Erkenntnis und Interesse. Frankfurt a. M.: Suhrkamp.
Hagner, M. (2008): Der Geist bei der Arbeit. Historische Untersuchungen zur Hirnforschung. Göttingen: Wallstein.
Hampe, M. (2000): Pluralismus der Erfahrung und Einheit der Vernunft. In: Hampe, M., Lotter, M.-S. (Hg.): »Die Erfahrungen, die wir machen, sprechen gegen die Erfahrungen, die wir haben«. Über Formen der Erfahrung in den Wissenschaften. Berlin: Duncker & Humblot, 27–39.
Hampe, M. (2003): Pluralism of sciences and the unity of reason. In: Leuzinger-Bohleber, M., Dreher, A.U., Canestri, J. (eds.): Pluralism or unity? Methods of research in psychoanalysis. London: International Psychoanalytical Association, 45–63.
Hampe, M., Lotter, M.S. (Hg.) (2000): »Die Erfahrungen, die wir machen, sprechen gegen die Erfahrungen, die wir haben«. Über Formen der Erfahrung in den Wissenschaften. Berlin: Duncker & Humblot.
Hanly, C. (2009): Über Einheitlichkeit und Verifizierbarkeit in der psychoanalytischen Theorie. In: Leuzinger-Bohleber, M., Canestri, J., Target, M. (Hg.): Frühe Entwicklung und ihre Störungen. Klinische, konzeptuelle und empirische psychoanalytische Forschung. Kontroversen zu Frühprävention, Resilienz und ADHS. Frankfurt a. M.: Brandes & Apsel, 160–167.
Hanly, C. (2010): Logic, meaning, and truth in psychoanalytic research. In: Leuzinger-Bohleber, M., Canestri, J., Target, M. (eds.): Early development and its disturbances: Clinical, conceptual and empirical research on ADHD and other psychopathologies and its epistemological reflections. London: Karnac, 209–218.
Hartkamp, N. (2001): Ich-Psychologie. In: Mertens, W., Waldvogel, B. (Hg.): Handbuch psychoanalytischer Grundbegriffe. Stuttgart: Kohlhammer.
Hartke, R. (2005): The basic traumatic situation in the analytic relationship. International Journal of Psychoanalysis, 86, 267–290.

Literatur

Hartmann, H. (1950): Comments on the psychoanalytic theory of the ego. New York: International Universities Press, 1964.

Hau, S. (2008): Unsichtbares sichtbar machen. Forschungsprobleme in der Psychoanalyse. Göttingen: Vandenhoeck & Ruprecht.

Hauser, S.T., Allen, J.-P., Golden, E. (2006): Out of the woods: Tales of resilient teens. London: Harvard University Press.

Haynal, A. (1993): Psychoanalysis and the sciences: Epistemology – history. Berkeley: The University of California Press.

Heimann, P. (1950): On counter-transference. International Journal of Psychoanalysis, 31, 80–84.

Heimann, P. (1960): Bemerkungen zur Gegenübertragung. Psyche – Z Psychoanal, 18, 1964, 483–493.

Heinicke, C.M., Westheimer, I.J. (1966): Brief separations. New York: International Universities Press.

Herbert, G.L., McCormack, V., Callahan, J.L. (2010): An investigation of the object relations theory of depression. Psychoanalytic Psychology, 27, 219–234.

Herold, R., Weiß, H. (2000): Übertragung. In: Mertens, W., Waldvogel, B. (Hg.): Handbuch psychoanalytischer Grundbegriffe. Stuttgart/Berlin/Köln: Kohlhammer, 2. Aufl. 2002, 758–771.

Herzka, S., Schumacher, A. v., Tyrangiel, S. (1989): Die Kinder der Verfolgten. Göttingen: Verlag für Medizinische Psychologie im Verlag Vandenhoeck & Ruprecht.

Hinshelwood, R.D. (1994): Attacks on the reflective space. In: Schermer, V.L., Pines, M. (eds.): Ring of fire: Primitive affects and object relations in group psychotherapy. London/New York: Routledge, 86–106.

Hinshelwood, R.D. (1997): Therapy or coercion? London: Karnac.

Hoffman, I.Z. (1994): Discussion: Toward a social-constructivist view of the psychoanalytic situation. Psychoanalytic Dialogues, 1, 74–105.

Hopkins, J. (1992): Psychoanalysis, interpretation, and science. In: Hopkins, J., Saville, A. (eds.): Psychoanalysis, mind and art: Perspectives on Richard Wolheim. Oxford: Blackwell, 3–34.

Hoppe, K.D. (1962): Verfolgung, Aggression und Depression. Psyche – Z Psychoanal, 16, 521–537.

Hug-Hellmuth, H. (1913): Aus dem Seelenleben des Kindes. Eine psychoanalytische Studie. Leipzig/Wien: Deuticke.

ICD-10 (2005): Internationale Klassifikation psychischer Störungen: ICD-10, Kapitel V(F). Klinisch-diagnostische Leitlinien der Weltgesundheitsorganisation. Übers. u. hrsg. von H. Dilling (u.a.). 5., durchges. u. erg. Aufl. unter Berücksichtigung d. Änderungen entspr. ICD-10-GM 2004/2005. Bern (u.a.): Huber.

Isaacs, S. (1948): The nature and function of phantasy. International Journal of Psychoanalysis, 29, 73–97.

Jacobs, Th.J. (1986): On countertransference enactments. Journal of the American Psychoanalytic Association, 34, 289–307.

Jacobs, Th.J. (1993): The inner experiences of the psychoanalyst: Their contribution to the analytic process. International Journal of Psychoanalysis, 74, 7–14.

Jacobs, Th.J. (1997): Some reflections on the question of self-disclosure. Journal of Clinical Psychoanalysis, 6, 161–173.

Jacobs, Th.J. (2001): On misreading and misleading patients: Some reflections on communications, miscommunications and countertransference enactments. International Journal of Psychoanalysis, 82, 653–669.

Jacobson, E. (1964): Das Selbst und die Welt der Objekte. Frankfurt a. M.: Suhrkamp, 1973.

Joseph, B. (1971): Eine klinischer Beitrag über die Analyse einer Perversion. In: Joseph, B.: Psychisches Gleichgewicht und psychische Veränderung. Hg. von E. Bott Spillius, M. Feldman. Stuttgart: Klett-Cotta, 1994, 81–104.

Joseph, B. (1975): Der unzugängliche Patient. In: Joseph, B. (1989): Psychisches Gleichgewicht und psychische Veränderung. Hg. von E. Bott Spillius, M. Feldman. Stuttgart: Klett-Cotta, 1994, 116–134.

Joseph, B. (1985): Übertragung: Die Gesamtsituation. In: Joseph, B.: Psychisches Gleichgewicht und psychische Veränderung. Hg. von E. Bott Spillius, M. Feldman. Stuttgart: Klett-Cotta, 1994, 231–248.

Joseph, B. (1987): Projektive Identifizierung: Klinische aspekte. In: Joseph, B.: Psychisches Gleichgewicht und psychische Veränderung (Hrsg. von E. Bott Spillius, M. Feldman). Stuttgart: Klett-Cotta, 1994, 249–267.

Joseph, B. (1989): Psychisches Gleichgewicht und psychische Veränderung (Hrsg. von E. Bott Spillius, M. Feldman). Stuttgart: Klett Cotta, 1994.

Kampfhammer, H.P. (1995): Entwicklung der Emotionalität. Stuttgart: Kohlhammer.

Kaplan-Solms, K., Solms, M. (2000): Clinical studies in neuro-psychoanalysis. London: Karnac.

Keilson, H. (1979): Das Leben geht weiter. Frankfurt a. M.: S. Fischer.

Kellermann, N. (1999): Diagnosis of Holocaust survivors and their children. Israel Journal of Psychiatry and Related Sciences, 36, 55–64.

Kellermann, N. (2001): The long-term psychological effects and treatment of Holocaust trauma. Journal of Loss and Trauma, 6, 197–218.

Kernberg, O.F. (1967): Borderline personality organization. Journal of the American Psychoanalytic Association, 15, 641–685.

Kernberg. O.F. (1968): The treatment of patients with borderline personality organization. International Journal of Psychoanalysis, 49, 600–619.

Kernberg, O.F. (1975): Borderline-Störungen und pathologischer Narzissmus. Frankfurt a. M.: Suhrkamp, 1983.

Kernberg, O.F. (1976): Objektbeziehungen und Praxis der Psychoanalyse. Stuttgart: Klett Verlag, 1981.

Kernberg, O.F. (1983): Object relations theory and character analysis. Journal of the American Psychoanalytic Association, 31, 247–271.

Kernberg, O.F. (1984): Schwere Persönlichkeitsstörungen. Theorie, Diagnose und Behandlungsstrategie. Stuttgart: Klett-Cotta, 1985.

Kernberg, O.F. (2001): Object relations, affects, and drives. Psychoanalytic Inquiry, 21, 604–619.

Kernberg, O.F. (2004): Narzissmus, Aggression und Selbstzerstörung. Fortschritte in der Diagnose und Behandlung schwerer Persönlichkeitsstörungen. Stuttgart: Klett-Cotta, 2006.

Literatur

Kestenberg, J.S., Brenner, I. (1986): Children who survived the Holocaust. International Journal of Psycho-Analysis, 67, 309–316.
Kettner, M., Mertens, W. (2010): Reflexionen über das Unbewusste. Göttingen: Vandenhoeck & Ruprecht.
Khan, M.M.R. (1963): Das kumulative Trauma. In: Khan, M.M.R.: Selbsterfahrung in der Therapie. München: Kindler, 1977, 50–70.
Khan, M.M.R. (1974): The privacy of the self: Papers on psychoanalytic theory and technique. New York: International Universities Press.
Klein, M. (1930): Die Bedeutung der Symbolbildung für die Ich-Entwicklung. In: Gesammelte Schriften, Bd. I/1. Stuttgart: Frommann-Holzboog, 347–368.
Klein, M. (1932): Die Psychoanalyse des Kindes. In: Gesammelte Schriften, Bd. II.
Klein, M. (1935): Beitrag zur Psychogenese der manisch-depressiven Zustände. In: Gesammelte Schriften, Bd. I/2, 29–75.
Klein, M. (1937): Liebe, Schuldgefühl und Wiedergutmachung. In: Gesammelte Schriften, Bd. I/2, 105–157.
Klein, M. (1940): Die Trauer und ihre Beziehungen zu manisch-depressiven Zuständen. In: Gesammelte Schriften, Bd. I/2, 159–199.
Klein, M. (1946): Bemerkungen über einige schizoide Mechanismen. In: Gesammelte Schriften, Bd. III, 1–41.
Klein, M. (1952): Die Ursprünge der Übertragung. In: Gesammelte Schriften, Bd. III, 81–95.
Klein, M. (1957): Neid und Dankbarkeit. Eine Untersuchung unbewusster Quellen. In: Gesammelte Schriften, Bd. III, 279–367.
Klein, M. (1975): The psycho-analysis of children. Rev. ed. London: The Hogarth Press.
Kline, P. (1972): Fact and fantasy in Freudian theory. London: Methuen.
Klitzing, K. v. (2002): Frühe Entwicklung im Längsschnitt: Von der Beziehungswelt der Eltern zur Vorstellungswelt des Kindes. Psyche – Z Psychoanal, 56, 663–887.
Knoblauch, S.H. (2005): What are we trying to do when we write about the psychoanalytic interaction? The relevance of theory and research to clinical responsiveness: Reply to comme'ntaries. Psychoanalytic Dialogues, 15, 883–896.
Koch-Kneidl, L., Wiesse, J. (Hg.) (2003): Entwicklung nach früher Traumatisierung. Göttingen: Vandenhoeck & Ruprecht.
Köhler, L. (1990): Neuere Ergebnisse der Kleinkindforschung. Ihre Bedeutung für die Psychoanalyse. Forum der Psychoanalyse, 6, 32–51.
Kogan, I. (2002): »Enactment« in the lives and treatment of Holocaust survivors' offspring. Psychoanalytic Quarterly, 71, 251–272.
Kohut, H. (1971): Narzissmus. Eine Theorie der psychoanalytischen Behandlung narzisstischer Persönlichkeitsstörungen. Frankfurt a. M.: Suhrkamp, 1973.
Kohut, H. (1977): Die Heilung des Selbst. Frankfurt a. M.: Suhrkamp, 1979.
Kohut, H., Wolf, E.S. (1978): Die Störungen des Selbst und ihre Behandlung. In: Die Psychologie des 20. Jahrhunderts, Bd.10. München: Kindler, 1980, 667–682.

Koukkou, M., Leuzinger-Bohleber, M., Mertens, W. (Hg.) (1998): Erinnerung von Wirklichkeiten. Psychoanalyse und Neurowissenschaften im Dialog, Band 1: Bestandsaufnahme. Stuttgart: Verlag Internationale Psychoanalyse.

Krause, R. (1998): Allgemeine Psychoanalytische Krankheitslehre. Bd. 2.: Modelle. Stuttgart/Berlin/Köln: Kohlhammer.

Krauze, M.K. (2011): Exploring core concepts: Sexuality, dreams and the unconscious. International Journal of Psychoanalysis, 92, 283–285.

Krystal, H. (ed.) (1968): Massive psychic trauma. New York: International Universities Press.

Lacan, J. (1949): Das Spiegelstadium als Bildner der Ichfunktion, wie sie uns in der psychoanalytischen Erfahrung erscheint. In: Lacan, J.: Schriften I. Olten: Walter, 1973, 61–70.

Lacan, J. (1953): Funktion und Feld des Sprechens und der Sprache in der Psychoanalyse. In: Lacan, J.: Schriften I. Olten: Walter, 1973, 71–169.

Lacan, J. (1955–56): Le séminaire de Jacques Lacan, Livre III. Les psychoses. Paris: du Seuil, 1981.

Lacan, J. (1957–58): Über eine Frage, die jeder möglichen Behandlung der Psychose vorausgeht. In: Lacan, J.: Schriften II. Olten: Walter, 1975, 61–117.

Lacan, J. (1972–73): Das Seminar von Jacques Lacan, Buch XX. Encore. Weinheim/Berlin: Quadriga, 1986.

Lang, H. (1973): Die Sprache und das Unbewusste. Jacques Lacans Grundlegung der Psychoanalyse. Frankfurt a. M.: Suhrkamp.

Lang, H. (2000): Strukturale Psychoanalyse. Frankfurt a. M.: Suhrkamp.

Langer, S.K. (1942): Philosophie auf neuem Wege. Das Symbol im Denken, im Ritus und in der Kunst. Frankfurt a. M.: S. Fischer, 1965.

Laplanche, J. (1988): Die allgemeine Verführungstheorie und andere Aufsätze. Tübingen: Edition diskord.

Laub, D., Peskin, H., Auerhahn, N.-C. (1995): Der zweite Holocaust. Das Leben ist bedrohlich. Psyche – Z Psychoanal, 49, 18–40.

Leichsenring, F., Rabung, S. (2008): Effectiveness of long-term psychodynamic psychotherapy: A meta-analysis. Journal of the American Medical Association, 300, 1551–1565.

Leuschner, W. (1997): Kritische Glosse: Über Neuromythologie. Psyche – Z Psychoanal, 51, 1104–1113.

Leuzinger-Bohleber, M. (1995): Die Einzelfallstudie als psychoanalytisches Forschungsinstrument. Psyche – Z Psychoanal, 49, 434–481.

Leuzinger-Bohleber, M. (1996): Die »Medea-Phantasie« – eine unbewusste Determinante archaischer Aggressionskonflikte bei einigen psychogen sterilen Frauen. In: Bell, K., Höhfeld, K. (Hg.): Aggression und seelische Krankheit. Gießen: Psychosozial-Verlag, 91–121.

Leuzinger-Bohleber, M. (1997): Psychoanalytische Katamneseforschung und die »Wissenschaft zwischen den Wissenschaften«. In: Leuzinger-Bohleber, M.; Stuhr, U. (Hg.): Psychoanalysen im Rückblick. Methoden, Ergebnisse und Perspektiven der neueren Katamneseforschung. Gießen: Psychosozial-Verlag, 125–164.

Leuzinger-Bohleber, M. (1998): Pathogenes Leiden an der Schuld der Väter – eine Fallskizze. In: Leuzinger-Bohleber, M., Lahme-Gronostaj, H., Meyer-

Literatur

Stoll, T., Michel, M. (Hg.): Psychoanalyse im Spannungsfeld zwischen Klinik und Kulturtheorie. Kassel: Institut für Psychoanalyse, 79–99.
Leuzinger-Bohleber, M. (2000): Psychoanalyse – Erfahrungswissenschaft des Unbewußten. In: Hampe, M., Lotter, M.-S. (Hg.): »Die Erfahrungen, die wir machen, sprechen gegen die Erfahrungen, die wir haben«. Über Formen der Erfahrung in den Wissenschaften. Berlin: Duncker und Humblot, 145–167.
Leuzinger-Bohleber, M. (2003): Die langen Schatten von Krieg und Verfolgung. Beobachtungen und Berichte aus der DPV Katamnesestudie. Psyche – Z Psychoanal, 57, 783–788.
Leuzinger-Bohleber, M. (2006): Kriegskindheiten, ihre lebenslagen Folgen – dargestellt an einigen Beispielen aus der DPV Katamnesestudie. In: Radebold, H., Heuft, G., Fooken, I. (Hg.): Kindheiten im Zweiten Weltkrieg. Kriegserfahrungen und deren Folgen aus psychohistorischer Perspektive. München: Juventa, 61–82.
Leuzinger-Bohleber, M. (2006): Kriegskindheiten, ihre lebenslangen Folgen – dargestellt an einigen Beispielen aus der DPV Katamnesestudie. In: Radebold, H., Heuft, G., Fooken, I. (Hg.): Kindheiten im Zweiten Weltkrieg. Kriegserfahrungen und deren Folgen aus psychohistorischer Perspektive. München: Juventa, 61–82.
Leuzinger-Bohleber, M. (2007): Forschende Grundhaltung als abgewehrter »common ground« von psychoanalytischen Praktikern und Forschern? Psyche – Z Psychoanal, 61, 966–994.
Leuzinger-Bohleber, M. (2008): Biographical truths and their clinical consequences: Understanding ›emodied memories‹ in a third psychoanalysis with a traumatized patient recovered from serve poliomyelitis. International Journal of Psychoanalysis 89, 1165–1187.
Leuzinger-Bohleber, M. (2009a): Frühe Kindheit als Schicksal? Trauma, Embodiment, Soziale Desintegration. Psychoanalytische Perspektiven. Mit kinderanalytischen Fallberichten von A. Wolff u. R. Ahlheim. Stuttgart: Kohlhammer.
Leuzinger-Bohleber, M. (2009b): Störungen der frühen Affektregulation. Annäherungen an ADHS in einer Kinder- und Erwachsenenanalyse. In: Leuzinger-Bohleber, M., Canestri, J., Target, M. (Hg.): Frühe Entwicklung und ihre Störungen. Klinische, konzeptuelle und empirische psychoanalytische Forschung. Kontroversen zu Frühprävention, Resilienz und ADHS. Frankfurt a. M.: Brandes und Apsel, 126–146.
Leuzinger-Bohleber, M. (2009c): Zum Verhältnis klinischer und extraklinischer Forschung in der Psychoanalyse. In: Leuzinger-Bohleber, M.; Canestri, J.; Target, M. (Hg.): Frühe Entwicklung und ihre Störungen. Klinische, konzeptuelle und empirische psychoanalytische Forschung. Kontroversen zu Frühprävention, Resilienz und ADHS. Frankfurt a. M.: Brandes und Apsel, 148–159.
Leuzinger-Bohleber, M. (2010a): Psychoanalyse als »Wissenschaft des Unbewussten« im ersten Jahrhundert der IPA. Internationale Psychoanalyse. Das Nachrichtenmagazin der IPV, Bd. 18, Sonderausgabe, 24–26.
Leuzinger-Bohleber, M. (2010b): Psychoanalyse und Psychotherapieforschung. Ein unauflösbares Spannungsfeld in Zeiten des wissenschaftlichen Pluralismus? In: Böker, H. (Hg.): Psychoanalyse im Dialog mit den Nachbarwissenschaften. Gießen: Psychosozial-Verlag, 111–145.

Leuzinger-Bohleber, M. (2011): Zur Nachhaltigkeit psychoanalytischer Langzeitbehandlungen bei chronisch Depressiven. Einige Ergebnisse der DPV-Katamnesestudie. Ärztliche Psychotherapie, 6, 184–189.

Leuzinger-Bohleber, M. (2012): Changes in dreams – from a psychoanalysis with a traumatised, chronic depressed patient. In: Fonagy, P., Kächele, H., Leuzinger-Bohleber, M., Taylor, D. (eds.): The significance of dreams: Bridging clinical and extraclinical research in psychoanalysis. London: Karnac, 49–85.

Leuzinger-Bohleber, M. (2013): Facing the pain in psychoanalyses with severely traumatized chronic depressed analysands. New ways in conceptualization and treatment. Paper given at the IPA Congress in Prague, August 1st, 2013 (eingereicht beim International Journal of Psychoanalysis)

Leuzinger-Bohleber, M., Bruns, G. (2004): Präambel. In: Psychoanalytische Therapie. Eine Stellungnahme für die wissenschaftliche Öffentlichkeit und für den Wissenschaftlichen Beirat Psychotherapie. Forum der Psychoanalyse, 20, 13–18.

Leuzinger-Bohleber, M., Mahler, E. (Hg.) (1993): Phantasie und Realität in der Spätadoleszenz. Gesellschaftliche Veränderungen und Entwicklungsprozesse bei Studierenden. Opladen: Westdeutscher Verlag.

Leuzinger-Bohleber, M., Pfeifer, R. (1998): Erinnerung in der Übertragung – Vergangenheit in der Gegenwart? Psychoanalyse und Embodied Cognitive Science: ein interdisziplinärer Dialog zum Gedächtnis. Psyche – Z Psychoanal, 52, 884–919.

Leuzinger-Bohleber, M., Pfeifer, R. (2002): Remembering a depressive primary object? Memory in the dialogue between psychoanalysis and cognitive science. The International Journal of Psychoanalysis, 83, 3–33.

Leuzinger-Bohleber, M., Bahrke, U., Beutel, M., Deserno, H., Edinger, J., Fiedler, G., Haselbacher, A., Hautzinger, M., Kallenbach, L., Keller, W., Negele, A., Pfenning-Meerkötter, N., Prestele, H., Strecker-von Kannen, T., Stuhr, U., Will, A. (2010): Psychoanalytische und kognitiv-verhaltenstherapeutische Langzeittherapien bei chronischer Depression: Die LAC-Depressionsstudie. Psyche – Z Psychoanal, 64, 782–832.

Leuzinger-Bohleber, M., Bahrke, U., Negele, A. (Hg.) (im Druck): Chronische Depression. Göttingen: Vandenhoeck & Ruprecht.

Leuzinger-Bohleber, M., Henningsen, P., Pfeifer, R. (2008): Die psychoanalytische Konzeptforschung zum Trauma und die Gedächtnisforschung der Embodied Cognitive Science. In: Leuzinger-Bohleber, M., Roth, G., Buchheim, A. (Hg.): Psychoanalyse – Neurobiologie – Trauma. Stuttgart: Schattauer, 157–171.

Leuzinger-Bohleber, M., Mertens, W., Koukkou, M. (Hg.) (1998): Erinnerung von Wirklichkeiten. Psychoanalyse und Neurowissenschaften im Dialog, Bd. 2: Folgerungen für die psychoanalytische Praxis. Stuttgart: Verlag Internationale Psychoanalyse.

Leuzinger-Bohleber, M., Roth, G., Buchheim, A. (Hg.) (2008): Psychoanalyse – Neurobiologie – Trauma. Stuttgart: Schattauer.

Leuzinger-Bohleber, M., Rüger, B., Stuhr, U., Beutel, M. (2002): »Forschen und Heilen« in der Psychoanalyse. Ergebnisse und Berichte aus Forschung und Praxis. Stuttgart: Kohlhammer.

Leuzinger-Bohleber, M., Stuhr, U., Rüger, B., Beutel, M. (2001): Langzeitwirkungen von Psychoanalysen und Psychotherapien. Eine multiperspektivische, repräsentative Katamnesestudie. Psyche – Z Psychoanal, 55, 193–276.

Leuzinger-Bohleber, M., Emde, R.N., Pfeifer, N. (Hrsg.) (2013): Embodiment: Ein innovatives Konzept für Entwicklungsforschung und Psychoanalyse. Göttingen: Vandenhoeck u. Ruprecht. Levin, R., Fireman, G., Nielsen, T. (2010): Disturbed dreaming and emotion dysregulation. Sleep Medicine Clinics, 5, 229–239.

Lévinas, E. (1979): Die Zeit und der Andere. Hamburg: Meiner, 1984.

Lichtenberg, J.B. (1983): Psychoanalyse und Säuglingsforschung. Berlin [u.a.]: Springer, 1991.

Lief, E.R. (1992): Preliminary guidelines for single-case research. Modern Psychoanalysis, 17, 231–250.

Little, M. (1951): Counter-transference and the patient's response to it. International Journal of Psychoanalysis, 32, 32–40.

Loch, W. (1972): Zur Theorie, Technik und Therapie der Psychoanalyse. Frankfurt a. M.: S. S. Fischer.

Loch, W. (1975): Über Begriffe und Methoden der Psychoanalyse. Bern/Stuttgart/Wien: Huber.

Loch, W. (1976): Psychoanalyse und Wahrheit. Psyche – Z Psychoanal, 30, 865–898.

Loch, W. (1978): Anmerkungen zu wissenschaftstheoretischen Problemen der psychoanalytischen Praxis. In: Loch, W.: Perspektiven der Psychoanalyse. Stuttgart: Hirzel, 1986, 131–150.

Loch, W. (1979): Depression und Melancholie – oder depressive Position und Vatermord. In: Loch, W.: Perspektiven der Psychoanalyse. Stuttgart: Hirzel, 1986, 49–60.

Loch, W. (1981): Triebe und Objekte – Bemerkungen zu den Ursprüngen der emotionalen Objektwelt. In: Loch, W.: Perspektiven der Psychoanalyse. Stuttgart: Hirzel, 1986, 213–259.

Loch, W. (1986): Perspektiven der Psychoanalyse. Stuttgart: Hirzel.

Loch, W. (1993): Deutungs-Kunst. Rekonstruktion und Neuanfang im psychoanalytischen Prozess. Tübingen Edition diskord.

Loch, W. (2001): Mit Freud über Freud hinaus. Ausgewählte Vorlesungen zur Psychoanalyse. Bearb. u. hg. v. J. Dantlgraber, W. Damson. Tübingen: Edition diskord.

Loewald, H.W. (1960): On the therapeutic action of psycho-analysis. International Journal of Psychoanalysis, 41, 16–33.

Loewald, H.W. (1978): Instinct theory, object relation, and psychic structure formation. Journal of the American Psychoanalytic Association, 26, 463–506.

Loewald, H.W. (1986): Psychoanalyse. Aufsätze aus den Jahren 1951–1979. Stuttgart: Klett-Cotta, 1986.

Lorenzer, A. (1970): Sprachzerstörung und Rekonstruktion. Vorarbeiten zu einer Metatheorie der Psychoanalyse. Frankfurt a. M.: Suhrkamp.

Lorenzer, A. (1985): Das Verhältnis der Psychoanalyse zu ihren Nachbardisziplinen. Fragmente, 14/15, 8–22.

MacIntyre, A.C. (1968): Das Unbewusste. Eine Begriffsanalyse. Frankfurt a. M.: Suhrkamp.
Mahler, M.S. (1968): Symbiose und Individuation, Bd. 1: Psychosen im frühen Kindesalter. Stuttgart: Klett, 1972.
Mahler, M.S. (1975): Die Bedeutung des Loslösungs- und Individuationsprozesses für die Beurteilung von Borderline-Phänomenen. Psyche – Z Psychoanal, 29, 1078–1095.
Mahler, M.S., Pine, F., Bergmann, A. (1975): Die psychische Geburt des Menschen. Symbiose und Individuation. Frankfurt a. M.: S. Fischer, 1980.
Makari, G. (2008): Revolution der Seele. Die Geburt der Psychoanalyse. Gießen: Psychosozial-Verlag.
Maldonado, J.L. (2011): Exploring core concepts: Sexuality, dreams and the unconscious. International Journal of Psychoanalysis, 92, 280–283.
Malinowski, B. (1929): Das Geschlechtsleben der Wilden in Nordwest-Melanesien. Frankfurt: Unikat, 1979.
Mancia M. (ed.) (2006): Psychoanalysis and neuroscience. Milan [u.a.]: Springer.
Marty, P., M'Uzan, M. de (1962): Das operative Denken (»pensée opératoire«). Psyche – Z Psychoanal, 32, 1978, 974–984.
Matte-Blanco, I. (1975): The unconscious as infinite sets: An essay in bi-logic. London: Duckworth.
Matte-Blanco, I. (1988): Thinking, feeling and being. Clinical reflections on the fundamental antinomy of human beings and world. London/New York: Routledge.
Mayer, E.L. (1996): Subjectivity and intersubjectivity of clinical facts. International Journal of Psycho-Analysis, 77, 709–737.
Mayes, R. (2012): The neurobiology of parenting and attachment: The interface between the psychology and physiology of caring. Unveröff. Vortrag auf der Joseph Sandler Psychoanalytic Research Conference, Frankfurt a. M. Erscheint in: Emde, R., Leuzinger-Bohleber, M. (eds.): Early parenting and the prevention of disorders. Interdisciplinary research. London: Karnac, in press.
McLaughlin, J.T. (1987): The play of transference. Some reflections on enactment in the psychoanalytic situation. Journal of the American Psychoanalytic Association, 35, 557–582.
McLaughlin, J.T. (1991): Clinical and theoretical aspects of enactment. Journal of the American Psychoanalytic Association, 39, 595–614.
Meltzer, D. (1966): Die Beziehung der analen Masturbation zur projektiven Identifizierung. In: Bott Spillius, E.B. (Hg.): Melanie Klein heute, Bd. 1. Stuttgart: Klett-Cotta, 1995, 130–147.
Meltzer, D. (1968): Panik, Verfolgungsangst, Furcht – Zur Differenzierung paranoider Ängste. In: Spillius, E.B. (Hg.): Melanie Klein heute. Entwicklungen in Theorie und Praxis, Bd. 1. Stuttgart: Klett-Cotta, 2002, 288–298.
Meltzer, D. (1973): Infantile perverse sexuality. In: Meltzer, D.: Sexual States of Mind. Strath Tay/Perthshire: Clunie Press, 1973, 90–98.
Meltzer, D. (1975): Autismus: Eine psychoanalytische Erkundung. Frankfurt a. M.: Brandes & Apsel, 2011.
Meltzer, D. (1984): Traumleben. Eine Überprüfung der psychoanalytischen Theorie und Technik. München/Wien: Verlag Internationale Psychoanalyse, 1988.

Meltzer, D. (1986): Studien zur erweiterterten Metapsychologie. Bions Denken in der klinischen Praxis. Frankfurt a. M.: Brandes & Apsel, 2009.
Meltzer, D. (1988): Die Wahrnehmung der Schönheit. Der ästhetische Konflikt in Entwicklung und Kunst. Frankfurt a. M.: Brandes & Apsel, 2006.
Meltzer, D. (1992): Das Klaustrum. Eine Untersuchung klaustrophobischer Erscheinungen. Frankfurt a. M.: Brandes & Apsel, 2005.
Merleau-Ponty, M. (1964): Das Sichtbare und das Unsichtbare. Hg. von C. Lefort. München: Fink, 1994.
Mertens, W. (1998): Aspekte der psychoanalytischen Gedächtnistheorie. In: Leuzinger-Bohleber, M., Mertens, W., Koukkou, M. (Hg.): Erinnerung von Wirklichkeiten. Psychoanalyse und Neurowissenschaften im Dialog, Bd. 1: Bestandsaufnahme. Stuttgart: Verlag Internationale Psychoanalyse, 48–131.
Mertens, W., Waldvogel, B. (Hg.) (2000): Handbuch psychoanalytischer Grundbegriffe. 3. Aufl. Stuttgart u.a.: Kohlhammer, 2008.
Milner, B., Squire, L.R., Kandel, E.R. (1998): Cognitive neuroscience and the study of memory. Neuron, 20, 445–468.
Mitchell, S.A. (1988): Relational concepts in psychoanalysis: An integration. Cambridge: Harvard University Press.
Mitchell, S.A., Aron, L. (1999): Relational psychoanalysis: The emergence of a tradition. Hillsdale: The Analytic Press.
Mitscherlich, A. (1968): Die Idee des Friedens und die menschliche Aggressivität. Vier Versuche. Frankfurt a. M.: Suhrkamp, 1969.
Modell, A.H. (1984): Psychoanalysis in a new context. New York: International Universities Press.
Mollon, P. (2001): Releasing the self: The healing legacy of Heinz Kohut. London: Whurr.
Money-Kyrle, R. (1956): Normale Gegenübertragung und mögliche Abweichungen. In: Frank, C., Weiß, H. (Hg.): Normale Gegenübertragung und mögliche Abweichungen. Zur Aktualität von R. Money-Kyrles Verständnis des Gegenübertragungsprozesses. Tübingen: Edition diskord, 2003, 19–36.
Money-Kyrle, R. (1958): The process of psychoanalytical inference. In: Meltzer, D., O'Shaughnessy, E. (eds.): The collected papers of Roger Money-Kyrle. Strath Tay/Pertshire: Clunie Press, 1978, 343–352.
Money-Kyrle, R. (1968): Cognitive development. In: Meltzer, D., O'Shaughnessy, E. (eds.): The collected papers of Roger Money-Kyrle. Strath Tay/Pertshire: Clunie Press, 1978, 416–433.
Money-Kyrle, R. (1971): The aim of psychoanalysis. In: Meltzer, D., O'Shaughnessy, E. (eds.): The collected papers of Roger Money-Kyrle. Strath Tay/Pertshire: Clunie Press, 1978, 442–449.
Moser, U., Zeppelin, I. v. (eds.) (1991): Cognitive-affective processes. New ways of psychoanalytic modeling. Berlin: Springer.
Newirth, J. (2003): Between emotion and cognition. New York: Other Press.
Niederland, W.M. (1980): Folgen der Verfolgung. Das Überlebenden-Syndrom. Frankfurt a.M: Suhrkamp.
Northoff, G. (2009): Depression and the brain's input: Intrinsic brain activity and difference-based coding. Neuropsychoanalysis, 11, 85–86.

O'Shaughnessy, E. (1981): Klinische Untersuchung einer Abwehrorganisation. In: Bott Spillius, E. (Hg.): Melanie Klein heute, Bd. 1. Stuttgart: Klett-Cotta, 2002, 367–390.

O'Shaughnessy, E. (1993): Enklaven und Exkursionen. In: O'Shaughnessy, E. (1998): Kann ein Lügner analysiert werden? Emotionale Erfahrungen und psychische Realität in Erwachsenen- und Kinderanalysen. Hg. von C. Frank, H. Weiß. Tübingen. Edition diskord, 1988, 105–125.

Ogden, T.H. (1992): Comments on transference and countertransference in the initial analytic meeting. Psychoanalytic Inquiry, 12, 225–247.

Ogden, Th. (1994): The analytic third – working with intersubjective analytic facts. International Journal of Psychoanalysis, 75, 3–20.

Ogden, Th. (1997): Analytische Träumerei und Deutung. Zur Kunst der Psychoanalyse. Wien/New York: Springer, 2001.

Orange, D.M., Atwood, G.E., Stolorow, R.D. (1997): Intersubjektivität in der Psychoanalyse. Kontextualismus in der psychoanalytischen Praxis. Frankfurt a. M.: Brandes & Apsel, 2001.

Panksepp, J. (1998): Affective neuroscience: The foundation of human and animal emotions. New York: Oxford University Press.

Panksepp, J. (1999): Emotions as viewed by psychoanalysis and neuroscience: An exercise in consilience. Neuro-Psychoanalysis, 1, 15–38.

Parin, P., Morgenthaler, F., Parin-Mattéy, G. (1963): Die Weißen denken zu viel. Psychoanalytische Untersuchungen bei den Dogon in Westafrika. Zürich: Atlantis.

Parsons, A. (1964): Besitzt der Ödipuskomplex universelle Gültigkeit? Eine kritische Stellungnahme zur Jones-Malinowski-Kontroverse sowie die Darstellung eines süditalienischen kernkomplexes. In: Muensterberger, W. (Hg.): Der Mensch und seine Kultur. Psychoanalytische Ethnologie nach »Totem und Tabu«. München: Kindler, 1974, 207–259.

Pfeifer, R., Leuzinger-Bohleber, M. (1986): Application of cognitive science methods to psychoanalysis: A case study and some theory. International Review of Psychoanalysis, 13, 221–240.

Pfeifer, R., Leuzinger-Bohleber, M. (1992): A dynamic view of emotion with an application to the classification of emotional disorders. In: Leuzinger-Bohleber, M., Schneider, H., Pfeifer, R. (eds.): »Two butterflies on my head…« Psychoanalysis in the interdisciplinary scientific dialogue. Berlin: Springer, 215–245.

Pine, F. (2011). Beyond pluralism: Psychoanalysis and the workings of mind. Psychoanalytic Quarterly, 80, 823–856.

Quinodoz, C. (1991): »Ich habe Angst, mein Kind zu töten«, oder: ausgesetzter Ödipus, adoptierter Ödipus. Zeitschrift für psychoanalytische Theorie und Praxis, 6, 47–62.

Racker, H. (1953): Contribution to the problem of counter-transference. International Journal of Psychoanalysis, 34, 313–324.

Racker, H. (1980): Übertragung und Gegenübertragung. München: Ernst Reinhardt.

Radebold, H. (2000): Abwesende Väter. Folgen der Kriegskindheit in Psychoanalysen. Göttingen: Vandenhoeck & Ruprecht.

Radebold, H., Heuft, G., Fooken, I. (Hg.) (2006): Kindheiten im Zweiten Weltkrieg. Kriegserfahrungen und deren Folgen aus psychohistorischer Perspektive. Weinheim/München: Juventa Verlag.

Rapaport, D. (1951): The autonomy of the ego. Bulletin of the Menninger Clinic, 15, 113–123.

Rapaport, D. (1958): The theory of ego autonomy: A generalization. Bulletin of the Menninger Clinic, 22, 13–53.

Rayner, E. (1991): The independend mind in British psychoanalysis. London: Free Association Books.

Rayner, E., Tuckett, D. (1988): An introduction to Matte-Blanco's reformulation of the Freudian unconscious and his conceptualization of the internal world. In: Mate-Blanco, I: Thinking, feeling, and being: Clinical reflections on the fundamental antinomy of human beings and world. London/New York: Routledge, 3–42.

Reich, A. (1951): On counter-transference. International Journal of Psychoanalysis, 32, 25–31.

Reich, W. (1933): Charakteranalyse. Köln: Kiepenheuer & Witsch, 1989.

Renik, O. (1995): The ideal of the anonymous analyst and the problem of self-disclosure. Psychoanalytic Quarterly, 64, 466–495.

Renik, O. (2004): Intersubjectivity in psychoanalysis. International Journal of Psychoanalysis, 85, 1053–1056.

Rey, H. (1979): Schizoide Phänomene im Borderline-Syndrom. In: Bott Spillius, E. (Hg.): Melanie Klein heute. Entwicklungen in Theorie und Praxis, Bd. 1. Stuttgart: Klett-Cotta, 2002, 253–287.

Rey, H. (1986): Reparation. Journal of the Melanie Klein Society, 4, 5–35.

Rey, H. (1994): Universals of psychoanalysis in the treatment of psychotic and borderline states. London: Free Association Books.

Ricoeur, P. (1965): Die Interpretation. Ein Versuch über Freud. Frankfurt a. M.: Suhrkamp, 1974.

Riesenberg-Malcolm, R. (1990): Als-ob. Das Phänomen des Nicht-Lernens. In: Riesenberg-Malcolm, R.: Unerträgliche seelische Zustände erträglich machen. Hg. von P. Roth. Stuttgart: Klett-Cotta, 2003, 168–182.

Rivière, J. (1936): Beitrag zur Analyse der negativen therapeutischen Reaktion. In: Rivière, J.: Ausgewählte Schriften. Hg. von L. Gast. Tübingen: Edition diskord, 1996, 138–158.

Rosenfeld, H.A. (1964): Zur Psychopathologie des Narzissmus – ein klinischer Beitrag. In: Rosenfeld, H.A.: Zur Psychoanalyse psychotischer Zustände. Frankfurt a. M.: Suhrkamp, 1989, 196–208.

Rosenfeld, H.A. (1965): Zur Psychoanalyse psychotischer Zustände. Frankfurt a. M.: Suhrkamp, 1989.

Rosenfeld, H.A. (1971): Beitrag zur psychoanalytischen Theorie des Lebens- und Todestriebes aus klinischer Sicht: eine Untersuchung der aggressiven Aspekte des Narzißmus. In: Bott Spillius, E. (Hg.): Melanie Klein heute, Bd. 1. Stuttgart: Klett-Cotta, 1995, 299–319.

Rosenfeld, H.A. (1987): Sackgassen und Deutungen. Therapeutische und antitherapeutische Faktoren bei der psychoanalytischen Behandlung von

psychotischen, Borderline- und neurotischen Patienten. München/Wien: Verlag Internationale Psychoanalyse, 1990.
Rupprecht-Schampera, U. (1996): »Hysterie« – eine klassische psychoanalytische Theorie? In: Seidler, G.H. (Hg.): Hysterie heute. Metamorphosen eines Paradiesvogels. Stuttgart: Enke, 56–74.
Sachsse, U., Roth, G. (2008): Die Integration neurobiologischer und psychoanalytischer Ergebnisse in der Behandlung Traumatisierter. In: Leuzinger-Bohleber, M., Roth, G., Buchheim, A. (Hg.): Psychoanalyse – Neurobiologie – Trauma. Stuttgart: Schattauer, 69–99.
Sachsse, U., Venzlaff, U., Dulz, B. (1997): 100 Jahre Traumaätiologie. Persönlichkeitsstörungen, 1, 4–14.
Sandler, J. (1976): Gegenübertragung und Bereitschaft zur Rollenübernahme. Psyche – Z Psychoanal, 30, 297–305.
Sandler, J., Dreher, A.U. (1996): Was wollen die Psychoanalytiker? Das Problem der Ziele in der psychoanalytischen Behandlung. Stuttgart: Klett-Cotta, 1999.
Sandler, J., Sandler, A.-M. (1984): Vergangenheits-Unbewußtes, Gegenwarts-Unbewußtes und die Deutung der Übertragung. Psyche – Z Psychoanal, 39, 1985, 800–829.
Sarnoff, I. (1971): Testing Freudian concepts: An experimental social approach. New York: Springer.
Sartre, J.-P. (1943): Das Sein und das Nichts. Versuch einer phänomenologischen Ontologie. Hamburg: Rowohlt, 1962.
Saussure, F. de (1916): Grundfragen der Allgemeinen Sprachwissenschaft. Berlin: de Gruyter, 1967.
Schechter, D. (2012): Understanding how traumatized mothers process their toddlers' affective communication under stress: Towards preventive intervention for families at high risk for intergenerational violence. Vortrag bei der Joseph Sandler Psychoanalytic Research Conference, Frankfurt a. M. Erscheint in: Emde, R. & Leuzinger-Bohleber, M. (eds.): Early parenting and the prevention of disorders. Interdisciplinary research. London: Karnac, in press.
Schöpf, A. (1982): Sigmund Freud. München: Beck.
Schwartz, H.P. (2012): Intersubjectivity and dialecticism. International Journal of Psychoanalysis, 93, 401–425.
Segal, H. (1950): Aspekte der Analyse eines schizophrenen Patienten. In: Bott Spillius, E. (Hg.): Melanie Klein heute, Bd. 2. Stuttgart: Klett-Cotta, 1995, 202–224.
Segal, H. (1957): Bemerkungen zur Symbolbildung. In: Bott Spillius, E. (Hg.): Melanie Klein heute, Bd. 1. Stuttgart: Klett-Cotta, 2002, 202–224.
Segal, H. (1964): Melanie Klein. Eine Einführung in ihr Werk. Tübingen: Edition diskord, 2003.
Segal, H. (1975): A psycho-analytic approach to the treatment of psychoses. In: Lader, M.H. (ed.): Studies in schizophrenia. Ashford: Headley, 94–97.
Segal, H. (1978): On symbolism. International Journal of Psychoanalysis, 59, 315–319.
Segal, H. (1981): Wahnvorstellung und Künstlerische Kreativität. Stuttgart: Klett-Cotta, 1991.

Literatur

Segal, H. (1984): Phantasy and reality. International Journal of Psychoanalysis, 75, 39–401.
Segal, H. (1988): Silence is the real crime. In: Levine, H.B., Jacobs, D., Rubin, L.J. (eds.): Psychoanalysis and the nuclear threat. Hillsdale: The Analytic Press, 35–59.
Segal, H. (1991): Traum, Phantasie und Kunst. Über die Bedingungen menschlicher Kreativität. Stuttgart: Klett-Cotta, 1996.
Segal, H. (1997): The uses and abuses of counter-transference. In: Segal, H.: Psychoanalysis, literature and war: Papers 1972–1995. London/New York: Routledge, 111–119.
Segal, H. (1999): Ödipuskomplex und Symbolisierung. In: Weiß, H. (Hg.): Ödipuskomplex und Symbolbildung. Ihre Bedeutung bei Borderline-Zuständen und frühen Störungen. Hanna Segal zu Ehren. Tübingen: Edition diskord, 48–61.
Shevrin, H. (2000): The experimental investigation of unconscious conflict, unconscious affect, and signal anxiety. In: Velmans, M. (ed.): Investigating phenomenal consciousness: New methodologies and maps. New York. John Benjamins, 33–65.
Shevrin, H., Bond, J., Brakel, L., Hertel, R., Williams, W. (1997): Conscious and unconscious processes. Psychodynamic, cognitive, and neurophysiological convergences. New York: Guilford Press.
Steiner, J. (1992): The equilibrium between the paranoid-schizoid and the depressive positions. In: Anderson, R. (ed.): Clinical lectures on Klein and Bion. London: Routledge, 46–58.
Steiner, J. (1993): Orte des seelischen Rückzugs. Pathologische Organisationen bei psychotischen, neurotischen und Borderline-Patienten. Stuttgart: Klett-Cotta, 1998.
Steiner, R. (2003): Unconscious phantasy. London: Karnac.
Stern, D.B. (1997): Unformulated experience: From dissociation to imagination in psychoanalysis. Hillsdale: The Analytic Press.
Stern, D.N. (1985): Die Lebenserfahrung des Säuglings. Stuttgart: Klett-Cotta, 1992.
Stern, D.N. (1990): Tagebuch eines Babys. Was ein Kind sieht, spürt, fühlt und denkt. 2. Aufl. München: Piper, 1991.
Stern, D.N. (1995): Die Mutterschaftskonstellation. Eine vergleichende Darstellung verschiedener Formen der Mutter-Kind-Psychotherapie. Stuttgart: Klett-Cotta, 1998.
Stern, D.N. et al. (The Boston Change Process Study Group) (2010): Veränderungsprozesse. Ein integratives Paradigma. Frankfurt a. M.: Brandes & Apsel, 2012.
Stolorow, R.D., Atwood, G.E. (1989): The unconscious and unconscious fantasy: An intersubjective-developmental perspective. Psychoanalytic Inquiry, 9, 364–374.
Stolorow, R.D., Atwood, G.E. (1996): The intersubjective perspective. Psychoanalytic Review, 83, 181–194.
Strachey, J. (1934): The nature of the therapeutic action of psycho-analysis. International Journal of Psychoanalysis, 15, 127–159.

Strenger, C. (1991): Between hermeneutics and science. An essay on the epistemiology of psychoanalysis. New York: International Universities Press.
Sugar, M. (ed.) (1999): Trauma and adolescence. Madison: International Universities Press.
Taylor, D. (2009): Consenting to be robbed so as not to be murdered. Psychoanalytic Psychotherapy, 23, 263–275.
Teising, M. (2005): Premeability and demarcation in the psychoanalytic process: Functions of the contact-barrier. International Journal of Psychoanalysis, 86, 1627–1644.
Thomä, H. (1999): Zur Theorie und Praxis von Übertragung und Gegenübertragung im psychoanalytischen Pluralismus. Psyche – Z Psychoanal, 53, 820–872.
Thomä, H., H. Kächele (Hg.) (2006): Psychoanalytische Therapie. 3: Forschung. Berlin u.a.: Springer.
Tuckett, D. (2007): Wie können Fälle in der Psychoanalyse verglichen und diskutiert werden? Implikationen für künftige Standards der klinischen Arbeit. Psyche – Z Psychoanal, 61, 1042–1071.
Vanheule, S., Hauser, S.T. (2008): A narrative analysis of helplessness in depression. Journal of the American Psychoanalytic Association, 56, 1309–1330.
Varvin, S., Jovi , V., Rosenbaum, B., Fischmann, T., Hau, S. (2012): Traumatische Träume: Streben nach Beziehung. Psyche – Z Psychoanal, 66, 937–967.
Venzlaff, U. (1958): Die psychoreaktiven Störungen nach entschädigungspflichtigen Ereignissen. Berlin: Springer.
Wallerstein, R.S. (1988): One psychoanalysis or many? International Journal of Psycho-Analysis, 69, 5–21.
Wallerstein, R.S. (2001): The generations of psychotherapy research: An overview. Psychoanalytic Psychology, 18, 243–267.
Warsitz, R.P. (1997): Auf dem Wege zu einem Methodenpluralismus in der Psychoanalyse. In: Leuzinger-Bohleber, M., Stuhr, U. (Hg.): Psychoanalysen im Rückblick. Gießen: Psychosozial-Verlag, 203–226.
Weike-Bierbüsse, K. (2010): Schule als ein Möglichkeitsraum für Adoleszenzkonflikte? Psychoanalytische Anregungen einer institutionellen Herausforderung. In: Leuzinger-Bohleber, M., Klumbies, P.-G. (Hg.): Religion und Fanatismus. Psychoanalytische und theologische Zugänge. Göttingen: Vandenhoeck & Ruprecht, 229–245.
Weinstein, L., Ellman, S J. (2012): Die Bedeutung der endogenen Stimulation für das Träumen und für die Entwicklung: Ein Versuch der Integration und Neuformulierung. Psyche – Z Psychoanal, 66, 862–888.
Weiß, H. (1988): Der Andere in der Übertragung. Untersuchung über die analytische Situation und die Intersubjektivität in der Psychoanalyse. Stuttgart-Bad Cannstatt: Fromann-Holzboog.
Weiß, H. (1999): Die Verabsolutierung der Gegenübertragung: ein neues Gespenst? Psyche – Z Psychoanal, 53, 894–904.
Weiß, H. (2002): Reporting a dream accompanying an enactment in the transference situation. International Journal of Psychoanalysis, 83, 633–645.
Weiß, H. (2009): Das Labyrinth der Borderline-Kommunikation. Klinische Zugänge zum Erleben von Raum und Zeit. Stuttgart: Klett-Cotta.

Weiß, H. (2012): Utopien und Dystopien als Orte des seelischen Rückzugs. Psyche – Z Psychoanal, 66, 310–330.
Weiß, H. (2013): Unbewusste Phantasien als strukturierende Beziehungen und Organisatoren des psychischen Lebens. Zur Evolution eines Konzepts – eine kleinianische Perspektive. Psyche – Z Psychoanal, 67, 903–930.
Weiß, H., Frank, C. (Hg.) (2002): Pathologische Persönlichkeitsorganisationen als Abwehr psychischer Veränderung. Tübingen: Edition diskord.
Weiss, M., Weiss, S. (2000): Second generation to Holocaust survivors. American Journal of Psychotherapy, 54, 372–385.
Westen, D. (1989): Are »primitive« object relations really preoedipal? American Journal of Orthopsychiatry, 59, 331–345.
Whitebook, J. (2010): Sigmund Freud – A philosophical physician. Vortrag bei der Joseph Sandler Research Conference »Persisting shadows of early and later trauma«, Frankfurt a. M., 5.2.2010.
Widmer, P. (1990): Die Subversion des Begehrens. Jacques Lacan oder die zweite Revolution der Psychoanalyse. Frankfurt a. M.: S. Fischer.
Winnicott, D.W. (1947): Hass in der Gegenübertragung. In: Winnicott, D.W.: Von der Kinderheilkunde zur Psychotherapie. Frankfurt a. M.: S. Fischer, 1983, 77–90.
Winnicott, D.W. (1951): Übergangsobjekte und Übergangsphänomene. In: Winnicott, D.W.: Von der Kinderheilkunde zur Psychoanalyse. Gießen: Psychosozial-Verlag, 2008, 257–283.
Winnicott, D.W. (1953): Übergangsobjekte und Übergangsphänomene. Psyche – Z Psychoanal, 23, 1969, 666–682; sowie in: Winnicott, D.W. (1971): Vom Spiel zur Kreativität. Stuttgart: Klett-Cotta, 1979, 10–39.
Winnicott, D.W. (1958): Von der Kinderheilkunde zur Psychoanalyse. Frankfurt a. M.: S. Fischer, 1983.
Winnicott, D.W. (1960): Ich-Verzerrung in Form des wahren und des falschen Selbst. In: Winnicott, D.W.: Reifungsprozesse und fördernde Umwelt. Frankfurt a. M.: S. Fischer, 1984, 182–199.
Winnicott, D.W. (1965): Reifungsprozesse und fördernde Umwelt. Frankfurt a. M.: S. Fischer, 1984.
Winnicott, D.W. (1967): Die Lokalisierung des kulturellen Erlebens. Psyche – Z Psychoanal, 24, 1970, 260–269.
Winnicott, D.W. (1969): Objektverwendung und Identifizierung. In: Winnicott, D.W.: Vom Spiel zur Kreativität. Stuttgart: Klett-Cotta, 1979, 101–110.
Winnicott, D.W. (1971): Vom Spiel zu Kreativität. Stuttgart: Klett-Cotta, 1979.
Wittgenstein, L (1953): Philosophische Untersuchungen. Frankfurt a. M.: Suhrkamp, 1971.
Wolf, E.S. (1988): Theorie und Praxis der psychoanalytischen Selbstpsychologie. Frankfurt a. M.: Suhrkamp.
Wollheim, R. (1999): Emotionen. Eine Philosophie der Gefühle. München: Beck, 2001.
Wurmser, L. (1981): Die Maske der Scham. Die Psychoanalyse von Schamaffekten und Schamkonflikten. Berlin: Springer, 1990.
Zaretzki, E. (2004): Freuds Jahrhundert. Die Geschichte der Psychoanalyse. Wien: Zsolnay, 2006.

Sachregister

›K‹ (knowledge) 144

A

α-Elemente 143, 145
α-Funktion 143–144, 151
Abwehr 86, 89, 97, 118–119, 134, 156–157, 176, 197–198
Abwehrlehre, psychoanalytische 61
Abwehrmechanismen 59, 61, 80, 82, 127, 136, 164, 176, 196
– reife 80
– unreife 136
Abwehrorganisation (s. a. pathologische Organisation) 131, 175, 179, 193–194, 197
Acting in 165
Adoleszenz 61–63, 76, 78, 82, 88
Affekt 5, 23, 48, 50, 61, 70–71, 79–81, 83, 89, 94, 101, 152, 154, 159
– -disposition 79
– -regulierung 92, 102
Aggression 50, 71, 74, 77, 79–80, 83, 104
Allmacht (s. a. Omnipotenz) 138
Anerkennung 29, 126, 135–136, 138, 142, 147, 155
Angst
– Fragmentierungs- 135
– klaustrophobe 130, 148
– primitive 132
– Verfolgungs- 70, 121, 133, 176
– Verlust- 72, 136

Apparat, psychischer 144
Äquivalenz, psychische 93–94

B

β-Elemente 151
Begehren 115, 125–126
Bindung 56, 60, 94, 154
Bindungsforschung 33, 62, 90–91, 106, 154
Bindungstheorie 129
Bindungstrauma 94–95
Borderline 39, 79, 128, 130, 136–137, 146, 153, 156, 175–176, 195
Borderline-Position 176

C

Containment 133, 147, 153, 160, 175

D

Daseinsanalyse 117
Denken 5, 16–17, 27, 33, 44, 61, 71, 90, 95, 97, 99, 122–123, 126, 130–131, 135, 142–146, 149–150, 152, 159, 198
– primärprozesshaftes 92, 149
– Theorie des Denkens 38, 142, 145
Depression 22, 25–26, 31, 45, 49, 51, 64, 71, 107, 134

225

Sachregister

– anaklitische 64
Desillusionierung 141
Destruktivität 99, 142, 193
Deutung 44, 46, 51, 53, 126, 131, 139, 151, 155, 160–161, 163–167, 170, 174–176, 184, 186, 190, 193, 195
– analytikerzentriert 175
– patientenzentriert 176
Dissoziation 95
Durcharbeiten 35, 44, 67, 116, 130, 155

E

Elternimago 86, 100
– idealisierte 85–87
Elternpaar 132, 138
Embodied Cognitive Science 33, 36, 102, 109
Empathie 53, 77–78, 84, 91, 142
Enactment 157, 166, 172, 174, 195
Entwicklung, frühkindliche 113, 129, 134, 143
Erinnerung 35, 45, 50, 53, 83, 94, 135, 146, 151, 153, 162, 174, 192–193
Es 28, 38, 46–47, 53–55, 57–58, 60–61, 63, 68, 72, 78–79, 84–85, 90–91, 93, 96, 106, 108, 114, 122–123, 126, 129, 131, 144, 153, 164, 166, 169–170, 174, 183–184, 187
Ethnopsychoanalyse 33, 65
Externalisierung 160
Extraklinische Forschung (s. a. Forschung) 11, 15, 31, 43

F

Feld
– bipersonales 151
– emotionales 72
Feldtheorie 151, 163

Forschung
– empirische 90, 96, 129, 154, 198
– extraklinische 11, 15, 43
– interdisziplinäre 31, 34, 100
– klinische 21, 24, 31, 85
– psychoanalytische 20, 22, 28, 30–31, 96
Forschungsmethoden 29, 33–35

G

Gegenidentifizierung, projektive 164
Gegenübertragung 39, 119, 131, 154, 156–162, 164–166, 197
Gegenwartsunbewusstes 163–164
Geisteswissenschaften 27–29, 35, 38, 113, 115–116, 118–119
Genderforschung 38, 43, 90–91, 100
Getrenntheit 70, 135, 138, 173
Gleichgewicht, psychisches 164
Gleichsetzung, symbolische 121, 137
Größenselbst 85–87
Grundstörung 156

H

Halluzination 152
Hermeneutik 115, 117, 122
Hospitalismus 64

I

Ich 18, 26, 47–50, 52–55, 58–61, 63, 66, 70–71, 75, 77, 79, 81–83, 86, 96, 99, 105, 113–114, 124, 127, 128, 133–134, 138, 155, 168, 172, 184
Ichideal 58, 61, 70, 87
Ich-Identität 81, 155
Ichpsychologie 37, 56–57, 59, 63, 88, 115
Ichspaltung 127–128

Idealisierung 85, 118, 135
Identifizierung 59–60, 62, 70–71, 73, 81, 94
- introjektive 160
- projektive 71, 79, 82, 118, 121, 134–136, 138–139, 142, 144–145, 147, 149, 151, 160, 164, 173
Illusionsbildung 141
Imaginäre, das 125
Independent School 68
Integration 12, 77, 79, 82, 86–87, 93, 99–100, 102–103, 109, 119, 135, 149, 193
Intersubjektivität 122, 126, 151
Intervision 22
Introjektion 70, 81, 99, 132, 162

K

Kinderanalyse 126–127, 129
Kohärenz 36, 102
Kommunikation, unbewusste 39, 114, 142, 158
Konflikt 5, 15, 17, 20, 22, 24, 30, 37, 44, 54, 55, 57, 59, 61, 67, 78, 93, 97, 99–101, 109, 171, 194, 196, 198
Konflikttheorie 19
Konstruktion 155
Kontaktschranke 143
Kontrolle 48, 63, 67, 140, 177, 180, 182, 184, 187
- omnipotente 75, 135, 142
Konzeption 19–20, 43, 68, 88, 100, 104, 145–146
Kreatives Unbewusstes 98, 101
Kreativität 72, 75, 77–78, 138, 195
Kunst 28, 31, 100, 138, 141, 195

L

Lebenstatsachen (s. a. ›Facts of Life‹) 147
Lebenstrieb 74

Libido 80, 128
- -entwicklung 132
Liebesobjekt 60, 70, 76, 83
Literatur 28, 33, 35, 39, 100, 102, 105, 109, 113, 118, 120, 148, 156, 195
- -theorie 116
Logik 149–150
- asymmetrische 150
- symmetrische 150

M

Marasmus 64
Mentalisierung 91–96, 100, 102
Mentalisierungsforschung 91, 97
Metapher 5, 21, 88, 155
Metatheorie 118
Misskonzeption 147–148, 175
Missrepräsentation 146, 175
Modelle 11, 34, 36, 38, 43, 57, 60, 69, 80, 89, 101–103, 117, 119, 128, 132, 134, 143–144, 146, 149, 151, 160, 163–164

N

Nachträglichkeit 156
Narrativ 151
Narzissmus 85–87, 97, 152–153
Narzisstische Persönlichkeitsstörung 79, 85, 87
Naturwissenschaft 5, 27–28, 118, 198
Negative therapeutische Reaktion 131, 176–177, 187
Negative, das
- Arbeit des Negativen 152
Neid 79, 99, 130, 136
Neurowissenschaften 19, 32, 34, 36, 102

O

Objekt
- bizarres 146

Sachregister

- ganzes 135
- gutes 70–71, 84, 133
- imaginäres 125
- inneres 75, 99, 129, 160, 173, 177, 188
- Sorge um das Objekt 135

Objektbeziehung 142, 152, 163–164

Objektbeziehungstheorie 43, 68–69, 71–72, 79, 84–85, 89, 99, 103, 109, 121, 126, 129, 152, 163

Objektverlust 26, 60

Objektwelt, emotionale 154

Ödipussituation 133, 136, 138

Omnipotenz 18, 52

Organisation, pathologische 39, 157, 175–179, 181–182, 190–191, 193–194, 196

Orte des seelischen Rückzugs (s. a. ›Psychic Retreat‹) 156, 176, 179, 195

P

Paarbeziehung, elterliche 136

Partialobjekt 70, 82–83

Phänomenologie 95, 115, 117

Phantasie
- omnipotente 85, 121, 140, 142
- unbewusste 15, 17, 24–25, 29–30, 37–39, 43–44, 48–49, 52, 65, 67, 71–72, 76, 97, 101, 104, 109, 128, 132–134, 148, 163, 165, 196–197

Philosophie 12, 27, 33, 39, 113, 115–116, 118, 126, 148, 198

Pluralismus 11, 35, 196–197
- theoretischer 56, 196

Pluralität (s. a. Pluralismus) 19–20, 29, 34, 38

Position
- Borderline- 176
- depressive 38, 69–70, 84, 121, 132, 134–135, 137–138, 144, 149, 155, 176

- dritte 148, 151, 166, 176
- paranoid-schizoide 70, 82, 135, 138

Postmoderne 117, 199

Primärobjekt 50, 71, 78, 92, 100, 106–107, 136

Projektion 36–37, 44, 47, 61, 82, 132–133, 135, 162, 174

Projektive Identifizierung 82, 121, 135, 138, 142, 151
- pathologische 142

Psychoanalytische Forschung 24

Psychose 125, 128, 152

Psychotherapieforschung, psychoanalytische 15, 31

R

Raum
- analytischer 56, 151
- innerer 127, 134, 137, 146
- intermediärer 38, 75, 121, 140–142
- triangulärer 155

Reale, das 114, 125

Realität
- äußere 38, 74, 76, 93, 114, 142–143
- innere 128, 148
- psychische 59, 150, 156

Realitätsbezug 127, 129

Realitätsprüfung 75

Regression 88, 96, 149

REM-Schlaf 104–105

Repräsentanzen 59, 80, 82

Repräsentation
- konkrete 138

Rollenbereitschaft 160, 164

Rückzug, psychischer (s. a. ›Psychic Retreat‹) 193

S

Säuglingsbeobachtung 64, 129

Scham 66, 130

Schlafforschung 109

Sachregister

Schuldgefühl 60, 70, 130, 133, 135–136, 159, 176, 186, 188, 193
Selbst
– falsches 73, 77–78, 88, 107–108, 177
– primäres 155
– wahres 46, 56, 73, 76–78, 108
Selbstobjekt 45, 78, 85, 87–89
Selbstpsychologie 37, 43, 85, 88–89
Sexualitätsentwicklung 63
Signifikant 122, 126–127
Sozialphilosophie 117
Sozialwissenschaften 12, 118, 196
Spaltung 79, 82, 84, 89, 99, 118, 130, 133, 135–136, 148, 174, 188, 194
Spiegelstadium 123, 126
Spiel 93, 95, 124, 131, 136, 140, 154–155
Sprache (s. a. symbolische Ordnung) 83, 121–122, 124, 126, 141–142, 149
Sprachphilosophie 116
Sprachspiel 116, 156
Strukturmodell 57–58, 61–63, 68, 82
Strukturtheorie 153, 197
Subjekt 56, 72, 78, 113–114, 123–126, 142, 154
Subjektivität 113–115, 131, 160
Supervision 22
Symbol (s. a. Symbolisierung) 115, 123–124, 136–138, 140, 148, 152, 154–155
Symbolbildung 38, 118, 137–138, 142
Symbolische Ordnung 122, 124–125
Symbolisierung 77, 128, 143, 146, 152–153
Symmetrisierung 150–151, 166

T

Teilobjekt 132

Therapie, psychoanalytische 16–17, 21, 148
Todestrieb 18, 155
Transformation 63, 142–144, 147, 149, 160
Trauer 132, 138, 152–153, 170, 175–176, 192
Traum (s. a. Rêverie) 21, 32, 35, 47–50, 52–55, 58, 68, 88, 95, 102, 122, 138–139, 148–149, 167–174, 190, 192, 195
Trauma 5, 23, 26, 31, 38, 49–50, 60, 95–96, 109
Traumdeutung 27, 149
Traumforschung 12, 103
Traumgedanken 104, 143, 145
Trennungstrauma 64–65
Trieb 5, 18–19, 57, 59, 67, 69, 80, 83, 89, 96, 99, 104, 115, 140
Triebtheorie 18, 68, 99, 103–104, 109, 128–129, 152

U

Übergangsobjekt 75–76, 141
Über-Ich 57–58, 60–61, 63, 70, 79, 82, 114, 133, 148, 184
– archaisches 133, 194
Umwelt 73–74, 77, 80–81, 155, 197
Unabhängige britische Schule 73

V

Vater, symbolischer 124–125
Verdrängung 19, 57, 61, 82, 96, 118, 127, 131
Verführungstheorie 126
Vergangenheitsunbewusstes 163
Vergänglichkeit 178
Verstehen
– aktives 176
– szenisches 118, 166
Verwerfung 125

Verwicklung 131, 158, 162, 164–166, 175

W

Wahrheit 29, 34, 46, 48–49, 51, 54, 149, 155
- historische 35

Widerstand 78, 126, 131, 158, 162, 176, 198

Wiedergutmachung 76, 128, 136–137

Wiederholung 116, 130, 163

Wiederholungszwang 131
Wissenschaftstheorie 116

Z

Zeit 27, 29, 51, 54, 64, 73, 77, 131, 153–154, 156, 159, 165–169, 173, 176–177, 179–181, 186, 191
- Zeiterleben 154

Zeitlosigkeit 114, 140, 149–150

Zweipersonen-Psychologie 129

Wolfgang Mertens

Psychoanalyse im 21. Jahrhundert

Eine Standortbestimmung

2014. 232 Seiten. Kart.
€ 24,90
ISBN 978-3-17-022273-1

Psychoanalyse
im 21. Jahrhundert

Die Psychoanalyse ist nicht nur das älteste, umfassendste und auch am gründlichsten beforschte Psychotherapieverfahren, sondern auch eine Theorie und Methode, von der im 20. Jahrhundert viele entscheidende Anstöße für die Entwicklung eines aufgeklärten und reflektierten Bewusstseins ausgegangen sind. Ihre kritischen Denkanstöße haben zu bedeutsamen kulturellen Veränderungen geführt. Wird sie diese Rolle auch im 21. Jahrhundert beibehalten können oder aufgrund der Entwicklungen der Neurobiologie oder der Cognitive Sciences als überflüssig eingeschätzt werden? In diesem Buch wird herausgearbeitet, warum psychoanalytisches Denken weiterhin zentral für menschliches Erleben und Handeln bleibt und sogar noch wichtiger werden wird, auch wenn ihm nach wie vor viele Widerstände entgegengesetzt werden.

Leseproben und weitere Informationen unter www.kohlhammer.de

W. Kohlhammer GmbH
70549 Stuttgart

Kohlhammer

Alfred Schöpf

Philosophische Grundlagen der Psychoanalyse

2014. 216 Seiten. Kart.
€ 24,90
ISBN 978-3-17-022272-4

Psychoanalyse
im 21. Jahrhundert

Dieses Werk beleuchtet aus philosophischer Sicht die neuere Psychoanalyse, die zwischen der klinisch ausgerichteten Kleinianischen Theorie und der extraklinisch orientierten neueren Säuglingsforschung entstanden ist. Dabei zeigt sich ein therapeutisch und wissenschaftlich fruchtbarer Gegensatz zwischen dem klinisch rekonstruierten Unbewussten des Säuglings nach Melanie Klein und dem in direkter Beobachtung untersuchten Unbewussten nach Daniel Stern. Insbesondere für die psychoanalytische Lehre von der Abwehr zeichnen sich neue Perspektiven ab. Nicht zuletzt wird die Diskussion auch in die Wissenschaftsphilosophie und -geschichte eingeordnet.

Leseproben und weitere Informationen unter www.kohlhammer.de

W. Kohlhammer GmbH
70549 Stuttgart